E.G. WHITE

EIN TEMPEL DES HEILIGEN GEISTES

GLAUBE UND LEBENSSTIL

ADVENT-VERLAG

Titel der amerikanischen Originalausgabe: Temperance
© 1949 by The Ellen G. White Publications
(erschienen bei Pacific Press Publ. Assn., Mountain View, California, USA)

Projektleitung: Elí Diez
Übersetzung: Sylvia Renz
Redaktionelle Bearbeitung: Friedhelm Klingeberg, Andrea Zöllner
Korrektorat: F. Wolfgang Andersch, Reinhard Thäder
Einbandgestaltung: Studio A Design GmbH, Hamburg
Titelfoto: Mauritius Bildagentur
Satz: EDP

© 1996 Advent-Verlag GmbH, Lüner Rennbahn 16, D-21339 Lüneburg
Gesamtherstellung: Grindeldruck GmbH, D-20144 Hamburg
ISBN 3-8150-1270-8

Inhalt

Vorwort

„Alkohol? Jetzt lieber nicht!" So lautete das Motto einer Kampagne, die das bayerische Sozialministerium im Juli 1996 startete. Die Anzahl der Todesopfer durch alkoholbedingte Verkehrsunfälle, der Anstieg der Mißbildungen bei Neugeborenen aufgrund des Alkoholkonsums der Schwangeren, der volkswirtschaftliche Schaden (rund 60 Milliarden Mark jährlich) – das waren nur drei der Auslöser für diese Aktion.

So anerkennenswert diese Initiative ist, die auf eine „Punktnüchternheit" abzielt – das überzeugendste Mittel im Kampf gegen den Alkoholismus kann nur völlige Abstinenz sein – und das trifft nicht nur auf Alkohol, sondern auch auf Tabak und andere Drogen zu.

Es gibt zwar immer mehr „niedrigschwellige" Angebote für Süchtige (saubere Spritzen, warmes Essen usw.) oder gar legale Drogen und Ersatzstoffe (beispielsweise Methadon), aber immer weniger wird zum konsequenten Drogenverzicht ermutigt. Hier sind Christen gefragt, die daran glauben, daß man mit der Hilfe Gottes drogenfrei leben kann – zumindest, was eine bewußte, vermeidbare Drogeneinnahme betrifft.

Der Wunsch, länger fit und einigermaßen gesund leben zu können, ist sicher ein berechtigtes Motiv für einen drogenfreien Lebensstil. Die Verantwortung gegenüber dem Schöpfer kommt bei einem praktizierenden Christen noch hinzu. Doch in dieser Phase der Weltgeschichte gewinnt ein Beweggrund an Bedeutung: die Verantwortung gegenüber unseren jungen wie älteren Mitmenschen.

Man könnte sie auch Zeugnis– oder Vorbildfunktion nennen; denn zu unserem Missionsauftrag gehört nicht nur das, was wir sagen, sondern auch die Art und Weise, wie wir leben. Sehr gut hat dies Johannes der Täufer, der Wegbereiter des ersten Kommens

Jesu, veranschaulicht: Sein Lebensstil machte sichtbar, wie ernst er selbst das nahm, was er predigte.

Weil wir nur mit einem klaren Kopf Kontakt mit Gott aufnehmen sowie seine Weisungen „empfangen" und verstehen können, wird sich ein „drogenfreier" Lebensstil auch im Leben des einzelnen positiv auswirken – zwar niemals als Garantie für ein langes Leben frei von Krankheit, schon gar nicht als Bonus für einen besseren Platz auf der Neuen Erde, aber immer als Erfahrung der befreienden und bewahrenden Macht unseres Erlösers.

Diese Gedanken, die dem Hauptanliegen Ellen Whites entsprechen, können uns beim Lesen dieses Buches helfen,

● damit wir nicht am Buchstaben (an den genannten Beispielen oder Begriffen) kleben bleiben und dabei die Übertragung auf unsere Zeit vergessen. Welche modernen Suchtmittel (auch nicht-stoffliche, wie Arbeitssucht) hätte Ellen White heute hinzugefügt? Welche zusätzlichen, aktuellen Begründungen für Enthaltsamkeit und Mäßigkeit hätte sie heute gegeben?

● damit wir nicht Sätze aus dem Zusammenhang reißen und sie dadurch völlig mißverstehen. Weil dieses Buch eine Zitatensammlung ist, besteht diese Gefahr, doch die Betonung dieser Thematik bei Ellen White können wir nur dann richtig einordnen, wenn wir uns auch ihren leidenschaftlichen Einsatz für die Rechtfertigung durch den Glauben vor Augen halten, um nur ein Beispiel zu nennen.

● damit wir beim Lesen dieses Buches nicht immer an andere denken, die seinen Inhalt bitter nötig hätten. Wenn ich nur mich zuallererst ansprechen und für einen befreiten Lebensstil gewinnen lasse, den ich dann anziehend praktiziere und bezeuge, dann ist damit viel mehr gewonnen als durch penetrantes, schulmeisterliches Zitieren aus E. G. White–Büchern.

Auch hier gilt: Wen der Sohn Gottes frei macht, der ist wirklich frei – drogenfrei und auch frei von Leistungsdruck, Verkrampfung und Besserwisserei.

Die Herausgeber
der deutschsprachigen Ausgabe

Kapitel 1

Die Philosophie
der Unmäßigkeit

Der Mensch war ursprünglich vollkommen

Vollkommen und in Schönheit erschaffen

Als der Mensch aus der Hand seines Schöpfers hervorging, besaß er vollkommene Anlagen und eine schöne Gestalt. („Christian Temperance and Bible Hygiene", S. 7)

Als krönender Akt der Schöpfung wurde der Mensch zum Ebenbild Gottes erschaffen. („Review and Herald", 18. Juni 1895)

Adam war wunderbar erschaffen; er hatte einen starken Verstand, sein Wille stimmte mit dem Willen Gottes überein und seine Gefühle waren auf den Himmel ausgerichtet. Er besaß einen Körper mit völlig gesunden Erbanlagen, und seine Seele war von Gott geprägt. („The Youth's Instructor", 5. März 1903)

Er stand vor Gott, kraftvoll, ein vollkommener Mensch. Alle seine Organe und Fähigkeiten waren gleichmäßig entwickelt und arbeiteten harmonisch zusammen. („Redemption; or the Temptation of Christ", S. 30)

Gott versprach, das gesunde Zusammenspiel des Körpers zu erhalten

Der Schöpfer hat die Funktionen unseres Körpers geschaffen und zum Leben erweckt. Alle sind wunderbar und weise aufeinander abgestimmt. Gott selbst versprach, diesen perfekten Mechanismus gesund zu erhalten, wenn der Mensch seinerseits den Gesetzen Gottes gehorchen und mit ihm zusammenarbeiten würde. („Counsels on Diet and Foods", S. 17)

Wir sind verpflichtet, die Naturgesetze zu beachten

Alles, was gesund ist, will wachsen; Wachstum setzt jedoch voraus, daß man die Naturgesetze beachtet, damit die Organe des Körpers gesund bleiben und in ihrer Funktion nicht beeinträchtigt werden. (Manuskript 47, 1896)

Der Appetit und die Freude am Genuß sind von Gott gewollt

Unsere natürlichen Neigungen und Vorlieben ... sind göttlichen Ursprungs und waren rein und heilig, als sie dem Menschen geschenkt wurden. Gott wollte, daß unsere Freude am Genuß von der Vernunft beherrscht wird und dadurch zu unserem Glück beiträgt. Indem sie durch eine geheiligte Vernunft reguliert und beherrscht wird, dient sie zur Ehre Gottes. (Manuskript 47, 1896)

Der Anfang aller Unmäßigkeit

Satan rief die gefallenen Engel zusammen, um eine Strategie zu entwickeln, mit der man der Menschheit den größtmöglichen Schaden zufügen konnte. Ein Vorschlag nach dem anderen wurde vorgebracht, bis Satan endlich einen eigenen Plan entwickelte: Er würde die Frucht des Weinstocks, aber auch Weizenkörner und andere von Gott gegebene Nahrungsmittel in Gifte verwandeln, die die körperlichen, geistigen und sittlichen Fähigkeiten des Menschen zerstören würden. Dadurch wollte Satan die Sinne, und schließlich den ganzen Menschen in seine Gewalt bringen. Unter Alkoholeinfluß würden Menschen dazu getrieben, alle möglichen Verbrechen zu begehen. Durch die fehlgeleitete Genußsucht würde der Sittenverfall in der Welt zunehmen und der einzelne von Satan zum Alkoholismus verführte Mensch immer weiter herabsinken.

Tatsächlich ist es Satan gelungen, die Welt von Gott abzuwenden. Die guten Nahrungsmittel, die Gott in seiner Liebe und Gnade für uns vorgesehen hatte, verwandelt er in einen tödlichen Fluch. Er hat die Menschen mit Gier nach Alkohol und Tabak erfüllt. Diese unnatürliche Vorliebe hat Millionen zugrunde gerichtet. („Review and Herald", 16. April 1901)

Die geheimnisvolle Strategie des Feindes

Unmäßigkeit aller Art betäubt die Sinnesorgane und schwächt die Kraft des Denkvermögens, so daß ewige Dinge nicht mehr geschätzt, sondern auf die Ebene des Gewöhnlichen herabgezogen werden.

Die höheren Kräfte des Gemüts, die eigentlich edlen, hohen Zielen dienen sollten, werden von niedrigen Leidenschaften unterjocht. Wenn wir keine guten Gesundheitsgewohnheiten haben, dann können unsere geistigen und sittlichen Kräfte auch nicht stark sein, denn zwischen der Verfassung des Körpers und dem sittlichen Empfinden besteht eine sehr enge Beziehung. („Testimonies", Bd. 3, S. 50.51)

Die Nerven des Gehirns, die den Ablauf aller körperlichen Funktionen bestimmen, sind das einzige Medium, über das der Himmel mit dem Menschen in Verbindung treten und seine innersten Regungen beeinflussen kann. Was immer den Stromkreislauf im Nervensystem unterbricht, schwächt die Lebenskraft und verursacht ein allmähliches Absterben der Empfindsamkeit des Verstandes und der Seele. („Testimonies", Bd. 2, S. 347)

Satan liegt ständig auf der Lauer, um die Menschheit schließlich ganz unter seine Gewalt zu bringen. Am stärksten kann er die Menschen durch den Appetit manipulieren, und den versucht er mit allen Mitteln zu reizen. („Counsels on Diet and Foods", S. 150)

Satans Komplott zur Vereitelung des Erlösungsplanes

Seit seiner ersten Rebellion befand sich Satan im ständigen Kriegszustand mit Gottes Regierung. Sein Erfolg ermutigte ihn; schließlich war es ihm gelungen, Adam und Eva im Paradiesgarten zu verführen und so die Sünde in die Welt zu bringen. Er prahlte vor den himmlischen Engeln damit, daß Christus während seiner Erdenzeit als Mensch schwächer sein würde als er – dann könne er ihn überwinden und besiegen.

Er brüstete sich damit, daß Adam und Eva ihm nicht widerstehen konnten, als er an ihren Appetit appellierte. Auch die Bewohner der vorsintflutlichen Erde hatte er damit überwunden: auch sie waren ihren Gelüsten und perversen Trieben gefolgt. Und auch die Israeliten konnte er wegen ihrer Eßlust überwinden.

Er führte große Reden: Nicht einmal der Sohn Gottes, der Mose und Josua beigestanden hatte, habe es vermocht, seiner Macht zu widerstehen und sein auserwähltes Volk nach Kanaan zu bringen, denn fast alle, die aus Ägypten ausgezogen waren, seien ja in der Wüste gestorben. Außerdem habe er den demütigen Mose dazu verführt, sich Ehre anzumaßen, die nur Gott gebührte. David und Salomo, Gottes besondere Lieblinge, habe er ebenfalls dazu gebracht, Gottes Mißfallen zu erregen, weil sie ihrer Eßlust und ihrer Leidenschaft nachgaben. Und er rühmte sich seiner zukünftigen Erfolge, denn er war davon überzeugt, daß er Gottes Plan – die Rettung der Menschheit durch Jesus Christus – einfach durchkreuzen konnte. („Redemption; or the Temptation of Christ", S. 32)

Die erfolgreichste Versuchungsmethode – auch heute noch

Satan nähert sich dem Menschen heute noch genauso, wie er sich damals an Christus heranmachte: mit überwältigenden Versuchungen im Bereich der Eßlust. Er weiß sehr gut, daß er den Menschen auf diesem Gebiet besiegen kann. Er überwand Adam und Eva im Garten Eden durch ihre Eßlust, und sie mußten deshalb ihre wunderbare Heimat verlassen. Wieviel Elend und Verbrechen ist dadurch in die Welt gekommen! Ganze Städte wurden von der Erde ausradiert, weil sie durch ihre erniedrigenden Untaten, ihre Rebellion und Bosheit zu einem Schandfleck im Universum geworden waren. Die Ursache all ihrer Sünden bestand darin, daß sie ihren Gelüsten einfach nachgaben.

Durch die Eßlust beherrschte Satan die Menschen in ihrer gesamten Persönlichkeit. Tausende, die eigentlich länger hätten leben können, sind körperlich, geistig und moralisch ruiniert, vorzeitig gestorben. Sie wären begabte Menschen gewesen, doch sie opferten alles ihrem Appetit, der sie dazu trieb, sich nur noch vom Lustprinzip leiten zu lassen. („Testimonies", Bd. 3, S. 561.562)

Satan triumphiert über sein Zerstörungswerk

Satan triumphiert, wenn er sieht, daß die Menschheit sich immer tiefer in Leid und Elend verstrickt. Er weiß, daß Menschen mit schädlichen Gewohnheiten und kranken Körpern Gott nicht so ernst, ausdauernd und ungeteilt dienen können, wie Gesunde. Ein kranker Körper zieht auch das Gehirn in Mitleidenschaft. Mit unserem Geist und unserer Seele dienen wir dem Herrn. Der Kopf lenkt den Körper ...

Satan triumphiert durch das Zerstörungswerk, das er veranlaßt, indem er die Menschheit dazu bringt, schädlichen Gewohnheiten nachzugeben, mit denen sie sich selbst und andere zerstören. Dadurch raubt er Gott den Dienst und die Verehrung, die ihm zustehen. („Spiritual Gifts", Bd. 4, S. 146)

Verfallserscheinungen durch hemmungslose Befriedigung des Appetits

Unsere Nahrung und unser Lebensstil

Die hemmungslose Befriedigung des Appetits ist die wesentliche Ursache körperlicher und geistiger Mängel und der Grund für viele Gebrechen, die wir überall beobachten können. („Testimonies", Bd. 3, S. 487)

Unsere körperliche Gesundheit ist abhängig von unserer Ernährung. Wenn unser Appetit nicht von einem geheiligten Verstand beherrscht wird, wenn wir im Essen und Trinken unmäßig sind, dann können wir auch nicht in der gesundheitlichen Verfassung sein, die es uns möglich macht, offen zu sein für das Wort Gottes und zu fragen: Was sagt die Schrift? Was kann ich tun, um das ewige Leben zu erlangen?

Jede ungesunde Gewohnheit verursacht einen ungesunden Zustand des Körpers. Die Tätigkeit des Magens wird gestört, so daß er seine Funktion nicht richtig ausführen kann.

Die Empfänglichkeit für Versuchungen und die Bereitschaft zur Sünde sind eng mit der Ernährung verknüpft. („Counsels on Diet and Foods", S. 52)

Hier versagten Adam und Eva

Weil sie der Versuchung ihrer Eßlust nachgaben, büßten Adam und Eva ihr hohes Niveau ein und verloren ihren heiligen und glücklichen Zustand.

Durch die gleiche Versuchung wurde die gesamte Menschheit geschwächt. Man hat zugelassen, daß Appetit und Leidenschaft die Befehlsgewalt übernahmen; Vernunft und Verstand mußten sich unterordnen. („Testimonies", Bd. 3, S. 139)

Ihre Kinder sind ihrem Beispiel gefolgt

Weil Eva ihre Wünsche nicht beherrschen konnte, streckte sie die Hand aus, um die Frucht des verbotenen Baumes zu pflücken. Seit dem Sündenfall hat die Befriedigung der eigenen Lust fast überall in den Herzen der Menschen die Oberherrschaft gewonnen. Insbesondere der Eßlust wird nachgegeben, man läßt sich von ihr anstatt von der Vernunft beherrschen.

Um ihren Geschmack zu befriedigen, übertrat Eva das Gebot Gottes. Er hatte es ihr an nichts fehlen lassen, und doch war sie unzufrieden.

Seit damals folgen ihre gefallenen Söhne und Töchter der Lust ihrer Augen und ihres Gaumens. Wie Eva mißachten sie Gottes Anordnungen und leben im Ungehorsam. Wie Eva reden sie sich ein, daß die Konsequenzen schon nicht so schlimm sein werden. („How to Live", S. 51)

Die Sünde wird attraktiv dargestellt

Die Sünde wird attraktiv, weil Satan sie in einem falschen Licht darstellt. Es gefällt ihm, wenn er Christen genauso durch schlechte Gewohnheiten unterdrücken kann, wie die Menschen, die von Gott nichts wissen, so daß ihre Verhaltensweisen schließlich nur noch vom Lustprinzip bestimmt werden. („Signs of the Times", 13. August 1874)

Satan gewinnt die Herrschaft über den Willen

Satan weiß, daß er die Menschen nicht überwinden kann, solange er nicht ihren Willen beherrscht. Das erreicht er, indem er sie dazu verführt, beim Essen und Trinken gegen die Naturgesetze – und damit gegen Gottes Gebot – zu verstoßen. (Manuskript 3, 1897)

Jede Funktion wird geschwächt

Viele stöhnen unter zahlreichen Leiden, die sie sich aufgrund ihrer falschen Eß- und Trinkgewohnheiten, durch die sie die Gesetze des Lebens und der Gesundheit übertreten, zugezogen haben. Sie schwächen ihre Verdauungsorgane, indem sie ihrer irregeleiteten Genußsucht nachgeben.

Die menschliche Konstitution ist bewundernswert widerstandsfähig; doch werden diese falschen Ernährungsgewohnheiten über lange Zeit beibehalten, wird dadurch schließlich jede Funktion des Körpers geschwächt. Selbst bekennende Christen behindern die natürlichen Funktionen des Organismus durch die Befriedigung einer irregeleiteten Eß- und Genußsucht. Dadurch schwächen sie ihre körperlichen, geistigen und sittlichen Kräfte. („The Sanctified Life", S. 20)

Versäumte Charakterverfeinerung

Die beherrschende Macht des Appetits ist dafür verantwortlich, daß unzählige Menschen zugrunde gerichtet werden. Dabei würden sie auch anderen Versuchungen Satans widerstehen können, wenn sie in diesem einen Bereich standhaft wären.

Wer jedoch von seiner Eßlust versklavt ist, der kann keinen christusähnlichen Charakter entwickeln. Die Menschen haben 6000 Jahre lang die Naturgesetze übertreten, und die Folge davon sind Krankheiten, Schmerzen und Tod. („Health Reformer", August 1875)

Lieber sterben als sich ändern!

Viele haben sich der unbeherrschten Genußsucht so sehr hingegeben, daß sie ihren Lebensstil unter keinen Umständen ändern wollen. Sie würden eher ihre Gesundheit opfern und vor der Zeit sterben, als ihren unmäßigen Appetit zu zügeln. („Spiritual Gifts", Bd. 4, S. 130)

Eine Spirale des Niedergangs

Je geringer die Menschen ihren Körper achten, desto weniger werden sie ihn für Gott rein und gesund erhalten, und desto rücksichtsloser werden sie ihrem pervertierten Appetit nachgeben. (Manuskript 150, 1898)

Die ganze Welt ist gefangen

Satan nimmt die Welt durch den Genuß von Alkohol, Tabak, Tee und Kaffee gefangen. Die von Gott geschenkte Fähigkeit, realistisch zu denken und nüchtern zu urteilen, wird durch den Gebrauch von Betäubungsmitteln verdorben. Das Gehirn kann nicht mehr richtig bewerten und unterscheiden. Der Feind hält die Zügel in der Hand. Der Mensch gibt seine Vernunft für etwas her, das ihn verdummt, und er hat kein Empfinden mehr für das, was richtig ist. („Evangelism", S. 529)

Die Konsequenz der Übertretung der Naturgesetze

Viele wundern sich darüber, daß die Menschheit körperlich, geistig und sittlich so degeneriert ist. Sie begreifen nicht, daß die Mißachtung der Gebote und Richtlinien Gottes sowie die Übertretung der Gesundheitsgesetze zu dieser traurigen Rückentwicklung geführt haben und daß Gott deshalb seine schützende und segnende Hand zurückgezogen hat. Unmäßigkeit im Essen und Trinken und die zügellose Befriedigung niederer Triebe haben die feinen Empfindungen abgestumpft ...

Menschen, die sich von zügelloser Eßlust versklaven lassen, gehen oft noch weiter und erniedrigen sich selbst, indem sie ihren verdorbenen Leidenschaften nachgeben, die durch unmäßiges Essen und Trinken erregt werden. Sie überlassen sich ihren erniedrigenden Trieben, bis Gesundheit und Verstand schwer geschädigt sind. Entscheidungsfähigkeit und Vernunft werden durch schlechte Gewohnheiten weitgehend zerstört. („Spiritual Gifts", Bd. 4, S. 124-131)

Niemand, der ein Gott wohlgefälliges Leben führen will, darf die körperliche Gesundheit geringschätzen und sich einreden, Unmäßigkeit sei keine Sünde und könne die geistliche Haltung nicht beeinträchtigen. Zwischen der körperlichen Verfassung und dem sittlichen Verhalten des Menschen besteht eine Beziehung. Beide bedingen sich gegenseitig ...

Jede Gewohnheit, die die Gesundheit des Körpers schwächt, schwächt auch die positiven Eigenschaften. Schlechte Eß- und Trinkgewohnheiten führen zu gedanklichen Irrtümern und zu Fehlhandlungen. Die Nachgiebigkeit gegenüber der Eßlust stärkt die niederen Triebe und verschafft ihnen die Oberhand über die geistigen und geistlichen Kräfte. („Review and Herald", 25. Januar 1881)

Das Leben endet in Zügellosigkeit

Viele beschließen die letzten kostbaren Stunden ihrer Gnadenzeit leichtsinnig, feiern Feste und amüsieren sich dort, wo ernste Gedanken nicht aufkommen können und der Geist Jesu nicht willkommen ist. Ihre letzten kostbaren Stunden vergehen, während ihr Geist von Tabak und Alkohol benommen ist. Nicht wenige wachen aus ihrem Rausch nie mehr auf und beenden ihr Leben in einer ausschweifenden und lasterhaften Umgebung. Was für ein Erwachen bei der Auferstehung der Gottlosen!

Das Auge des Herrn sieht alle diese erniedrigenden Vergnügen und profanen Ausschweifungen, und die Worte und Taten derer, die sich daran beteiligen, werden sofort in ihren Lebensbericht im Himmel eingetragen.

Welchen Wert hat ein solches Leben für die Welt? Es kann nur als abschreckendes Beispiel dienen für die, die sich davor warnen lassen, so zu leben und als Narren zu sterben. („Signs of the Times", 6. Januar 1876)

Ein Christ beherrscht seinen Appetit

Kein Christ wird etwas zu sich nehmen, das seine Sinne benebelt oder sein Nervensystem so beeinflußt, daß er dazu getrieben wird, sich selbst zu entwürdigen oder zu einem unnützen Menschen zu werden. Der Tempel Gottes darf nicht verunreinigt werden. Die geistig-seelischen und körperlichen Kräfte müssen gesund erhalten werden, damit sie zur Verherrlichung Gottes eingesetzt werden können. (Manuskript 126, 1903)

Unaufhörlich wachsam sein

Die natürlichen Bedürfnisse des Menschen sind durch hemmungslose Genußsucht verdorben worden. Durch eine Befriedigung, die nicht im Sinne Gottes ist, haben sie sich zu „fleischlichen Lüsten" gewandelt, „die gegen die Seele streiten".

Wenn der Christ nicht ständig unter Gebet wachsam ist, kann er Gewohnheiten einreißen lassen, die er eigentlich überwinden sollte. Wenn er nicht merkt, daß er auf der Hut sein muß – immer wachsam und nüchtern –, werden seine Neigungen und Vorlieben so mißbraucht und fehlgeleitet, daß sie ihn schließlich immer weiter von Gott entfernen. (Manuskript 47, 1896)

Hemmungslose Appetitbefriedigung verhindert die Reifung des Christen

Wer einer ausschweifenden Eßlust nachgibt, wird nie echte christliche Reife erlangen können. („Testimonies", Bd. 2, S. 400)

Der Geist Gottes kann uns nicht bei der Vervollkommnung unseres christlichen Charakters helfen, wenn wir einer unmäßigen Eßlust nachgeben, damit unsere Gesundheit schädigen und uns vom Stolz der Welt leiten lassen. („Health Reformer", September 1871)

Wahre Heiligung

Heiligung ist nicht nur eine Theorie, ein Gefühl oder eine leere Phrase, sondern ein lebendiges, aktives Prinzip, das den gesamten Alltag durchdringt.

Das bedeutet, daß auch unsere Eß- und Trinkgewohnheiten sowie unsere Kleidung dazu beitragen, uns körperlich, geistig und sittlich gesund zu erhalten, damit wir dem Herrn unsere Körper als „Opfer" darbringen können – aber nicht ein Opfer, das durch einen falschen Lebensstil geschädigt wurde, sondern ein „lebendiges und heiliges Opfer, das vor Gott angenehm ist". („Review and Herald", 25. Januar 1881)

Tauglich für die Ewigkeit

Wenn der Mensch die neue Erkenntnis schätzt, die Gott ihm in seiner Güte über ein besseres Leben gibt, dann kann er durch die Wahrheit ganz auf Gott ausgerichtet und für die Ewigkeit tauglich werden. Doch wenn er dieses Licht mißachtet und die Naturgesetze übertritt, dann muß er dafür büßen. („Testimonies", Bd. 3, S. 162)

Die Bedeutung des Sieges Jesu über den Appetit

Der erste Sieg Christi

Christus wußte, daß er den Erlösungsplan nur dann erfolgreich ausführen konnte, wenn er mit der Rettung der Menschen dort begann, wo auch ihr Abstieg begonnen hatte. Adam fiel wegen seiner Eßlust. („Health Reformer", August 1875)

Als erstes wurde er im selben Bereich auf die Probe gestellt, in dem Adam versagte. Durch Versuchungen, die sich an den Appetit richteten, hatte Satan einen großen Teil der Menschheit überwunden, und sein Erfolg gab ihm das Gefühl, diesen gefallenen Planeten völlig in seiner Hand zu haben. Doch Christus konnte ihm widerstehen, und so mußte er das Schlachtfeld als geschlagener Gegner verlassen. („Christian Temperance and Bible Hygiene", S. 16)

Die Ursache für Jesu Qual

Viele, die ihr Leben angeblich auf Gott ausrichten, fragen nicht danach, warum Christus so lange in der Wüste gefastet und gelitten hat. Seine Qual war nicht so sehr eine Folge des Hungers, sondern sie resultierte vor allem aus der Erkenntnis, daß die hemmungslose Hingabe an Appetit und Leidenschaft schreckliche Folgen für die Menschen hat.

Er sah, daß der Appetit der eigentliche Gott der Menschen geworden war, und daß dieser Götze sie dazu trieb, Gott zu vergessen. Er steht der Erlösung des Menschen direkt im Wege. („Redemption; or the Temptation of Christ", S. 50)

Ein Sieg für die ganze Menschheit

Es gelang Satan nicht, Christus auf dem Gebiet der Eßlust zu überwältigen. Mitten in der Wüste errang Christus einen Sieg für die gesamte Menschheit, der es auch uns für alle Zeiten möglich macht, die Macht der hemmungslosen Genußsucht im Namen Jesu zu überwinden. („Redemption; or the Temptation of Christ", S. 46)

Auch wir können überwinden

Unsere einzige Hoffnung, den Garten Eden wiederzugewinnen, liegt in entschlossener Selbstbeherrschung.

Wenn die hemmungslos ausgelebte Eßlust auf die Menschen einen so mächtigen Einfluß hat, daß der Sohn Gottes fast sechs Wochen lang fasten mußte, um damit fertig zu werden, wie schwer wird das dann erst für uns! Und doch kann jeder von uns zum Überwinder werden, so hart der Kampf auch sein mag.

Mit Hilfe der göttlichen Kraft, die den heftigsten Versuchungen Satans standhielt, können auch wir in diesem Kampf gegen das Böse voll und ganz siegreich sein, um am Ende im Reich Gottes die Siegeskrone zu tragen. („Counsels on Diet and Foods", S. 167)

Sieg durch Gehorsam und ständiges Bemühen

Wer siegt, wie Christus siegte, wird sich ständig vor den Versuchungen Satans in Acht nehmen müssen. Die Eßlust und die Leidenschaften sollten unter der Kontrolle eines einsichtigen Gewissens stehen, damit der Verstand klar und aufnahmebereit bleibt und man das Wirken Satans und seine Tricks nicht als Vorsehung Gottes mißversteht.

Viele wünschen sich den Sieg und die Belohnung, die am Ende den Überwindern zuteil werden. Aber sie sind nicht bereit, an sich zu arbeiten und auf etwas zu verzichten, so wie es ihr Erlöser tat. Nur durch Gehorsam und ausdauernde Arbeit an uns selbst werden wir überwinden, wie Christus überwand ...

Je näher wir dem Ende der Zeit kommen, um so heftiger werden Satans Angriffe auf unsere Eßlust, und um so schwerer werden wir ihnen widerstehen können. („Testimonies", Bd. 3, S. 491.492)

Nehmt die Überwinderkraft Christi in Anspruch!

Christus wurde von seinem Vater ermächtigt, den Menschen mit seiner Gnade und Kraft beizustehen, damit sie in seinem Namen überwinden können. Doch nur wenige bekennende Nachfolger Christi sind bereit, gemeinsam mit ihm gegen Satans Versuchungen anzugehen, um dann auch gemeinsam mit Christus zu widerstehen und zu siegen ...

Jeder einzelne ist ähnlichen Versuchungen ausgesetzt, wie sie Christus überwinden mußte, doch in seinem allmächtigen Namen steht genügend Kraft für jeden bereit. Aber jeder einzelne muß auch selbst zum Überwinder werden. („Signs of the Times", 13. August 1874)

Wie sollen wir uns verhalten?

Sollten wir uns nicht eng an den Herrn halten, damit er uns von aller Unmäßigkeit im Essen und Trinken, von allen unheiligen Lüsten und Leidenschaften und von aller Bosheit befreit? Sollten wir uns nicht vor Gott demütigen und deshalb auf alles verzichten, was unseren Körper und unseren Geist schädigt, um in der Furcht Gottes schließlich die vollständige Heiligkeit unseres Charakters zu erlangen? („Testimonies", Bd. 7, S. 258)

Kapitel 2

Der Alkohol
und die Gesellschaft

Ein erster Schritt zum Verbrechen

Zunehmende Kriminalität

Laster und Verbrechen jeder Art nehmen in unserer Zeit dermaßen zu, daß wir in der Gefahr stehen, uns an die herrschenden Zustände zu gewöhnen und sowohl ihre Ursachen als auch ihre tiefere Bedeutung aus den Augen verlieren.

Heute ist der Alkoholkonsum größer als jemals zuvor und die Zeitungen berichten nur lückenhaft über die schrecklichen Folgen der Trunkenheit und die daraus resultierende Kriminalität. Gewalt herrscht überall. („Drunkenness and Crime", S. 3)

Die Gerichtshöfe können es bezeugen

Die enge Beziehung zwischen Verbrechen und Unmäßigkeit wird von allen, die mit Gesetzesbrechern zu tun haben, deutlich erkannt.

Ein Richter aus Philadelphia sagte: „Wir können vier Fünftel aller Verbrechen auf den Genuß von Rum zurückführen. Es gibt unter 20 Prozessen, bei denen ein Todesurteil zur Debatte steht, nicht einen einzigen, bei dem Rum nicht die direkte oder indirekte Mordursache gewesen ist.

Rum und Blut – und damit meine ich Blutvergießen – gehen Hand in Hand." („Drunkenness and Crime", S. 7)

Zahlreiche Verbrechen sind auf Alkohol zurückzuführen

Neun Zehntel all derer, die ins Gefängnis kommen, haben vorher gelernt, Alkohol zu trinken. („Review and Herald", 8. Mai, 1894)

Kriminalität als Folge des Alkoholkonsums

Wenn jemand sein Verlangen nach alkoholischen Getränken befriedigt, setzt er sich mutwillig dem Sog aus, der ihn – obwohl ursprünglich zum Ebenbild Gottes geschaffen – auf eine animalische Ebene herabzieht.

Die Vernunft wird außer Kraft gesetzt, der Verstand wird benebelt, die niederen Triebe werden angestachelt, und dann folgen Verbrechen der übelsten Art. („Testimonies", Bd. 3, S. 561)

Warum Alkohol und Verbrechen miteinander zu tun haben

Menschen, die häufig Gastwirtschaften aufsuchen – und sie stehen ja allen offen, die dumm genug sind, mit dem tödlichen Übel zu flirten –, begeben sich auf einen Pfad, der schließlich zum ewigen Tod führt. Sie verkaufen ihren Körper, ihre Seele und ihren Geist an Satan. Unter dem Einfluß des Alkohols werden sie dazu gebracht, Dinge zu tun, vor denen sie entsetzt zurückschrecken würden, wenn sie nicht von der Droge benebelt wären.

Solange sie unter dem Einfluß dieses flüssigen Giftes stehen, hat Satan sie voll in der Hand. Er beherrscht sie, und sie arbeiten mit ihm zusammen. (Brief 166, 1903)

Die Art der Verbrechen, die unter Alkoholeinfluß begangen werden

Der Einfluß des Alkohols zeigt sich an den furchtbaren Morden, die im Rausch begangen werden. Nur zu oft werden Verbrechen wie Diebstahl, Brandstiftung oder Mord unter Alkoholeinfluß ausgeführt. Und doch ist dieser „flüssige Fluch" legalisiert und bringt allen Verderben, die sich darauf einlassen. Nicht nur das arme Opfer wird dadurch ruiniert, sondern seine ganze Familie. („Review and Herald", 1. Mai 1900)

Die Existenz von Bordellen und Lasterhöhlen und der Bedarf an Gerichtshöfen, Gefängnissen, Armenasylen, Nervenheilanstalten und

Krankenhäusern ist größtenteils auf den Handel mit Alkohol zurückzuführen. Der Schnapsverkäufer „handelt mit Sklaven und Menschenseelen", wie es unter dem Symbol der Hure Babylon in der Offenbarung geschildert wird. Hinter den Alkoholhändlern steht der mächtige Zerstörer von Menschenseelen, und alles, was sich jemand auf der Erde oder in der Hölle ausdenken könnte, wird benutzt, um Menschen unter seine Gewalt zu bringen.

In den Städten, auf dem Land, in Zügen, auf den großen Schiffen, in Geschäftszentren, in Vergnügungshallen, in Kliniken und sogar auf den Abendmahlstischen der Kirchen hat Satan seine Fallen aufgestellt. Er versucht mit allen Mitteln, die Lust auf Rauschmittel zu wecken und zu verstärken. Fast an jeder Ecke findet man ein verlockend aufgemachtes Wirtshaus, das gute Laune verspricht und sowohl reiche Nichtstuer als auch nichtsahnende Jugendliche gleichermaßen einlädt. Und das geschieht Tag für Tag, Monat für Monat, Jahr für Jahr. („Drunkenness and Crime", S. 8)

Der Trinker hat keine Entschuldigung

Im Rausch werden alle möglichen Verbrechen begangen, die Täter aber werden vielfach freigesprochen, weil sie ja nicht gewußt haben, was sie tun. Das verringert jedoch nicht ihre Schuld. Wer mit eigener Hand das Glas an seine Lippen hebt und wider besseren Wissens etwas konsumiert, das den Verstand ausschaltet, ist verantwortlich für alle Schäden, die er im Rauschzustand anrichtet. Und zwar von dem Augenblick an, wo er sich durch seinen Appetit dazu hinreißen läßt, seine Kritikfähigkeit gegen ein berauschendes Getränk einzutauschen.

Wenn ein Mensch durch seine eigene Handlungsweise tiefer herabsinkt als ein Tier und im Rauschzustand ein Verbrechen begeht, muß er dafür genauso streng bestraft werden, als wäre er voll zurechnungsfähig gewesen. („Spiritual Gifts", Bd. 4, S. 125)

Trunkenheit und Verbrechen vor der Sintflut und heute

Die Übel, die heute so offensichtlich sind, sind die gleichen, die der vorsintflutlichen Welt den Untergang brachten. „In den Tagen vor der Flut" war Trunkenheit eine der vorherrschenden Sünden. Aus dem Bericht im 1. Buch Mose erfahren wir, daß die Erde damals verdorben und mit Gewalt erfüllt war. Das Verbrechen hatte die Oberhand gewonnen; das Leben war gefährlich geworden. Die Vernunft der Menschen wurde durch berauschende Getränke entmachtet, so daß sich die Menschen nicht mehr viel dabei dachten, sich gegenseitig umzubringen.

„Wie es in den Tagen Noahs war, so wird auch sein das Kommen des Menschensohns." (Mt 24,37) Die Trunksucht und Verbrechensbereitschaft unserer Zeit wurde vom Heiland selbst vorhergesagt. Wir leben in den letzten Tagen der Weltgeschichte – eine wichtige, ernste Zeit. Überall sehen wir Anzeichen dafür, daß unser Herr bald wiederkommen wird. („Review and Herald", 25. Oktober 1906)

Gottes Gerichte brechen schon jetzt über uns herein

Wegen der Bosheit, die größtenteils eine Folge des Alkoholkonsums ist, brechen schon heute Gottes Gerichte über diese Welt herein. („Counsels on Health", S. 432)

Das Beispiel San Francisco

Nach dem großen Erdbeben, das die Küste Kaliforniens erschüttert hatte, verordneten die Behörden in San Francisco und einigen kleineren Städten für eine Weile die Schließung aller Saloons. Diese streng eingehaltene Zwangsmaßnahme wirkte sich so positiv aus, daß dadurch die Aufmerksamkeit aller vernünftig denkenden Menschen in ganz Amerika, und vor allem an der Pazific-Küste, auf die Vorteile gelenkt wurde, die eine endgültige Schließung aller Saloons bewirken würde.

Noch viele Wochen nach dem Erdbeben war in San Francisco so gut wie kaum jemand betrunken – es wurde ja auch kein Alkohol verkauft. Aufgrund des allgemeinen Durcheinanders erwarteten die Behörden einen außerordentlichen Zuwachs an Unordnung und Verbrechen, doch zu ihrem großen Erstaunen stellten sie fest, daß genau das Gegenteil zutraf.

Gerade die, von denen man viel Ärger erwartet hatte, gaben kaum dazu Anlaß. Es fiel auf, daß es keine Gewalttaten und Verbrechen gab, und das war hauptsächlich darauf zurückzuführen, daß keine Rauschmittel konsumiert wurden.

Die Herausgeber etlicher führender Tageszeitungen vertraten den Standpunkt, daß es für einen bleibenden Aufschwung in der Gesellschaft und den Wiederaufbau der Stadt am besten wäre, wenn die Saloons für immer geschlossen blieben. Doch dieser weise Rat wurde beiseite geschoben. Innerhalb weniger Wochen durften die Alkoholhändler ihre Geschäfte wieder öffnen, auch wenn sie für ihre Lizenz nun wesentlich mehr an die Stadtkasse entrichten mußten als vorher.

Durch die Katastrophe, die über San Francisco hereingebrochen war, beabsichtigte der Herr auch, die Alkohol-Saloons dort auszurotten, die so viel Elend und Verbrechen verursachen. Doch die Wächter des öffentlichen Wohlergehens haben sich als verantwortungslos erwiesen, indem sie den Verkauf von Alkohol legalisierten ... Sie wissen, daß sie dadurch praktisch das Verbrechen zulassen, doch die Kenntnis dieser unvermeidlichen Konsequenz hält sie nicht davon ab ...

Die Bürger von San Francisco werden sich eines Tages vor dem Richterstuhl Gottes dafür verantworten müssen, daß sie die Alkohol-Saloons in dieser Stadt wieder eröffnet haben. („Review and Herald", 25. Oktober 1906)

Was haben uns die gegenwärtigen Zustände zu sagen?

Obwohl es offensichtlich ist, daß die Kriminalität und die Gesetzlosigkeit wächst, halten die Menschen kaum inne, um einmal ernsthaft über die Ursache dieser Entwicklung nachzudenken. Fast ausnahmslos rühmen sich die Menschen des Fortschritts und des Zuwachses an Wissen in unserer Zeit.

Dabei tragen alle, denen Gott Erkenntnis gab, eine ernstzunehmende Verantwortung: sie sollen die Aufmerksamkeit anderer auf die Ursachen von Alkoholismus und wachsender Kriminalität lenken und ihnen auch die Bibelstellen bewußtmachen, die klar und deutlich schildern, welche Zustände kurz vor der Wiederkunft Christi herrschen werden. Sie sollten treu und fest den Maßstab Gottes aufzeigen, und ihre Stimmen erheben und gegen die gesetzliche

Sanktionierung des Handels mit Alkohol protestieren. („Drunkenness and Crime", S. 3)

Ein wirtschaftliches Problem

Der Alkoholverkauf führt zur Unehrlichkeit und Gewalt

In jedem Bereich des Alkoholhandels trifft man auf Unehrlichkeit und Gewalt. Die Häuser der Alkoholhändler sind mit dem „Lohn der Ungerechtigkeit" erbaut worden und werden durch Gewalt und Unterdrückung aufrecht erhalten. („Review and Herald", 1. Mai 1894)

Millionen werden ausgegeben, um Verdorbenheit und Tod zu kaufen

„Weh dem, der sein Haus mit Sünden baut und seine Gemächer mit Unrecht, der seinen Nächsten umsonst arbeiten läßt und gibt ihm seinen Lohn nicht und denkt: ‚Wohlan, ich will mir ein großes Haus bauen und weite Gemächer' und läßt sich Fenster ausbrechen und mit Zedern täfeln und rot malen. Meinst du, du seiest König, weil du mit Zedern prangst? Hat dein Vater nicht auch gegessen und getrunken und hielt dennoch auf Recht und Gerechtigkeit, und es ging ihm gut? ...

Aber deine Augen und dein Herz sind auf nichts anderes aus als auf unrechten Gewinn und darauf, unschuldig Blut zu vergießen, zu freveln und zu unterdrücken." (Jer. 22,13-17)

Diese Bibelstelle schildert die Tätigkeit der Leute, die alkoholische Getränke herstellen und vertreiben. Im Grunde genommen sind sie Räuber, denn sie liefern für das Geld, das sie erhalten, keinen echten Gegenwert. Jeder Dollar, den sie ihrem Reichtum hinzufügen, brachte einen Fluch über den, der sie ausgab.

Jedes Jahr werden Millionen von Litern Alkohol getrunken. Viele Millionen Dollar werden ausgegeben, um dafür Bosheit, Armut, Krankheit, gesellschaftlichen Abstieg, Triebhaftigkeit, Verbrechen und den Tod zu kaufen. Aus Gewinnsucht verkauft der Alkoholhändler seinen Opfern seine Ware, die Leib, Seele und Geist zerstört. Er ist dafür verantwortlich, daß in der Familie des Trinkers Armut und Elend herrschen. („Drunkenness and Crime", S. 7.8)

Ein Gegensatz im Lebensstandard

Der Trinker wäre eigentlich für Besseres zu gebrauchen; Gott hat ihm Talente anvertraut, mit denen er Gott Ehre und Freude machen könnte. Doch seine Mitmenschen stellten seiner Seele eine Falle und bereichern sich nun an seinem Besitz. Sie leben im Luxus, während ihre armen Brüder, die sie berauben, arm und elend dahinvegetieren. Gott aber wird alle zur Rechenschaft ziehen, die den Weg des Alkoholikers ins Elend beschleunigen. (Undatiertes Manuskript 54)

Gesetzgeber und Alkoholhändler werden zur Verantwortung gezogen

Gesetzgeber und Alkoholhändler mögen ihre Hände in Unschuld waschen wie damals Pilatus, doch vom Blut ihrer Mitmenschen können sie sich nicht reinigen. Diese Zeremonien nützen nichts, wenn sie gleichzeitig durch ihren Einfluß oder ihre direkte Mitwirkung dazu beitragen, daß andere zu Trinkern werden. Sie werden für die Millionen von Dollar zur Verantwortung gezogen, die von den Konsumenten verschwendet wurden.

Niemand kann die Augen vor den furchtbaren Folgen des Alkoholhandels verschließen. Die Tageszeitungen zeigen, daß das Elend, die Armut und die Kriminalität, die aus diesem Geschäft entstehen, keine raffiniert erdachten Märchen sind. Vielmehr werden Hunderte auf Kosten derer reich, die sie durch ihr schreckliches Geschäft mit dem Alkohol in die Gosse stoßen. Es wäre so wichtig, daß sich die öffentliche Meinung gegen den Alkoholhandel stellt und die Saloons geschlossen würden. Dann bekämen diese bedauernswerten Menschen eine Chance, an ewige Dinge zu denken. („Review and Herald", 29. Mai 1894)

Die Verantwortung des Alkoholhändlers

Wer seinen Mitmenschen bedenkenlos Alkohol verkauft, bringt einen Alkoholiker um seinen Arbeitslohn, ohne ihm für sein Geld wirklich etwas zu geben. Im Gegenteil, er bekommt etwas, was ihn verrückt macht, zum Gespött seiner Umgebung und zu einem grausamen Dämon ... Aber die Engel Gottes sind Zeugen eines jeden dieser immer abwärts führenden Schritte. Sie verfolgen genau die

Konsequenzen, die sich daraus ergeben, wenn ein Mensch einen anderen zum Trinken verführt. Der Alkoholhändler wird zu denen gezählt, an deren Händen Blut klebt. Er wird dafür verurteilt, daß er mit seinem giftigen Angebot Menschen zu ihrem eigenen Ruin verleitet und Familien zugrunde richtet. Der Herr zieht den Alkoholhändler für jeden Pfennig zur Verantwortung, den er dem armen Alkoholiker, der keine psychische Widerstandsfähigkeit mehr besitzt und ein schwacher Mensch geworden ist, von seinem Verdienst abnimmt. („Review and Herald", 8. Mai 1894)

Man hätte Schulen bauen können

Denkt nur an das Geld, das in Saloons verschwendet wird, wenn Menschen ihren Verstand total unter die Herrschaft Satans verkaufen. Welche gesellschaftlichen Veränderungen wären möglich, wenn dieses Geld z. B. für den Bau von Schulen verwendet werden könnte, in denen Kinder und Jugendliche in den biblischen Grundsätzen unterrichtet werden und lernen, ihren Mitmenschen zu helfen und die Verlorenen zu suchen und zu retten!

Hier haben wir eine Aufgabe an allen Gesellschaftsschichten ... Wir dürfen die Pastoren, Rechtsanwälte, Senatoren, Richter usw. nicht vergessen, von denen viele trinken und rauchen ... Bittet sie doch, das Geld, das sie für ihre schädlichen Gewohnheiten – Alkohol und Tabak – ausgeben, lieber zum Aufbau von Einrichtungen zu spenden, in denen Kinder und Jugendliche darauf vorbereitet werden, ihren Platz in der Gesellschaft auszufüllen und der Menschheit nützlich zu sein. (Brief 25, 1902)

Die Hungernden könnten gespeist werden

Die Schreie der hungernden Millionen in unserer Welt würden bald verstummen, wenn man das Geld, das jetzt noch in den Kassen der Schnapsverkäufer verschwindet, für die Linderung der Leiden der Menschheit ausgäbe. Doch das Elend nimmt zu.

Die Jugendlichen werden dazu erzogen, das üble Zeug zu mögen; das ruiniert sie körperlich und seelisch, und so weigern sie sich, die Arbeit zu tun, die sie im Weinberg Gottes verrichten könnten. (Manuskript 139, 1899)

Man hatte Missionsprojekte aufbauen können

Denkt nur an die Tausende, die Millionen Dollar, die für alkoholische Getränke ausgegeben werden, die den Menschen zutiefst erniedrigen und seinen Verstand zerstören ... Dieses Geld hätte unsagbar viel Gutes bewirken können, wenn man es dazu verwendet hätte, die Missionsprojekte an den dunklen Orten unserer Welt zu unterstützen. Gott wird der Mittel beraubt, die ihm von Rechts wegen zustehen. (Manuskript 38 ½, 1905)

Mehr Schrifttum hätte herausgegeben werden können

Wenn wir die Anweisung des Apostels befolgen: „Ob ihr nun eßt oder trinkt oder was ihr auch tut, das tut alles zu Gottes Ehre" (1 Ko 10,31), dann werden Tausende, die jetzt auf dem Altar einer schädlichen Genußsucht geopfert werden, in die Schatzkammer des Herrn fließen.

Man wird Verteilmaterial in vielen Sprachen herausgeben und verstreuen wie die Blätter im Herbst. In vielen Ländern werden Missionsstationen errichtet werden. Dann werden die Nachfolger Christi tatsächlich zum „Licht der Welt" werden. („Signs of the Times", 13. August 1874)

An Feiertagen nimmt die Unmäßigkeit noch zu

Trunkenheit, Krawalle, Gewalt, Verbrechen und Mord sind das Ergebnis, wenn der Mensch seinen Verstand verkauft. Die vielen Feiertage verschlimmern das Übel der Unmäßigkeit. Diese Feiertage sind keine Hilfe für die Moral oder die Religion, weil die Leute das Geld vertrinken, das sie für die Bedürfnisse ihrer Familien bräuchten. Die Alkoholverkäufer bringen eine reiche Ernte ein.

Wenn getrunken wird, schwindet der Verstand. Das ist dann die Stunde der Mächte der Finsternis. Sie machen jedes Verbrechen möglich und beherrschen alle Bereiche des menschlichen Lebens. Seele und Körper werden ihnen untergeordnet und niemand kann ihnen widerstehen oder sie aufhalten. Die Menschen haben dann keinen festen Halt mehr. Die Feiertage bringen sie in Versuchung, denn viele meinen, an einem Feiertag dürfe man endlich einmal alles tun, wozu man Lust hat. (Manuskript 17, 1898)

Millionen für die Schatztruhe des Teufels

Sehen wir uns doch an, was geschieht, wenn Menschen Wein, Bier und Schnaps trinken! Sie sollten einmal ausrechnen, wieviel Geld sie dafür ausgegeben haben, wie viele Tausende, ja Millionen auf diese Weise der Schatztruhe des Teufels hinzugefügt wurden und wie damit die Gottlosigkeit vermehrt und der Zügellosigkeit, der Korruption und dem Verbrechen Vorschub geleistet wird. (Manuskript 20, 1894)

Alkohol und seine Auswirkungen auf das Familienleben

Mäßiges Trinken

Das mäßige Trinken ist die Schule, in der die Menschen zum Trinken angeleitet werden. („Review and Herald", 25. März 1884)

Gottes Segen wird in einen Fluch verwandelt

Unser Schöpfer verteilt seine Gaben großzügig. Würden wir Menschen weise und maßvoll damit umgehen, wäre es gut möglich, Armut, Krankheit und Elend von der Erde zu verbannen. Doch wir sehen überall, daß die Gaben Gottes durch die Bosheit der Menschen in Fluch verwandelt werden.

Niemand mißbraucht und pervertiert die kostbaren Gaben Gottes mehr als jene, die aus den Produkten der Erde berauschende Getränke herstellen. Die nahrhaften Getreidekörner, die gesunden, köstlichen Früchte werden zu Getränken gemacht, die die Sinne verwirren und das Gehirn benebeln. Der Konsum dieser Gifte nimmt unzähligen Familien die Möglichkeit, ein angenehmes Leben zu führen – ja, sogar oft das Lebensnotwendige. Gewalttaten und Verbrechen mehren sich, Krankheit und Tod treiben Myriaden von Opfern ins Trinkergrab. („Gospel Workers", S. 385.386)

Das Eheversprechen wird im Alkohol ertränkt

Seht euch das Familienleben eines Alkoholikers an! Welche Armut, welches Elend und welch unsagbares Leid herrschen da! Frauen, die einmal glücklich waren, müssen jetzt vor ihrem tobsüchtigen Ehemann flüchten und um Gnade betteln, während grausame Schläge auf ihren zitternden Körper niederprasseln.

Wo sind die heiligen Eheversprechen? Wo ist die Liebe, die doch gepflegt werden sollte? Wo ist die Geborgenheit? Sie sind dahingeschmolzen wie kostbare Perlen in einer ätzenden Flüssigkeit, im Becher der Greuel. Schaut euch diese armselig gekleideten Kinder an. Früher einmal wurden sie liebevoll behandelt und gepflegt. Kein Wintersturm, kein kalter Luftzug vom Daseinskampf der Welt durfte ihnen nahekommen. Die Fürsorge ihres Vaters und die Liebe ihrer Mutter hatten ihnen das Heim zum Paradies gemacht.

Jetzt aber ist alles anders. Tag für Tag steigen die Schmerzensschreie der Frauen und Kinder des Trinkers zum Himmel empor. („Review and Herald", 8. November 1881)

Seine Mannhaftigkeit ist dahin

Schaut euch den Trinker an und was der Alkohol aus ihm gemacht hat:

Seine Augen sind trübe und blutunterlaufen. Sein Gesicht ist aufgedunsen und er wirkt schlaff. Sein Gang ist unsicher. Die Zeichen des satanischen Wirkens sind ihm auf den Leib geschrieben. Das ist unvermeidlich und liegt in der Natur der Sache, denn er mißbraucht seine von Gott verliehenen Kräfte und gibt seine Männlichkeit preis, indem er der Trunksucht nachgibt. („Review and Herald", 8. Mai 1894)

Ein Ausdruck der Gewalttätigkeit Satans

So wirkt Satan, wenn er den Menschen dazu verführen kann, seine Seele für den Alkohol zu verkaufen. Er ergreift Besitz von Körper, Seele und Geist, und bald ist es nicht mehr der Mensch, der handelt, sondern Satan. Und die Grausamkeit Satans kommt zum Ausdruck, wenn der Trinker seine Hand hebt und die Frau verprügelt, der er versprochen hat, sie lebenslang zu lieben und zu achten.

Die Taten des Trinkers zeigen deutlich, wie gewalttätig Satan ist. („Medical Ministry", S. 114)

Der Alkoholmißbrauch bringt einen Menschen total unter die Kontrolle des Dämons, der dieses Reizmittel geschaffen hat, um das Ebenbild Gottes im Menschen – Anstand und Gewissen – zu verderben und zu zerstören. (Manuskript 1, 1899)

Ruhe und Geduld gehen verloren

Der unmäßige Mensch kann unmöglich ruhig und ausgeglichen sein. Wenn er mit Tieren zu tun hat, dann zeigt der Extraschlag mit der Peitsche, den er einem Geschöpf Gottes zufügt, in welchem gestörten Zustand sich seine Verdauungsorgane befinden.

Im Familienkreis zeigt sich übrigens dieselbe Haltung. (Brief 17, 1895)

Eine Schande und ein Fluch für jedes Land

Die betrunkenen, heruntergekommenen menschlichen Wracks – eigentlich Menschenseelen, für die Christus starb, und über die Engel weinen – sind überall zu finden. Sie sind ein Schandfleck für unsere vielgerühmte Zivilisation. Sie sind ein Fluch und eine Gefahr für jedes Land. („Medical Ministry", S. 330)

Die Ehefrau wird beraubt, die Kinder verhungern

Unter Alkoholeinfluß weiß der Mensch nicht, was er tut, und doch wird der Verkäufer dieser Substanz, die ihn aggressiv und unzurechnungsfähig macht, durch das Gesetz in seinem Zerstörungswerk noch geschützt.

Es ist legal, wenn er der Witwe die Nahrung raubt, die sie braucht, um am Leben zu bleiben. Es ist legal, wenn er die Familie seines Opfers dem Hunger aussetzt und die hilflosen Kinder auf die Straße geschickt werden, um eine Münze oder ein Stück Brot zu erbetteln.

Tag für Tag, Monat auf Monat und Jahr um Jahr wiederholen sich diese schändlichen Szenen, bis das Gewissen des Alkoholverkäufers hart und unempfindlich geworden ist, so als hätte man es mit einem rotglühenden Eisen versengt. Die Tränen der leidenden Kinder und die Schmerzensschreie der Mutter gehen ihm höchstens auf die Nerven.

Der Alkoholhändler zögert nicht, die Schulden des Trinkers von dessen leidender Familie einzutreiben. Er holt auch noch das absolut Lebensnotwendige aus dem Haus des verstorbenen Ehemannes und Vaters, um damit dessen Alkoholrechnung zu begleichen.

Was kümmert es ihn, wenn die Kinder verhungern? Er betrachtet sie als degenerierte und dumme Geschöpfe, die sowieso mißhandelt und herumgestoßen werden, und er verschwendet keinen Gedanken auf ihr Wohlergehen. Doch Gott, der im Himmel herrscht, hat den ersten Schritt auf diesem bösen Weg nicht aus den Augen verloren.

Er kennt die Ursache des unaussprechlichen Elends und des gesellschaftlichen Abstiegs des Trinkers und seiner Familie, und das himmlische Protokoll enthält jedes Detail dieser Geschichte. („Review and Herald", 15. Mai 1894)

Der Trinker ist für seine Schuld verantwortlich

Wer der Trunksucht nachgibt, darf nicht meinen, er könne seine Verdorbenheit damit entschuldigen, daß er die Verantwortung dafür dem Alkoholhändler zuschiebt. Er wird sich für seine Sünde und für die Entwürdigung seiner Frau und seiner Kinder persönlich verantworten müssen. „Wer den Herrn verläßt, wird vernichtet." („Review and Herald", 8. Mai 1894)

Im Schatten des Alkohols

Tag für Tag, Monat für Monat, Jahr für Jahr wiederholt sich das Geschehen: Väter, Ehemänner und Brüder, die eigentlich die Hoffnung und der Stolz der Nation sein müßten, geraten in die Fänge der Alkoholhändler und werden dadurch ruiniert. Immer mehr Frauen werden zu Alkoholikerinnen.

In vielen Familien sind kleine Kinder, sogar Säuglinge, ständig gefährdet, weil sie vernachlässigt, mißhandelt und der Bosheit ihrer betrunkenen Mütter ausgeliefert sind. Söhne und Töchter wachsen im Schatten dieses schrecklichen Übels auf.

Welche Zukunftsaussichten haben sie denn? Doch nur die, daß sie noch tiefer sinken werden als ihre Eltern. („The Ministry of Healing", S. 339)

Die Ursache für viele Unfälle

Der Trinker steht unter Satans Herrschaft

Wer Alkohol trinkt, macht sich selbst zum Sklaven Satans. Satan versucht jene, die Vertrauensstellungen bei der Eisenbahn oder auf Schiffen bekleiden, die für Schiffe oder Fahrzeuge verantwortlich sind, mit denen Leute zu götzendienerischen Vergnügungen transportiert werden, ihren verdorbenen Gelüsten nachzugeben und dadurch Gott und seine Gesetze zu vergessen. Er bietet ihnen verführerische Getränke an, um sie damit zu benebeln.

Durch ihre schädlichen Gewohnheiten und ihre Genußsucht bringen sie sich in die Situation, daß er ihren Verstand kontrollieren kann, so wie ein Handwerker ein Werkzeug benutzt. Dann arbeitet er darauf hin, diese vergnügungssüchtigen Menschen zu vernichten.

Auf diese Weise werden Menschen zu Mitarbeitern Satans. Sie sind seine Werkzeuge. Sie können nicht erkennen, was sie eigentlich tun. Da werden falsche Signale gegeben, Unfälle passieren und verursachen Entsetzen, Verstümmelung, Tod. Diese Zustände werden immer drastischer. Die Tageszeitungen werden zunehmend über schreckliche Unfälle berichten. Und doch werden die Saloons attraktiv bleiben wie eh und je. Es wird weiterhin Alkohol an die arme Seele verkauft, die alle Willenskraft eingebüßt hat und nicht mehr aufstehen und sagen kann: „Ich bin ein Mann!", sondern durch seine Handlungsweise zeigt, daß sie jede Selbstbeherrschung verloren und der Versuchung nicht widerstehen kann.

All diese Menschen haben ihre Beziehung zu Gott abgebrochen und sind Opfer von Satans Täuschungsmanöver geworden. (Manuskript 17, 1898)

Urteilsfähigkeit durch Alkohol beeinträchtigt

Alkoholtrinker stehen unter Satans zerstörerischem Einfluß. Er flüstert ihnen seine falschen Gedanken ein, so daß man ihrer Urteilsfähigkeit nicht mehr trauen kann. („Review and Herald", 1. Mai 1900)

Mancher Eisenbahner versäumt, ein bestimmtes Signal zu geben, oder mißdeutet einen Befehl. Der Zug fährt weiter, stößt mit einem anderen zusammen, und viele kommen um. Oder der

Dampfer fährt auf Grund und die Passagiere finden den Tod im Wassergrab. Bei der Untersuchung stellt sich dann heraus, daß an einer wichtigen Stelle Alkohol im Spiel war. („The Ministry of Healing", S. 331)

Gott zieht den Trinker zur Verantwortung

Sind die Männer, die die großen Ozeandampfer befehligen oder Eisenbahnen lenken, selbstbeherrscht und konsequent in der Mäßigkeit? Haben sie einen klaren Kopf? Wenn nicht, dann werden sie wegen aller Unfälle, die während ihrer Tätigkeit geschehen, vom Gott des Himmels vor Gericht gezogen, denn ihm gehören alle Menschen. („Review and Herald", 1. Mai 1900)

Menschen, auf denen die große Verantwortung ruht, Unfälle und Schäden von ihren Mitmenschen fernzuhalten, sind häufig unzuverlässig und werden dem Vertrauen nicht gerecht, das in sie gesetzt wird. Weil sie sich dem Tabak- und Alkoholgenuß hingeben, behalten sie keinen klaren Kopf und können deshalb auch nicht so vernünftig denken, wie damals Daniel am Königshof von Babylon.

Sie benebeln ihren Geist durch stimulierende Narkotika und verlieren nach und nach ihre Vernunft und Urteilsfähigkeit. So mancher Schiffbruch auf hoher See kann auf Alkoholgenuß zurückgeführt werden. Immer wieder haben unsichtbare Engel die Ozeandampfer beschützt, weil an Bord einige Beter waren, die auf Gottes bewahrende Kraft vertrauten. Der Herr hielt die Macht der wütenden Wellen zurück, die seine Kinder zu vernichten und zu verschlingen drohten. (Manuskript 153, 1902)

Alkoholgenuß muß getadelt werden

Wir brauchen Menschen, die unter dem Einfluß des Heiligen Geistes energisch gegen das Glücksspiel und den Alkoholgenuß vorgehen, denn beides sind schlimme Übel, die in diesen letzten Tagen herrschen. (Manuskript 117, 1907)

Der einzig sichere Weg

Wie viele schreckliche Unfälle passieren durch Alkoholeinfluß! ... Wieviel von diesem furchtbaren Rauschmittel kann der Mensch zu sich nehmen, ohne Menschenleben zu gefährden? Er kann nur dann sichergehen, wenn er überhaupt nicht trinkt.

Er sollte seine Denkfähigkeit nicht durch Alkohol beeinträchtigen, sondern total auf Rauschmittel verzichten, denn wenn ein Unglück geschieht, dann können solche verantwortungsbewußten Menschen ihr Bestes geben und handeln, wie es von ihnen erwartet wird, ganz gleich, um welche Situation es sich handelt. („Review and Herald", 29. Mai 1894)

Ein öffentliches Gesundheitsproblem

Sie verkaufen ihre Willenskraft

In dieser Welt laufen Scharen von heruntergekommenen Menschen herum, die in ihrer Jugend der Versuchung nachgaben, Tabak und Alkohol zu sich zu nehmen.

Dadurch haben sie ihren Körper vergiftet und ihre Urteilskraft beeinträchtigt, und das Ergebnis ist so, wie Satan es wollte: Sie können nicht mehr klar denken. Diese Opfer geben der Versuchung des Trinkens immer nach; sie verkaufen den letzten Rest ihres Verstandes für ein Glas Schnaps.

Seht einen solchen Menschen ohne Vernunft an! Was ist er? Er ist ein Sklave Satans. Der Erzrebell hat ihn mit seinen eigenen Eigenschaften ausgestattet. Er ist ein Sklave der Zügellosigkeit und Gewalt. Da gibt es kein Verbrechen, das er nicht begehen würde, denn er nimmt etwas zu sich, das ihn vergiftet und ihn – solange er unter diesem Einfluß steht – in einen Dämon verwandelt.

Schauen wir uns unsere jungen Männer an. Das zu schreiben, tut mir von Herzen weh. Sie haben ihre Willenskraft eingebüßt. Ihre Nerven sind geschwächt, weil sie erschöpft sind. Sie sehen ungesund aus. Wo ist das gesunde Funkeln ihrer Augen geblieben? Aller Glanz ist dahin.

Der Wein, den sie getrunken haben, hat ihr Gedächtnis so geschwächt, als wären sie Greise geworden. Sie sehen alt aus. Ihr Gehirn ist nicht mehr in der Lage, aus dem vollen zu schöpfen, wenn es gefordert wird. (Manuskript 17, 1898)

Eine moralische Sünde und eine körperliche Krankheit

Zu den Opfern der Unmäßigkeit zählen Menschen aller Gesellschaftsschichten und Berufe. Männer in hoher Position, die außerordentlich talentiert sind und Großes leisten, geben ihrer Genußsucht so lange nach, bis sie unfähig sind, der Versuchung zu widerstehen. Einige, die früher einmal reich waren, besitzen heute kein Zuhause mehr, keine Freunde. Sie leiden und leben im Elend, sind krank und völlig heruntergekommen. Sie haben ihre Selbstbeherrschung verloren.

Wenn ihnen keiner hilft, dann werden sie immer tiefer sinken. Bei ihnen ist das Suchtverhalten nicht nur eine moralische, sondern bereits eine körperliche Sünde. („The Ministry of Healing", S. 172)

In einer verzweifelten Situation

Der Mensch, der sich an den Konsum von Betäubungsmitteln gewöhnt hat, befindet sich in einer verzweifelten Lage. Sein Gehirn ist erkrankt, seine Willenskraft geschwächt. Aus eigener Kraft kann er sein Verlangen nicht mehr kontrollieren. Mit vernünftigen Argumenten kann er nicht mehr davon überzeugt werden, auf diese Suchtmittel zu verzichten. („The Ministry of Healing", S. 344)

Körper und Seele sind versklavt

Überall in den Städten und Dörfern wird Alkohol ausgeschenkt ... Der Reisende betritt die Gastwirtschaft sicheren Schrittes und im Vollbesitz seiner Verstandeskräfte. Aber in welchem Zustand verläßt er das Lokal! Aller Glanz ist aus seinen Augen verschwunden. Er kann auch nicht mehr aufrecht gehen, sondern schwankt hin und her wie ein Schiff auf hoher See.

Seine Kritikfähigkeit ist gelähmt, das Ebenbild Gottes zerstört. Das vergiftende und benebelnde Suchtmittel hat ihm sein Brandzeichen aufgedrückt ... Körperlich und seelisch ein Sklave, kann er nicht mehr zwischen Recht und Unrecht unterscheiden. Der Alkoholhändler verführt seinen Mitmenschen zum Gebrauch der Flasche, und steht er unter diesem Einfluß, ist er voll Grausamkeit und Mordlust und kann in seinem Rausch tatsächlich einen Mord begehen.

Er wird dann vor ein irdisches Gericht gestellt, und diejenigen, die den Alkoholhandel legalisierten, müssen sich mit den Folgen ihrer eigenen Entscheidungen auseinandersetzen. Sie haben gesetzlich erlaubt, daß er ein Suchtmittel bekommen konnte, das ihn von einem gesunden, vernünftigen Mann in einen unzurechnungsfähigen Menschen verwandelt hat. Und nun müssen sie ihn für sein Verbrechen bestrafen, ins Gefängnis sperren oder sogar an den Galgen hängen. Seine Frau und seine Kinder bleiben verzweifelt und arm zurück und fallen der Allgemeinheit zur Last.

Dieser Mann ist seelisch und körperlich verloren – auf Erden ausgestoßen und ohne Hoffnung auf den Himmel ...

Keine Kraft, der Versuchung zu widerstehen

Die Opfer des Alkohols werden unter Alkoholeinfluß so töricht, daß sie bereit sind, ihren Verstand für ein Glas Whisky zu verkaufen. Sie mißachten das Gebot: „Du sollst keine anderen Götter haben neben mir." (2 Mo 20,3)

Ihre sittliche Kraft ist so geschwächt, daß sie der Versuchung nicht mehr widerstehen können. Ihr Verlangen nach Bier, Wein oder Schnaps ist so stark, daß es alle anderen Wünsche ausschaltet. Sie sind sich nicht mehr darüber im klaren, daß Gott von ihnen fordert, ihn von ganzem Herzen zu lieben. Dadurch werden sie zu Götzendienern, denn alles, was uns von Gott entfremdet, was die sittliche Kraft schwächt und abstumpft, das besteigt widerrechtlich seinen Thron und empfängt die Anbetung, die ihm allein zusteht. In diesem abscheulichen Götzendienst wird eigentlich Satan angebetet.

Wer beim Weintrinken verweilt, der spielt mit Satan um den Einsatz seines Lebens. Er ist es, der diese schlechten Menschen zu seinen Mitarbeitern gemacht hat, damit sie alle, die sich das Trinken angewöhnen, in den Alkoholismus treiben. Seine Pläne stehen fest: Wenn das Gehirn durch den Alkohol nicht mehr klar ist, treibt er den Trinker zur Verzweiflung und bringt ihn dazu, irgendeine Greueltat zu begehen.

Der Götze, den er dem Menschen zur Anbetung aufgestellt hat, steckt voll Schmutz und Verbrechen, und die Anbetung dieses Götzen wird seine Seele und seinen Körper ruinieren und ihren bösen

Einfluß auf die ganze Familie des Trinkers ausdehnen. Die verdorbenen Neigungen des Trinkers schädigen die Erbanlagen und werden somit an die folgenden Generationen weitergegeben.

Eine dämonische Macht ist am Wirken

Aber sind nicht die regierenden Männer des Landes zum großen Teil verantwortlich für die Anhäufung von Verbrechen, den Strom des tödlichen Übels, der aus dem Alkoholhandel folgt? Wäre es nicht ihre Pflicht und stünde es nicht in ihrer Macht, dieses tödliche Übel auszumerzen?

Satan hat seine Pläne gelegt. Er berät sich mit den Gesetzgebern, und sie nehmen seinen Rat an und lassen durch ihre Gesetzentwürfe eine Vermehrung des Bösen zu. Deshalb gibt es soviel unbeschreibliches Elend und so schreckliche Verbrechen.

Eine dämonische Macht ist hier am Wirken, die menschliche Werkzeuge benutzt und die Menschen versucht, ihrem Verlangen so lange nachzugeben, bis sie sich überhaupt nicht mehr beherrschen können. Hätte man sich nicht so daran gewöhnt, würde der Anblick eines Betrunkenen als öffentliches Ärgernis angesehen und dazu führen, daß dem Alkoholhandel ein Ende gemacht würde. Doch die Macht Satans hat die Herzen der Menschen derart verhärtet und ihr Urteilsvermögen so verdreht, daß sie trotz des daraus resultierenden Elends, Verbrechens und aller Armut der Trunksucht gleichgültig zusehen können.

Tag für Tag, Monat für Monat, Jahr für Jahr stellt Satan tödliche Fallen in unseren Orten auf, an jeder Straßenecke, vor unseren Türen, um Menschenseelen einzufangen, ihre sittliche Kraft zu zerstören und das Ebenbild Gottes in ihnen zu verzerren, damit sie noch unter die Stufe eines Tieres herabsinken. Menschenseelen sind in großer Gefahr und kommen um.

Wo aber bleibt die kraftvolle Gegenwehr, der entschlossene Widerstand der Christen? Wo richten sie ein Warnsignal auf, um ihre Mitmenschen aufmerksam zu machen, um ihre Brüder zu retten, die auf dem Weg in den Untergang sind? Wir sprechen hier nicht über Methoden, um jene zu retten, die bereits völlig abgestumpft und verloren sind. Wir möchten uns für diejenigen einsetzen, die noch nicht außerhalb unserer Reichweite und unseres Mitgefühls sind, und die sich noch helfen lassen ...

Indem man den Alkoholvertrieb legalisiert hat, sanktioniert das Gesetz den Niedergang der Seele und verhindert, daß ein Handel gestoppt wird, der die Welt mit Bösem überflutet. Die Gesetzgeber sollten überlegen, ob diese Gefährdung menschlichen Lebens, körperlicher Kraft und geistiger Urteilsfähigkeit nicht vermieden werden könnte. Ist diese Zerstörung menschlichen Lebens notwendig? („Review and Herald", 29. Mai 1894)

Er muß sich vor Gott verantworten

Es spielt keine Rolle, wie reich oder wie mächtig jemand in den Augen der Welt ist, ob er eine hohe Position hat oder ob er vom Gesetz des Landes ermächtigt ist, seinem Nächsten vergiftete Getränke zu verkaufen – er wird dafür von Gott zur Verantwortung gezogen, weil er Menschenseelen entwürdigt, die von Christus erlöst wurden, und er wird vor Gottes Gericht verurteilt werden, weil er Persönlichkeiten erniedrigt, die eigentlich das Bild Gottes widerspiegeln sollten, jetzt aber ein Bild wiedergeben, das noch unter die Ebene eines Tieres gesunken ist.

Indem er Menschen dazu verführt, sich an das Alkoholtrinken zu gewöhnen, zerstört der Spirituosenhändler letztlich die Rechtschaffenheit der Seele und führt sie in die Abhängigkeit Satans. Der Herr Jesus, der Fürst des Lebens, steht im Krieg mit Satan, dem Fürsten der Finsternis. Christus sagt von sich, daß es seine Aufgabe sei, den Menschen emporzuheben ...

Jesus verließ die himmlischen Königshöfe und legte seine Pracht ab. Er überkleidete seine Göttlichkeit mit Menschlichkeit, um zwischen sich und den Menschen eine enge Verbindung herzustellen. Durch sein Vorbild und seine Anleitung wollte er die Menschheit erheben und veredeln und in der Menschenseele das Ebenbild Gottes wieder herstellen, das verlorengegangen war.

So sieht das Wirken Christi aus, doch welchen Einfluß üben jene aus, die den Spirituosenhandel legalisieren? Welchen Einfluß haben jene, die ihre Mitmenschen zur Flasche verführen? Vergleicht den Widerspruch zwischen der Aktivität des Alkoholhändlers und dem Wirken Jesu Christi, und ihr werdet zugeben mussen, daß alle, die Alkohol verkaufen und diesen Handel unterstützen, Geschäftspartner Satans sind. Durch diesen Handel fördern sie das menschliche Leid viel wirksamer und dauerhafter als durch alle anderen Geschäfte der Welt ...

Der Schnapshändler vertritt dieselbe Position wie Kain: „Soll ich meines Bruders Hüter sein?" (1 Mo 4,9), und Gott sagt zu ihm, so wie damals zu Kain: „Die Stimme des Blutes deines Bruders schreit zu mir von der Erde!" (1 Mo 4,10)

Schnapshändler werden einmal von Gott für alles Böse zur Verantwortung gezogen, das in die Familien derer gekommen ist, die moralisch schwach waren und sich zum Trinken verführen ließen. Ihnen wird all das Elend, das Leid und die Hoffnungslosigkeit zugerechnet, die durch den Alkoholhandel in die Welt gekommen sind. Sie müssen sich für den Kummer verantworten, für die Not der Mütter und Kinder, die nicht genug zu essen, nicht genug zum Anziehen und kein Dach über dem Kopf haben, und die alle Hoffnung und Freude begraben müssen.

Der Herr, der sich um die Spatzen kümmert und weiß, wann einer von ihnen zu Boden fällt, der das Gras auf dem Feld kleidet, das heute dasteht und morgen in den Ofen geworfen wird, geht nicht gleichgültig an seinen Geschöpfen vorbei, die zu seinem Ebenbild geformt und durch sein eigenes Blut erkauft wurden. Er sieht ihr Leid und hört ihre Hilfeschreie.

Gott ist besorgt wegen dieser Bosheit, die nichts als Elend und Verbrechen hervorbringt. Er macht dafür all diejenigen verantwortlich, durch deren Einfluß der Versuchung die Tür geöffnet wird. (Undatiertes Manuskript 54)

Gottes Urteil über die Alkoholhändler

Er weiß es nicht und es ist ihm auch gleichgültig, daß der Herr mit ihm abrechnen wird. Und wenn sein Opfer tot ist, bleibt sein versteinertes Herz davon unbewegt.

Er hört nicht auf das Gebot: „Ihr sollt Witwen und Waisen nicht bedrücken. Wirst du sie bedrücken und werden sie zu mir schreien, so werde ich ihr Schreien erhören. Dann wird mein Zorn entbrennen, daß ich euch mit dem Schwert töte und eure Frauen zu Witwen und eure Kinder zu Waisen werden." (2 Mo 22,21-23)

An jenem Tag, da jeder Mensch das bekommt, was ihm nach seinen Werken zusteht, werden die Schnapshändler keine Entschuldigung vorbringen können. Wer Leben vernichtet hat, wird mit seinem eigenen Leben dafür bezahlen müssen. Gottes Gesetz ist heilig und gerecht und gut. (Brief 90, 1908)

Fördert nicht die Lust auf Reizmittel!

Jeder soll daran denken, daß Gott ihn dazu verpflichtet, das Beste für seine Mitmenschen zu tun. Wie sorgfältig sollte jeder von uns vorgehen, damit er nicht den Wunsch nach Reizmitteln weckt. Wer seinen Freunden oder Nachbarn den Rat gibt, aus Gesundheitsgründen Alkoholhaltiges zu trinken, kann leicht ein Werkzeug ihrer Zerstörung werden. Mir sind viele Fälle bekannt, in denen Männer und Frauen durch einen solchen wohlgemeinten Rat zu Sklaven der Trunksucht geworden sind.

Ärzte sind vielfach dafür verantwortlich, daß Menschen zu Trinkern werden. Obwohl sie wissen, was der Alkohol bei Abhängigen anrichten kann, glauben sie es verantworten zu können, ihren Patienten Alkoholhaltiges zu verschreiben. Würden sie über Ursache und Wirkung nachdenken, dann würden sie erkennen, daß Reizmittel auf alle Organe dieselbe Wirkung haben wie auf den ganzen Menschen.

Wie können sich Ärzte dafür rechtfertigen, daß durch ihren Einfluß Väter und Mütter zu Trinkern geworden sind? („Review and Herald", 29. Mai 1894)

Vor schlimmen Konsequenzen warnen

Wie können Männer oder Frauen, die vorgeben, an das Wort Gottes zu glauben, es angesichts der furchtbaren Folgen des Alkoholgenusses noch wagen, Wein oder starkes Getränk auch nur anzurühren, zu probieren oder gar damit zu handeln? Ein solches Verhalten ist sicher nicht im Einklang mit ihrem angeblichen Glauben ...

Der Herr hat in seinem Wort konkrete Anweisungen gegeben, wie man mit Wein und starkem Getränk umzugehen hat. Er hat ihren Konsum untersagt und dieses Verbot durch starke Warnungen und Drohungen unterstrichen. Doch seine Warnung vor dem Konsum berauschender Getränke ist keine Willkür. Er warnt die Menschen, damit ihnen das Böse erspart bleibt, das dem Gebrauch von Wein und starkem Getränk unweigerlich folgen wird ...

Der Handel mit Alkohol ist eine schreckliche Plage für unser Land, und er wird von Menschen unterstützt und legalisiert, die angeblich Christen sind. Dadurch machen sich auch die Kirchen schuldig. Der Alkoholhandel hat seinen Ursprung in der Hölle, und er führt in den Untergang. Darüber sollte man einmal ernsthaft nachdenken. („Review and Herald", 1. Mai 1894)

Alkoholkonsum bei Menschen in führender Stellung

Von Nadab und Abihu können wir lernen

Nadab und Abihu, die Söhne Aarons, die als Priester in einem heiligen Amt dienten, tranken reichlich Wein und gingen danach in die Stiftshütte, um wie gewöhnlich ihren Dienst zu tun. Die Priester mußten zum Verbrennen des Weihrauchs das Feuer verwenden, das der Herr selbst entzündet hatte. Es brannte Tag und Nacht und wurde nie gelöscht.

Gott hatte für jedes Detail dieses Dienstes konkrete Anweisungen gegeben, damit dieser heilige Gottesdienst im Einklang mit seinem heiligen Wesen stand. Jede Abweichung von den ausdrücklichen Anordnungen, die seinen heiligen Dienst betrafen, wurde mit dem Tod bestraft. Er wollte kein Opfer annehmen, das nicht mit dem von ihm selbst entzündeten Feuer verbrannt wurde, denn dieses Feuer symbolisierte die Beziehung zwischen Gott und den Menschen, die allein durch Jesus Christus möglich war.

Das heilige Feuer, mit dem der Weihrauch angezündet werden sollte, wurde stets am Brennen gehalten. Und während das Volk Gottes draußen ernsthaft betete, sollte der mit dem heiligen Feuer entzündete Weihrauch zu Gott aufsteigen und sich mit den Gebeten der Gläubigen vermischen. Dieser Weihrauch symbolisierte die Mittlertätigkeit Christi. Aarons Söhne nahmen aber gewöhnliches

Feuer, das Gott nicht akzeptierte, und beleidigten den ewigen Gott, indem sie dieses fremde Feuer vor ihn brachten. Gott vernichtete sie durch Feuer, weil sie seine ausdrücklichen Anweisungen mißachtet hatten. Was sie taten, entsprach dem Opfer Kains: Es repräsentierte nicht den von Gott gesandten Erlöser.

Wären die Söhne Aarons bei klarem Verstand gewesen, dann hätten sie den Unterschied zwischen dem gewöhnlichen und dem heiligen Feuer bemerkt. Weil sie aber ihren Gelüsten nachgegeben hatten, war ihre Urteilsfähigkeit beeinträchtigt und ihr Verstand benebelt – sie konnten nicht mehr richtig unterscheiden. Dabei wußten sie genau, wie heilig dieser symbolische Opferdienst war und daß eine feierliche Verantwortung auf ihnen lag, wenn sie sich zum Dienst in Gottes Nähe begaben.

Sie waren verantwortlich

Manche wenden jetzt vielleicht ein: Wie konnten Aarons Söhne zur Rechenschaft gezogen werden, da sie doch durch den Alkohol nicht mehr zurechnungsfähig waren und deshalb gewöhnliches Feuer nicht von heiligem unterscheiden konnten?

In dem Augenblick, in dem sie den Becher an die Lippen hoben, übernahmen sie die Verantwortung für alles, was sie unter Alkoholeinfluß taten. Sie gaben ihren unrechten Gelüsten nach und bezahlten dafür mit ihrem Leben. Gott hatte ausdrücklich verboten, Wein zu trinken, weil er den Verstand beeinträchtigt.

„Der Herr aber redete mit Aaron und sprach: Du und deine Söhne, ihr sollt weder Wein noch starke Getränke trinken, wenn ihr in die Stiftshütte geht, damit ihr nicht sterbt. Das sei eine ewige Ordnung für alle eure Nachkommen. Ihr sollt unterscheiden, was heilig und unheilig, was unrein und rein ist, und Israel lehren alle Ordnungen, die der Herr ihnen durch Mose verkündet hat." ...

Hier finden wir eine sehr deutliche Anweisung Gottes, und er begründet das Verbot des Weintrinkens auch: ihre Fähigkeit zur Unterscheidung und zur Kritik sollte erhalten bleiben, damit sie richtig urteilen konnten und immer in der Lage waren, zwischen rein und unrein zu unterscheiden. Und noch ein sehr wichtiger Grund für den Verzicht auf alle Rauschmittel wird genannt: Nur mit einem vollkommen klaren Verstand konnten alle Gebote und Regeln Gottes recht ausgelegt werden.

Qualifikation für geistliche Führer

Der Genuß von Nahrungsmitteln oder Getränken, die die geistigen Kräfte beeinträchtigen, ist in den Augen Gottes eine schlimme Sünde. Das trifft besonders auf Menschen zu, die im heiligen Dienst für Gott stehen und zu jeder Zeit ein Vorbild sein sollten, um andere richtig zu unterweisen ...

Prediger wagen es, mit verunreinigten Lippen Gottes heiliges Wort zu verkündigen. Sie meinen, Gott würde ihre sündige Lasterhaftigkeit nicht bemerken. Da die Strafe für eine böse Tat nicht immer sofort erfolgt, nehmen sich die Menschen vor, mit dem Bösen weiterzumachen. Doch Gott wird kein Opfer aus den Händen derer entgegennehmen, die sich selbst verunreinigen und mit ihrem Gottesdienst gleichzeitig den „Weihrauch" des Tabaks und des Alkoholdunstes darbringen, denn er hat auch das Opfer der Söhne Aarons nicht angenommen, da sie den Weihrauch mit fremdem Feuer entzündeten.

Gott hat sich nicht verändert. Er nimmt es heute mit seinen Forderungen noch ebenso genau wie zur Zeit Moses. Doch in den heutigen Gotteshäusern wird mit den Lobliedern, Gebeten und Predigten von der Kanzel nicht nur „fremdes Feuer" dargebracht, sondern eine offensichtliche Verunreinigung. Anstatt seine Wahrheit zu verkündigen, sprechen seine Gesalbten manchmal unter dem Einfluß von Tabak und Brandy, und das ist wirklich „fremdes Feuer".

Da wird den Menschen biblische Wahrheit und Heiligkeit gepredigt, es wird zu Gott gebetet, und das alles ist mit Tabakdunst vermischt. Solcher „Weihrauch" gefällt Satan natürlich gut. Das ist eine schreckliche Verführung! Welch eine Beleidigung Gottes! Denn er ist heilig und wohnt in einem Licht, dem sich niemand nähern kann.

Wären die Verstandeskräfte in gesunder Verfassung, dann könnten bekennende Christen erkennen, wie inkonsequent ein solcher Gottesdienst ist. Doch sie sind, ähnlich wie Nadab und Abihu, so unempfindlich geworden, daß sie nicht mehr Heiliges vom Gewöhnlichen unterscheiden können. Heilige und göttliche Dinge werden auf dieselbe Ebene herabgezogen, wie ihr tabakgeschwängerter Atem, ihr betäubtes Gehirn und ihre verunreinigte Seele, die durch die Nachgiebigkeit gegenüber dem Appetit und der Triebhaftigkeit schmutzig wurde.

Angebliche Christen essen und trinken hemmungslos, rauchen und kauen Tabak und werden zu Fressern und Säufern, die nur daran denken, ihre Lust zu befriedigen, und gleichzeitig reden sie davon, daß man überwinden muß, wie Christus überwand! („Redemption; or the Temptation of Christ", S. 82-86)

Ein Ruf nach Führern, die einen klaren Kopf haben

Wie sieht es aus mit unseren Gesetzgebern und den Männern an unseren Gerichtshöfen? Wenn es nötig ist, daß Menschen in heiligem Dienst einen klaren Kopf behalten und im Vollbesitz ihrer geistigen Kräfte sind, sollte es dann nicht ebenso wichtig sein, daß Menschen, die die Gesetze unseres großen Landes machen und durchsetzen, bei klarem Verstand sind?

Wie sieht es mit den Richtern und Juristen aus, in deren Händen das Geschick von Menschenleben liegt und die entscheiden, ob Unschuldige verurteilt oder Verbrecher auf die Gesellschaft losgelassen werden? Sollten nicht auch sie im Vollbesitz ihrer geistigen Kräfte sein? Sind sie ausgeglichen und beherrscht in ihrem Lebensstil? Wenn nicht, dann sind sie untauglich für derart verantwortungsvolle Positionen.

Durch einen fehlgeleiteten Appetit werden die geistigen Kräfte beeinträchtigt und es entsteht die Gefahr, daß solche Männer dann ungerecht richten und regieren. Ist der Gebrauch von Betäubungsmitteln heute etwa weniger gefährlich als damals, als Gott allen Dienern im heiligen Amt Beschränkungen auferlegte? („Christian Temperance and Bible Hygiene", S. 19)

Veruntreuung durch Regierungsbeamte

Menschen, die Gesetze erlassen, wodurch ein Volk gelenkt und geführt werden kann, sollten sich mehr als alle anderen den höheren Gesetzen unterordnen, die die Grundlage aller Herrschaft in Völkern und Familien sind. Wie wichtig ist es, daß Männer und Frauen, die Regierungsgewalt ausüben, selbst spüren, daß sie unter der Herrschaft eines Höheren stehen! Sie werden das allerdings nie empfinden, wenn ihr Denken durch den Genuß von Rauschmitteln geschwächt ist.

Alle, die heute mit Gesetzgebung und der Durchsetzung von Gesetzen befaßt sind, sollten im Vollbesitz ihrer geistigen und körperlichen Kräfte sein. Durch Mäßigkeit in allen Dingen können sie sich die klare Unterscheidung zwischen Heiligem und Gewöhnlichem erhalten und über die notwendige Weisheit verfügen, um mit jener Gerechtigkeit und Rechtschaffenheit zu handeln, die Gott schon damals seinem Volk Israel eindringlich ans Herz gelegt hat ...

Viele, die in die höchsten öffentlichen Vertrauensstellungen aufrücken konnten, widersprechen dem durch ihr Verhalten. Sie dienen sich selbst und sind in der Regel sehr großzügig im Konsum von Rauschmitteln, Wein und starken Getränken. Rechtsanwälte, Juristen, Senatoren, Richter und andere Männer des öffentlichen Lebens vergessen, daß man einen guten Charakter nicht im Schlaf bekommt. Sie verschwenden ihre Kräfte durch ihre sündige Nachgiebigkeit gegenüber ihren eigenen Wünschen und Trieben. Sie erniedrigen ihre hohe Stellung, um sich selbst durch ihr unmäßiges Verhalten zu verunreinigen. Da sie ihre Kräfte dem Laster verkaufen, bereiten sie dem Bösen den Weg ...

Unbeherrschte Menschen dürfen nicht durch das Votum des Volkes in Vertrauensstellungen gesetzt werden. Ihr Einfluß verdirbt andere, und damit ist eine gravierende Verantwortung verbunden. Während ihr Gehirn und ihre Nerven durch Tabak und andere Reizstoffe betäubt sind, erlassen sie Gesetze, die entsprechend unbrauchbar ausfallen, und sobald die Wirkung dieser Mittel nachläßt, brechen sie zusammen.

Oft stehen Menschenleben auf dem Spiel, denn die Männer in diesen Vertrauensstellungen treffen Entscheidungen über Leben und Freiheit oder Sklaverei und Verzweiflung. Wie nötig ist es deshalb, daß alle, die solche schwerwiegenden Verhandlungen führen, bewährte Menschen sind, Männer, die an sich arbeiten, um ehrlich und wahrhaftig, rechtschaffen und anständig zu sein, die unbestech-

lich sind in ihrem Urteil und ihre Überzeugung nicht von Partei-
lichkeit oder Vorurteilen bestimmen lassen. So spricht der Herr:
„Du sollst das Recht deines Armen nicht beugen in seiner Sache.
Halte dich ferne von einer Sache, bei der Lüge im Spiel ist. Den
Unschuldigen und den, der im Recht ist, sollst du nicht töten; denn
ich lasse den Schuldigen nicht Recht haben. Du sollst dich nicht
durch Geschenke bestechen lassen; denn Geschenke machen die
Sehenden blind und verdrehen die Sache derer, die im Recht sind."
(2 Mo 23,6-8)

Nur selbstbeherrschte und rechtschaffene Menschen sollten mit
der Gesetzgebung beauftragt und als Vorsitzende unserer Gerichtshöfe eingesetzt werden. Der Besitz, der Ruf und sogar das Leben
sind nicht mehr gesichert, wenn sie dem Urteil von Männern überlassen werden, die unmäßig und unmoralisch sind. Wie viele Unschuldige sind schon zum Tode verurteilt worden, und wie viele
haben ihren irdischen Besitz verloren, nur weil Rechtsanwälte, Ver-
teidiger, Staatsanwälte, Zeugen und sogar Richter getrunken hatten!
(„Signs of the Times", 11. Februar 1886)

Wenn alle Verantwortungsträger mäßig leben würden

Würden die Männer des öffentlichen Lebens wirklich so leben, wie
Gott es will, könnten sie Vorbild sein durch hohe und heilige
Grundsätze. Menschen in Vertrauensstellungen würden dann maß-
voll und konsequent leben.

Staatsbeamte, Senatoren und Richter hätten einen klaren Kopf,
ihr Urteil wäre sachlich und gerecht. Sie würden in Gottesfurcht
leben und sich mehr auf seine Weisheit als auf ihre eigene verlassen. Der himmlische Lehrer würde sie befähigen, weise zu beraten,
sich standhaft gegen alles Böse zu stellen und das, was richtig, gerecht und wahr ist, zu fördern.

Das Wort Gottes wäre ihre Richtschnur, und Unterdrückung
gäbe es nicht mehr. Gesetzgeber und Behörden würden gute und
gerechte Gesetze erlassen und hochhalten und stets das betonen,
was auch der Herr für gerecht und richtig hält. Gott ist der Ursprung aller guten und gerechten Gesetze und Regierungen. Wer
mit der Verantwortung betraut ist, Gesetze zu erlassen oder anzu-

wenden, ist vor Gott als Verwalter seiner Güter verantwortlich. („Review and Herald", 1. Oktober 1895)

Auf Belsazars Fest wurde die Vernunft entthront

Aus Stolz und Arroganz, sich leichtsinnig in Sicherheit wiegend, veranstaltete Belsazar „ein herrliches Mahl für seine tausend Mächtigen und soff sich voll mit ihnen" (Da 5,1)

Alle Reize, über die Reiche und Mächtige verfügen, vermehrten den Glanz dieser Szene. Bezaubernd schöne Frauen weilten bei dem königlichen Festmahl unter den Gästen. Geistvolle und gebildete Männer waren anwesend. Fürsten und Staatsmänner tranken Wein wie Wasser und gaben sich seiner den Verstand raubenden Wirkung hin. Die Vernunft des Königs war durch beschämende Trunkenheit ausgeschaltet. Seine niederen Triebe und Leidenschaften begannen nun zu herrschen, und er übernahm selbst die Leitung dieser zügellosen Orgie. („Propheten und Könige", S. 367)

Als das Fest seinen Höhepunkt erreichte, erschien eine bleiche Hand und schrieb an die Wand des Festsaals, daß der König und sein Reich dem Untergang geweiht waren: „Mene mene tekel uparsin" lauteten die Worte, und sie wurden von Daniel folgendermaßen erklärt: „... man hat dich auf der Waage gewogen und zu leicht befunden ... Dein Königreich ist zerteilt und den Medern und Persern gegeben." Und der Bericht sagt uns: „Aber in derselben Nacht wurde Belsazar, der König der Chaldäer, getötet." (Da 5,27.28.30)

Belsazar dachte nicht daran, daß ein unsichtbarer Wächter sein Götzenfest beobachtete. Aber was immer wir sagen oder tun, wird in den Büchern des Himmels festgehalten. Die geheimnisvollen Zeichen, die von der bleichen Hand geschrieben wurden, zeigen, daß Gott immer gegenwärtig ist und daß er durch hemmungsloses Schlemmen und Feiern entehrt wird. Vor Gott können wir nichts verbergen. Der Verantwortung vor ihm können wir uns nicht entziehen.

Wo immer wir sind, und was immer wir tun – wir sind ihm verantwortlich, denn wir gehören ihm, weil er uns erschaffen und erlöst hat. (Manuskript 50, 1893)

Die furchtbaren Folgen der Zügellosigkeit am Beispiel des Herodes

Herodes hatte sein chaotisches Leben in vielen Bereichen geändert und neu geordnet. Doch immer noch nahm er üppige Speisen und stimulierende Getränke zu sich, und dadurch wurde sein sittliches Empfinden ebenso blockiert und geschwächt wie seine körperlichen Kräfte.

Diese Eß- und Trinkgewohnheiten lagen im Widerstreit mit dem ernsten Werben des Heiligen Geistes, der Herodes im Herzen berührt und sein Gewissen erweckt hatte, damit er sich von seinen Sünden abwende. Herodias kannte die Schwachstellen seines Charakters nur zu gut. Sie wußte, daß sie den Tod des Johannes nicht erwirken konnte, solange Herodes Herr seiner Sinne war.

So verbarg sie ihren Haß, so gut sie konnte, und wartete bis zu seinem Geburtstag. Sie wußte, daß bei diesen Festlichkeiten geschwelgt und reichlich getrunken wurde. Herodes hatte eine Vorliebe für üppiges Essen und Wein, und darin sah sie eine Möglichkeit, ihn zu überrumpeln. Sie wollte ihn dazu verführen, seiner Eßlust nachzugeben, um seine Begierden zu wecken und seinen Verstand und sein Gewissen zu betäuben. Dann würde er nicht mehr sensibel genug sein, um Tatsachen und Beweise klar einzuschätzen und richtige Entscheidungen zu treffen.

Sie traf kostspielige Vorbereitungen für dieses Fest und sorgte für ausschweifende Vergnügungen. Es war ihr bewußt, welchen Einfluß solche Orgien auf den Verstand und die Moral ausüben. Und sie wußte, daß Herodes nicht mehr Herr seiner Sinne sein würde und keine klaren Gedanken mehr fassen konnte, wenn er seiner Genußsucht nachgab.

Unmäßigkeit löst im Gemüt und im Denken eine unnatürliche Erregung aus und macht das Herz unempfindlich für das Wirken Gottes, so daß die Triebe nicht mehr von ihm gesteuert werden, sondern von dem, „was alle tun". Solche Feste und Vergnügungen, Tanzveranstaltungen und der großzügige Konsum von Wein benebeln die Sinne, so daß man Gott nicht mehr ehrt und ernst nimmt ...

Während Herodes mit seinen Fürsten in der Festhalle schwelgte und trank, schickte Herodias, getrieben durch ihr verbrecherisches würdeloses Wesen, ihre Tochter in einem sehr verführerischen Gewand zu Herodes und seinen Fürsten hinein. Salome trug wenig mehr als Blumengirlanden und funkelnde Juwelen am Körper, und sie tanzte in schamloser Weise zum Vergnügen der Gäste. Sie bezauberte sie, da sie längst nicht mehr klar denken konnten. Sie ließen sich nicht mehr von Vernunft, von einem veredelten Geschmack oder einem feinen Gewissen leiten, sondern gaben sich ihren Trieben hin und fragten nicht mehr nach Anstand und Sitte.

Diese listige Verführung raubte Herodes und seinen Gästen den letzten Rest Vernunft und Würde. Sie waren alle betrunken. Die Musik, der Wein und dieser Tanz hatte ihnen alle Ehrfurcht und allen Respekt vor Gott genommen. Nichts schien Herodes noch heilig zu sein. Er wollte sich unbedingt aufspielen und die großen Männer seines Königreichs beeindrucken. Und so versprach er Salome – und bekräftigte dieses Versprechen durch einen Eid –, er werde ihr alles geben, was sie sich wünschte ...

Mit diesem für sie großartigen Versprechen lief Salome zu ihrer Mutter und wollte wissen, was sie sich wünschen sollte. Die Mutter hatte ihre Antwort schon längst parat: den Kopf Johannes des Täufers in einer Schüssel. Zuerst war Salome schockiert. Sie begriff nicht, daß ihre Mutter in ihrem Herzen schon lange heimliche Rachepläne gehegt hatte. Sie weigerte sich, eine solch unmenschliche Bitte vorzubringen, doch ihre böse Mutter bestand darauf. Noch schlimmer: sie trieb ihre Tochter zur Eile. Sie sollte ihre Bitte sofort vortragen, bevor Herodes Zeit zum Nachdenken hatte und es sich noch anders überlegen konnte.

Also kehrte Salome mit ihrer furchtbaren Bitte zu Herodes zurück: „Gib mir hier auf einer Schale das Haupt Johannes des Täufers! Und der König wurde traurig; doch wegen des Eides und derer, die mit ihm zu Tisch saßen, befahl er, es ihr zu geben ...“ (Mt 14,8.9)

Herodes war wie vor den Kopf gestoßen. Sein ausgelassenes Lachen verstummte, und die Gäste waren entsetzt über eine solch grausame Forderung. Der Leichtsinn und die Ausschweifung dieser Nacht kostete einem der bedeutendsten Propheten das Leben. Und was bereitete den Weg für dieses schreckliche Verbrechen? Der Becher mit berauschendem Getränk! („Review and Herald“, 11. März 1873)

Keine Stimme erhob sich, um Johannes zu retten

Warum hörte man in dieser Gesellschaft keine Stimme, die Herodes davon entband, seinen unüberlegten Eid einzuhalten? Sie waren alle vom Wein berauscht, und ihren betäubten Sinnen war nichts mehr heilig.

Obwohl die Gäste des Königs eigentlich vorhatten, ihn von seinem Eid loszusprechen, waren ihre Zungen wie gelähmt. Herodes selbst stand unter dem irrtümlichen Eindruck, er müsse dieses Versprechen, das unter dem Einfluß des Alkohols gegeben worden war, unbedingt halten, andernfalls stünde sein Ruf auf dem Spiel. Der einzige Schutz der Seele, die sittlichen Grundsätze, waren blockiert. Herodes und seine Gäste waren Sklaven geworden, gefesselt von den niederen Trieben ...

Ihre Urteilskraft war durch die Sinnlichkeit geschwächt; ihre Vorstellung von Gerechtigkeit und Gnade verdreht. Satan nutzte diese Chance und trieb sie durch die Person der Herodias zu einer übereilten Entscheidung, die das kostbare Leben eines Propheten Gottes vernichtete. („Review and Herald", 8. April 1873)

Göttliche Warnungen!

Der Herr kann diese unmäßige und verdorbene Generation nicht länger dulden. In der Schrift wird an vielen Stellen ernsthaft vor dem Konsum berauschender Getränke gewarnt.[*]

Salomo sagt: „Der Wein macht zum Großmaul und das Bier zum Krakeeler; wer sich betrinkt, ist unvernünftig." (Sprüche 20,1 GN) „Willst du wissen, wer ständig stöhnt und sich selbst bemitleidet? Wer immer Streit hat und sich über andere beklagt? Wer glasige Augen hat und Verletzungen, die er sich hätte ersparen können? Das sind die, die bis spät in die Nacht beim Wein sitzen und keine Gelegenheit auslassen, eine neue Mischung zu probieren. Laß dich nicht vom Wein verführen! Er funkelt so rot im Becher und gleitet so angenehm durch die Kehle, aber dann wird es dir schwindelig, als hätte dich eine giftige Schlange gebissen." (Sprüche 23,29-32 GN)

---

[*] Im Original wird hier 5. Mose 29,18.19 zitiert.

Der Weinkonsum der Israeliten war eine der Ursachen, die schließlich zu ihrer Gefangenschaft führten. Durch den Propheten Amos sagte der Herr zu ihnen:

„Ihr Müßiggänger auf dem Berg Zion! ... Ihr meint, das Unheil sei noch fern. Aber ihr tut alles, um ein Ende mit Schrecken herbeizuführen. Ihr räkelt euch auf euren elfenbeinverzierten Polsterbetten und eßt das zarte Fleisch von Lämmern und Mastkälbern. Ihr grölt zur Harfe und bildet euch ein, ihr könntet Lieder machen wie David. Ihr trinkt den Wein kübelweise und verwendet die kostbarsten Parfüms, aber daß euer Land in den Untergang treibt, läßt euch kalt. Deshalb sagt der Herr der ganzen Welt: Ihr müßt als erste in die Verbannung gehen, und eure Gelage nehmen ein jähes Ende." (Amos 6,1.3-7 GN)

„Es steht schlimm um ein Land, wenn sein König noch jung und unerfahren ist und die Minister schon frühmorgens Festgelage halten. Aber ein Land kann sich glücklich preisen, wenn sein König fähig ist, selbst zu entscheiden, und die Minister zur rechten Zeit essen und trinken und sich dabei wie Männer benehmen, die sich beherrschen können." (Prediger 10,16.17 GN)

„Ergib dich nicht dem Trunk! Wein und Bier sind nichts für Könige! Wenn sie sich betrinken, vergessen sie, was ihnen aufgetragen ist, und sorgen nicht mehr dafür, daß die Armen zu ihrem Recht kommen." (Sprüche 31,4.5 GN)

Das sind eindeutige Warnungen und konkrete Anweisungen. Wer eine öffentliche Vertrauensstellung einnimmt, sollte sich davor hüten, daß ihn Wein und starke Getränke das Gesetz vergessen lassen und seine Urteilsfähigkeit beeinträchtigen ...

Der Gott des Himmels regiert. Er ist die alleinige Autorität über Könige und Herrscher. Der Herr gibt in seinem Wort klare Anweisungen über den Gebrauch von Wein und starkem Getränk. Er verbietet ihren Genuß und untermauert sein Verbot mit entschiedenen Warnungen und Drohungen, dies jedoch nicht aus Willkür, sondern weil er die Menschen davor bewahren möchte, die schlimmen Folgen des Wein- und Alkoholgenusses ertragen zu müssen.

Entwürdigung, Grausamkeit, Bosheit und Streit sind die natürlichen Auswirkungen aller Unmäßigkeit. Gott zeigt ganz deutlich, welche Folgen aus diesem Übel entstehen. Dies tut er, damit sein Gesetz nicht falsch dargestellt wird und weil er den Menschen das weitverbreitete Elend ersparen möchte, das durch die Gewinnsucht niederträchtiger Menschen entsteht, die mit Giften handeln, die den Verstand zerstören. („Drunkenness and Crime", S. 4-6)

Kapitel 3

Tabak

Auswirkungen
des Tabakkonsums

Was bewirkt der Tabak im menschlichen Körper?

Tabak ist ein schleichendes Gift, dessen Auswirkungen aus dem Körper schwerer zu entfernen sind, als die des Alkohols. („Testimonies", Bd. 3, S. 569)

Der gewohnheitsmäßige Konsum von Tabak schädigt das Nervensystem oft stärker als Alkohol. Das Opfer wird schlimmer versklavt als durch den berauschenden Becher, denn diese Gewohnheit ist schwerer zu überwinden. Der Körper und die Seele sind in vielen Fällen stärker vom Tabak als vom Alkohol vergiftet, weil dieses Gift sehr viel unauffälliger wirkt. („Testimonies", Bd. 3, S. 562)

Tabakraucher machen sich vor Gott schuldig

Jede Art von Tabakkonsum schädigt den Körper. Es handelt sich um ein schleichendes Gift, das sich auf das Gehirn auswirkt und die Wahrnehmungsfähigkeit beeinträchtigt, so daß der Verstand geistliche Gedanken nicht mehr klar aufnehmen kann, vor allem nicht solche Erkenntnisse, die ihm bewußt machen könnten, daß man diese schmutzige Gewohnheit lassen sollte.

Jeder, der in irgendeiner Art Tabak gebraucht, schwächt dadurch seine Beziehung zu Gott. Wer eine solche verunreinigende Gewohnheit pflegt, kann Gott nicht mit Körper und Geist, die doch ihm gehören, verherrlichen. Gott kann nicht dazu ja sagen, daß man unterschwellig, aber sicher wirkende Gifte, die die Gesundheit ruinieren und die Denkfähigkeit beeinträchtigen, konsumiert.

Er hat Erbarmen mit allen, denen nicht klar ist, wie gefährlich und schädlich sich diese Gewohnheit auswirkt. Doch sobald es ihnen im richtigen Licht begreiflich gemacht wurde, machen sie sich vor Gott schuldig, wenn sie weiterhin ihrer Gier nachgeben. („Counsels on Health", S. 81)

Körpereigene Abwehrkraft und Regenerationsfähigkeit nehmen ab

Gottes heilende Kraft ist in der ganzen Natur wirksam. Wenn sich der Mensch schneidet oder einen Knochen bricht, beginnt die Natur sofort, diese Verletzung zu heilen und dadurch das Leben des Menschen zu retten. Doch der Mensch kann sich selbst in eine Situation bringen, in der die natürlichen Kräfte gehemmt sind, so daß sie ihre Aufgabe nicht mehr wahrnehmen können ...

Durch den Tabakkonsum wird die heilende Kraft der Natur mehr oder weniger gemindert. („Medical Ministry", S. 11)

Saat und Ernte

Sowohl alte als auch junge Menschen müssen bedenken, daß die Natur gegen jede Mißachtung der Lebensgesetze protestiert. Das hat Folgen für die geistigen und die körperlichen Kräfte. Und die Konsequenzen beschränken sich nicht auf den leichtsinnigen Übeltäter, sondern wirken sich auch auf seine Nachkommen aus. Dadurch werden Erbschäden bis in die dritte und vierte Generation weitergegeben.

Das müßt ihr bedenken, Väter, wenn ihr der Droge Tabak zusprecht, die Seele und den Verstand betäubt. Wohin wird euch diese Gewohnheit führen? Wen wird sie – abgesehen von euch selbst – noch schädigen? („Signs of the Times", 6. Dezember 1910)

Bei Kindern und Jugendlichen richtet der Tabak unsagbare Schäden an. Die ungesunden Gewohnheiten der älteren Generation belasten die heutigen Kinder und Jugendlichen. Geistige Behinderung, körperliche Schwäche, geschädigte Nerven und unnatürliche

Gelüste werden von Eltern auf Kinder weitervererbt, Und diese praktizieren dann die gleichen Gewohnheiten, vermehren das Übel und pflanzen es fort. Der körperliche, geistige und sittliche Niedergang, der heute so viel Grund zur Beunruhigung gibt, ist zu einem großen Teil auf diese Ursachen zurückzuführen.

Die Jugendlichen beginnen schon sehr früh mit dem Tabakkonsum. Sie gewöhnen sich an das Rauchen, wenn Körper und Gehirn besonders unter dessen Auswirkungen leiden. Dadurch werden sie körperlich geschwächt, ihre Denkfähigkeit wird beeinträchtigt und ihr Verständnis für Recht und Unrecht verzerrt. („The Ministry of Healing", S. 328.329)

Der Ursprung der Tabaksucht

Es gibt kein natürliches Verlangen nach Tabak – es sei denn, es wird vererbt. (Manuskript 9, 1893)

Der Konsum von Schwarztee und Bohnenkaffee weckt die Lust auf Tabak. („Testimonies", Bd. 3, S. 563)

Scharf gewürzte Fleischspeisen, schwarzer Tee und Bohnenkaffee, die manche Mütter ihren Kindern vorsetzen, rufen das Verlangen nach stärkeren Reizmitteln, z. B. nach Tabak, hervor. Der Tabakkonsum fördert wiederum die Lust auf Alkohol. („Testimonies", Bd. 3, S. 488)

Stark gewürzte und scharfe Speisen entzünden den Magen, verändern die Zusammensetzung des Blutes und fördern den Bedarf an stärkeren Reizmitteln. Das führt zu Nervenschwäche, Ungeduld und mangelnder Selbstbeherrschung. Tabak und Wein folgen. („Signs of the Times", 27. Oktober 1887)

Menschenleben werden geopfert

Alkohol und Tabak verunreinigen das Blut, und Jahr für Jahr fallen Tausende diesen Giften zum Opfer. („Health Reformer", November 1871)

Die natürlichen Abwehrkräfte bemühen sich, die giftige Droge Tabak wieder auszuscheiden, aber oft sind sie überlastet. Sie geben ihren Kampf gegen den Eindringling auf, und diese Kapitulation kostet schließlich das Leben. (Manuskript 3, 1897)

Tabakkonsum ist Selbstmord

Gott erwartet heute ebenso ein reines Herz und persönliche Sauberkeit wie damals, als er den Kindern Israel ihre besonderen Hygieneanweisungen gab. Während der Wüstenwanderung, bei der das Volk fast ständig von frischer Luft umgeben war, nahm Gott es hinsichtlich der Einhaltung dieser Anordnungen sehr genau. Heute fordert er von uns nicht weniger. Wir wohnen in festen Häusern, in denen sehr viel mehr Unsauberkeit mit schädlicheren Auswirkungen möglich ist.

Tabak ist ein betrügerisches und tödliches Gift. Zuerst erregt es die Nerven, dann lähmt es sie. Und es ist gerade deshalb so sehr gefährlich, weil seine Auswirkungen auf den Körper zunächst so unauffällig vor sich gehen, daß sie kaum wahrgenommen werden. Unzählige Menschen sind diesem schleichenden Gift schon zum Opfer gefallen. Sie haben damit praktisch Selbstmord begangen. Bleibt die Frage: Wie wird es ihnen am Auferstehungsmorgen ergehen? („Spiritual Gifts", Bd. 4, S. 128.)

Es gibt keine Rechtfertigung

Maßlosigkeit aller Art hält die Menschen gefangen wie in einem Schraubstock. Es gibt immer mehr Tabaksüchtige. Was soll man zu diesem Übel sagen?

Es ist unappetitlich, eine Droge, die die Sinne abstumpft, den Willen beherrscht und ihre Opfer in einer Sucht gefangen hält, die sehr schwer zu überwinden ist – und Satan ist ihr Förderer. Er zerstört die Wahrnehmungsfähigkeit des Gehirns, so daß Sünde und Verdorbenheit nicht mehr von Wahrheit und Heiligkeit unterschieden werden können.

Die Lust auf Tabak ist selbstzerstörerisch und stimuliert das Verlangen nach stärkeren Reizmitteln: vergorenen Weinen und Likören, die allesamt berauschend wirken. (Brief 102a, 1897)

Der schädliche und verunreinigende Einfluß des Tabaks

Wir begegnen ihm überall

Wo auch immer wir hingehen, begegnen wir Tabaksüchtigen, die durch ihre Lieblingsgewohnheit Körper und Seele schwächen. Haben sie das Recht, ihren Schöpfer – und damit ihre Mitmenschen – des Dienstes zu berauben, der ihm eigentlich zustünde? ...

Es ist eine unappetitliche Gewohnheit, die den Raucher verunreinigt und anderen auf die Nerven geht. Sobald irgendwo mehrere Menschen zusammenkommen, muß man ertragen, daß einem jemand seinen nikotinvergifteten Atem ins Gesicht bläst. Es ist unangenehm und auch gefährlich, sich in einem Zugabteil oder einem Raum aufzuhalten, dessen Luft mit den Gerüchen von Schnaps und Tabak geschwängert ist. („Christian Temperance and Bible Hygiene", S. 33.34)

Ein Fluch und ein Mörder

Frauen und Kinder leiden darunter, daß sie Luft einatmen müssen, die durch Pfeifen- oder Zigarrenrauch oder den übelriechenden Atem des Tabakkonsumenten verunreinigt wurde. Wer in einer solchen Atmosphäre leben muß, wird immer darunter leiden. („Testimonies", Bd. 5, S. 440)

Die Lunge des Kleinkindes leidet und erkrankt, wenn es in einem Raum atmen muß, dessen Luft durch den Atem eines Rauchers verunreinigt wurde. Viele Babys sind hoffnungslos vergiftet, weil sie mit ihrem rauchenden Vater im gleichen Bett schlafen müssen. Indem sie die giftige Luft einatmen, die durch Lunge und Haut des Rauchers ausgestoßen wird, wird ihr ganzer Körper vergiftet.

Bei einigen Kleinkindern wirkt das Gift allmählich und schädigt Hirn, Herz, Leber und Lungen; sie werden langsam immer schwächer. Andere wiederum werden sofort sichtbar geschädigt, erleiden Krämpfe, Anfälle und Lähmungserscheinungen oder sterben plötzlich.

Die Eltern betrauern den Tod ihres geliebten Kindes und wundern sich über die unverständliche Fügung Gottes, die sie so grausam beraubt hat. Doch Gott hat den Tod dieser Kinder weder gewollt noch geplant. Sie starben als Märtyrer der ekelhaften Lust auf Tabak. Jeder Atemzug eines Tabaksüchtigen vergiftet die Luft, die ihn umgibt. („Health Reformer", Januar 1872.

Ein Faktor der zunehmenden Kriminalität

Der Konsum von Tabak und hochprozentigen Getränken hat viel mit der Zunahme von Krankheiten und Verbrechen zu tun. (Manuskript 29, 1886)

Der Konsum von Alkohol oder Tabak zerstört die empfindsamen Nerven des Gehirns und betäubt die Wahrnehmungsfähigkeit. Unter diesem Einfluß werden Verbrechen begangen, zu denen es nicht käme, wenn der Kopf klar und frei wäre von der Wirkung dieser Reizmittel und Drogen. (Manuskript 38 ½, 1905)

Satan beherrscht den gelähmten Verstand

Tausende verkaufen ihre körperliche, geistige und sittliche Kraft für einen kurzen Genuß. Jede körperliche Funktion hat ihre eigene Aufgabe, aber alle Funktionen stehen in Beziehung zueinander, und wenn diese Beziehung ausgewogen ist, können sie harmonisch zusammenwirken.

Keine dieser Fähigkeiten kann mit Geld aufgewogen werden, und doch werden sie für ein üppiges Essen, für Alkohol oder Tabak verkauft. Und während sie gelähmt sind, weil man dem Appetit nachgegeben hat, kann Satan Seele und Verstand kontrollieren und drängt sie zu jeder Art von Verbrechen und Bosheit. („Review and Herald", 18. März 1875)

Werden Frauen rauchen?

Gott möge verhindern, daß Frauen sich selbst so weit entwürdigen, solch eine schmutzige und benebelnde Droge zu konsumieren! Schon die Vorstellung, daß der Atem einer Frau von Tabakrauch vergiftet sein könnte, ist abstoßend. Man schaudert, wenn man an kleine Kinder denkt, die ihre Arme um ihren Nacken schlingen und ihre frischen, reinen Lippen auf den Mund der Mutter pressen, der verunreinigt und verfärbt ist von dem abstoßenden Tabak. Und doch kommt uns dieses Bild nur deshalb so abstoßend vor, weil es seltener ist als das eines Vaters, eines Familienoberhauptes, der sich selbst mit diesem ekelhaften Kraut verunreinigt.

Kein Wunder, daß wir beobachten können, daß Kinder sich vor dem Kuß des Vaters, den sie eigentlich lieben, abwenden, und wenn sie ihn küssen, dann suchen sie keinesfalls seine Lippen, sondern seine Wange oder Stirn, wo ihre reinen Lippen nicht verschmutzt werden. („Health Reformer", September 1877)

Der einzig sichere Weg

Versuchungen und Ablenkungen aller Art bedrohen die Zukunftsaussichten junger Männer, sowohl für diese als auch für die kommende Welt. Der einzig sichere Weg für jung und alt ist die konsequente Befolgung der Natur- und Sittengesetze. Der Pfad des Gehorsams ist der einzige, der zum Himmel führt.

Alkohol- und Tabakabhängige würden manchmal jeden Preis zahlen, wenn sie dafür ihre Sucht nach diesen Körper und Geist zerstörenden Drogen überwinden könnten. Alle, die ihre Vorlieben und Triebe nicht unter die Herrschaft der Vernunft stellen, werden den Versuchungen nachgeben, und zwar auf Kosten ihres Körpers und ihres Gewissens. („Review and Herald", 18. März 1875)

Die versklavende Macht des Tabaks

Satan möchte, daß durch die schreckliche Gewohnheit des Tabakkonsums das Gehirn gelähmt und das Urteilsvermögen verwirrt wird, damit heilige Dinge nicht mehr erkannt werden. Wenn das Verlangen nach diesen Drogen erst einmal da ist, nimmt es das Denken und den Willen des Menschen gefangen – er ist dieser Macht verfallen. Satan hat dann die Kontrolle über den Willen dieses Menschen, und Gedanken an die Ewigkeit werden ausgeblendet.

Der Mensch verliert seine von Gott gegebene Fähigkeit zur Selbstbestimmung; er ist zum Sklaven seiner Genußsucht geworden. (Brief 8, 1893)

Wer behauptet, Tabak würde ihm nicht schaden, kann sich leicht von seinem Irrtum überzeugen: Er braucht nur einige Tage lang darauf zu verzichten. Die flatternden Nerven, das Schwindelgefühl und seine Reizbarkeit werden ihm beweisen, daß er durch seine sündige Nachgiebigkeit bereits abhängig geworden ist. Seine Willenskraft ist besiegt. Er ist von einem Laster gefangen, das beängstigende Folgen hat. („Signs of the Times", 27. Oktober 1887)

Das Zeugnis von Freigewordenen

Während eines Vortrags baten wir alle Besucher, die früher vom Rauchen abhängig waren, nun aber durch die Erkenntnis der Wahrheit ganz damit aufgehört hatten, einmal aufzustehen. Daraufhin erhoben sich etwa 35 bis 40 Personen, darunter zehn bis zwölf Frauen.

Anschließend baten wir darum, daß diejenigen aufstehen sollten, denen die Ärzte gesagt hatten, daß es für sie tödlich sein könnte, mit dem Rauchen aufzuhören, da sie sich schon so stark daran gewöhnt hätten, daß sie nicht mehr ohne diese Droge leben könnten. Daraufhin standen acht Personen auf, denen man ansah, daß sie körperlich und geistig gesund waren. („Review and Herald", 23. August 1877)

Warnung vor dem Spiel mit dem Feuer

Eltern, warnt eure Kinder vor der Sünde der Anmaßung. Macht ihnen klar, daß sie mit dem Feuer spielen, wenn sie sich an Tabak, Alkohol oder etwas anderes Schädliches gewöhnen. Macht sie darauf aufmerksam, daß ihr Körper durch die Schöpfung und durch die Erlösung Gottes Eigentum ist. Sie gehören nicht sich selbst, denn er hat sie um einen hohen Preis freigekauft.

Lehrt sie, daß der Körper ein Tempel Gottes ist und daß er nicht durch Nachgiebigkeit gegenüber dem Appetit geschwächt und krank gemacht werden darf.

Der Herr hat die Krankheiten und die geistigen Behinderungen, die man heute unter den Menschen beobachten kann, nicht erschaffen; das hat der Feind getan. Es liegt ihm daran, den Körper zu schwächen, weil er weiß, daß nur in einem gesunden Körper ein ausgewogener Charakter entwickelt werden kann. Gewohnheiten, die den Naturgesetzen zuwiderlaufen, kämpfen unausgesetzt gegen die Seele.

Gott ruft euch auf, durch seine Gnade ein Werk zu tun, das ihr tun könnt. Wie viele Menschen mit einem gesunden Körper stehen

Gott zum Dienst zur Verfügung, als ein Opfer, das er gerne annimmt? Wie viele Frauen und Männer haben sich ihre von Gott geschenkte Gesundheit erhalten? Wie viele können zeigen, daß ihr Geschmack, ihre Vorlieben und Gewohnheiten genauso rein und edel sind wie damals bei Daniel? Wie viele haben ruhige Nerven, einen klaren Kopf und ein scharfes Urteilsvermögen? („Signs of the Times", 4. April 1900)

Gottes Tempel wird verunreinigt

Unangenehm, teuer, unsauber

Tabakkonsum ist eine unangenehme, teure und unsaubere Angewohnheit. Die Lehren Christi, die auf Reinheit, Selbstverleugnung und Mäßigkeit hinweisen, tadeln diese verunreinigende Gewohnheit ...

Wird Gott dadurch verherrlicht, wenn Menschen sich körperlich schwächen, ihr Gehirn durcheinanderbringen und sich dem Willen dieser giftigen Droge unterordnen? („Christian Temperance and Bible Hygiene", S. 17.18)

Wie ein Blick durch ein beschlagenes Fenster

Ein junger Mensch, der sich das Rauchen angewöhnt, verunreinigt sich insgesamt. Sein Wille hat nicht mehr die Durchschlagskraft, die ihn zuverlässig und wertvoll sein ließ, bevor er sich das Gift des Feindes zu eigen machte ...

Sein Verstand müßte nicht geschwächt und seine Gottesbeziehung nicht gestört sein. Aber wenn der Mensch mit dem Teufel zusammenarbeitet und zuläßt, daß seine Muskeln und sein Kreislauf kraftlos werden, beeinträchtigt er dadurch auch seine geistigen Fähigkeiten. Er läßt zu, daß sich das Fenster beschlägt, durch das er blickt. Dann sieht er alles in einem falschen Licht. (Manuskript 17, 1898)

Weihrauch für seine Majestät, den Teufel

Ich habe Männer gesehen, die von sich behaupteten, unter dem Segen Gottes zu stehen und geheiligt zu sein, gleichzeitig aber waren sie Sklaven des Tabaks, haben überall herumgespuckt und ihre

Umgebung verunreinigt. Da dachte ich mir: Wie würde es im Himmel aussehen, wenn es dort Tabakkonsumenten gäbe?

Die Lippen, die den kostbaren Namen Christi aussprächen, wären von Tabakkrümeln verschmutzt, der Atem wäre von diesem stechenden Geruch verunreinigt, und sogar das leinene Kleid der Gerechtigkeit wäre nicht vor Verschmutzung sicher. Also muß die Seele, die eine solche Unsauberkeit liebt und diese vergiftete Atmosphäre genießt, ebenfalls unrein sein. Die äußeren Zeichen signalisieren, wie es im Inneren aussieht.

Menschen, die angeblich ihr Leben nach Gott ausrichten, opfern ihren Körper auf dem Altar Satans und verbrennen Tabak als Weihrauch zu Ehren seiner satanischen Majestät. Dieses Rauchopfer muß doch irgendeiner Gottheit geweiht sein. Da Gott rein und heilig ist und nichts annehmen kann, was unrein ist, weigert er sich, dieses teure, schmutzige und unheilige Opfer zu akzeptieren. Daraus müssen wir schlußfolgern, daß Satan der einzige ist, der diese Ehre für sich in Anspruch nimmt. („Counsels on Health", S. 83)

Pfeife oder Himmel?

Ich habe an so manchem Beispiel gesehen, wie stark diese Gewohnheiten sind. Einer Bekannten wurde vom Arzt das Rauchen als Heilmittel für ihr Asthma empfohlen. Rein äußerlich wirkte sie seit Jahren wie eine engagierte Christin. Aber sie wurde so abhängig vom Rauchen, daß sie sich entschieden weigerte, damit aufzuhören. Und als man sie dazu drängte, weil es solch eine ungesunde und schmutzige Gewohnheit ist, meinte sie: „Wenn ich zwischen dem Himmel und meiner Pfeife zu wählen habe, dann sage ich dem Himmel ade. Ich kann meine Pfeife nicht aufgeben."

Diese Frau sprach mit Worten aus, was viele durch ihre Taten zum Ausdruck bringen. Der Schöpfergott, der Himmel, Erde und Menschen erschuf, beansprucht unser ganzes Herz und unsere ganze Liebe. Doch manchen Menschen ist dieser große Gott weniger wert als diese ekelhafte, widerwärtige Droge Tabak. (Brief 8, 1893)

Das ganze ungefallene Universum ist erstaunt darüber, daß Menschen um dieser Süchte willen, die Seele und Körper zerstören, Christus aufgeben. (Brief 8, 1893)

Ewige Dinge werden nicht mehr geschätzt

Wenn wir gewohnheitsmäßig so essen und trinken, daß unsere körperliche und geistige Kraft abnimmt, oder wenn wir zum Opfer von
Abhängigkeiten werden, die dieselben Folgen haben, verunehren
wir dadurch Gott und berauben ihn des Dienstes, den er zu Recht
von uns erwarten kann. Wer dem unnatürlichen Drang nach Tabak
nachgibt, tut dies auf Kosten seiner Gesundheit. Er zerrüttet dadurch seine Nerven, schwächt seine Lebenskraft und opfert seine
Denkfähigkeit.

Wer vorgibt Christus nachzufolgen, und doch diese schreckliche
Sünde pflegt, kann das versöhnende Opfer Jesu nicht richtig wertschätzen. Er hat keine Freude an ewigen Dingen. Wenn der Verstand
von Drogen umnebelt und zum Teil gelähmt ist, kann man leicht
von Versuchungen überwältigt werden und hat keine Freude an der
Gemeinschaft mit Gott. („Signs of the Times", 6. Januar 1876)

Wenn Christus und die Apostel hier wären ...

Jakobus sagt, daß die Weisheit von oben her zuerst einmal „rein"
sei. Hätte er seine Brüder beim Tabakgenuß beobachtet, würde er
dann diese Gewohnheit nicht als irdisch, sinnlich, ja, teuflisch beurteilen? („The Sanctified Life", S. 24)

Wäre Petrus noch unter uns, dann würde er die angeblichen
Nachfolger Christi dazu auffordern, auf die „fleischlichen Lüste" zu
verzichten, die gegen die Seele streiten. Und Paulus würde die Gemeinden ganz allgemein dazu aufrufen, sich von aller Unreinheit
des Fleisches und der Seele zu reinigen, und dadurch die Heiligung
in der Ehrfurcht vor Gott zur Reife zu bringen. Christus würde alle
aus dem Tempel hinausjagen, die vom Tabakgenuß verunreinigt
sind und das Heiligtum Gottes durch ihren Tabakatem verschmutzen.

Er würde zu diesen Anbetern sagen, wie damals zu den Juden:
„Mein Haus soll ein Bethaus sein; ihr aber habt es zur Räuberhöhle
gemacht." (Lk 19,46)

Wir würden zu solchen Menschen sagen: Euer unheiliges Opfer
von ausgespuckten Tabakkrümeln verschmutzt den Tempel und

stößt Gott ab. Außerdem beraubt ihr die Schatzkammer Gottes um Tausende von Dollar, weil ihr damit eure unnatürlichen Gelüste finanziert. („Signs of the Times", 13. August 1874)

Priester, die Tabak konsumiert hätten, wären getötet worden

Den Priestern, die im Heiligtum Dienst verrichteten, wurde befohlen, jedesmal Hände und Füße zu waschen, bevor sie in die Stiftshütte eintraten, um sich als Vermittler für das Volk Israel Gott zu nähern. Sie durften das Heiligtum nicht entweihen. Hätten die Priester das Heiligtum mit tabakverschmutzten Mündern betreten, dann hätten sie das Schicksal Nadabs und Abihus teilen müssen ...

Ihr sollt rein sein!

Männer, die durch Handauflegung zum Dienst geweiht wurden, um als Prediger mit heiligen Dingen umzugehen, stehen oft am Sprechpult, den Mund, die Lippen und den Atem von Tabak verunreinigt. Sie sprechen an Christi Statt zu den Menschen. Wie kann ein solcher Gottesdienst von einem heiligen Gott akzeptiert werden, der von den israelitischen Priestern forderte, sich ganz besonders vorzubereiten, bevor sie sich ihm nahten, damit sie nicht von seiner Heiligkeit verzehrt würden wie Nadab und Abihu, die ihn entehrt hatten?

Diese Leute können sicher sein, daß der mächtige Gott Israels immer noch ein Gott der Reinheit ist. Sie behaupten, Gott zu dienen, während sie Götzendienst betreiben, indem sie ihren Appetit zum Gott machen. Tabak ist der Götze, den sie verehren. Ihm muß sich jeder hohe und heilige Gedanke unterordnen. Sie beten angeblich Gott an, während sie gleichzeitig das erste Gebot übertreten. Sie haben andere Götter neben dem Herrn. „Reinigt euch, die ihr des Herrn Geräte tragt!" (Jes 52,11) („Spiritual Gifts", Bd. 4, S. 127.128)

Er will Gottes Tempel nicht verunreinigen

Gott möchte, daß alle, die an ihn glauben, die Notwendigkeit der Veränderung erkennen. Jede Fähigkeit, die er ihnen anvertraut hat, soll verbessert und geübt, und keine Gabe darf vernachlässigt werden. Als Haushalter Gottes, als sein Tempel, untersteht jeder Mensch der Leitung Gottes, und das ist wörtlich zu verstehen.

Je besser er mit seinem Schöpfer bekannt wird, um so heiliger wird sein Leben werden. Er wird sich keinen Tabak in den Mund stopfen, weil er weiß, daß er damit Gottes Tempel verunreinigt. Er wird weder Wein noch Schnaps trinken, denn wie Tabak, so entwürdigt auch der Alkohol den ganzen Menschen. (Manuskript 130, 1899)

Ein wirtschaftlicher Verlust

Gottes Geld wird verschwendet

Die Liebe zum Tabak ist ein schädlicher Genuß. Dadurch werden Mittel verschwendet, die andernfalls gute Werke ermöglichen würden. Nackte könnten gekleidet, Hungrige gespeist und die Wahrheit könnte verbreitet werden, so daß verlorene Menschen zu Christus fänden. Doch welcher Bericht wird da zu lesen sein, wenn das Leben mancher Menschen nach den Aufzeichnungen in Gottes Buch beurteilt wird! Dann werden die ungeheuren Geldsummen sichtbar werden, die sie für Tabak und Alkohol ausgegeben haben. Und was hatten sie davon?

Haben sie dadurch ihre Gesundheit verbessert, ihr Leben verlängert? Aber nein! Haben sie damit die Reifung ihres Charakters gefördert, um Christus ähnlicher zu werden und für die Gemeinschaft mit heiligen Engeln besser geeignet zu sein?

Aber nein! Sie haben vielmehr ihrer unnatürlichen Lust auf eine Substanz gedient, die nicht nur ihre Konsumenten vergiftet und tötet, sondern auch alle anderen, an die sie ihr ungesundes Erbe und ihre geistige Schädigung weitergeben. („Signs of the Times", 27. Oktober 1887)

Alle müssen Rechenschaft ablegen

Millionen werden für Aufputschmittel und Drogen ausgegeben. All dieses Geld gehört eigentlich Gott. Deshalb werden alle einmal dafür zur Rechenschaft gezogen werden, wie sie mit den ihnen anvertrauten Gütern ihres Herrn umgegangen sind. (Brief 243a, 1905)

Tabakkonsumenten sollen einmal nachrechnen

Hast du darüber nachgedacht, daß du als Gottes Haushalter für die Mittel in deinen Händen verantwortlich bist? Wieviel Geld – das deinem Herrn gehört – gibst du für Tabak aus?

Rechne einmal nach, wieviel du in deinem Leben schon dafür verwendet hast. In welchem Verhältnis steht die Summe, die du für diese schmutzige Sucht verbraucht hast, zu der Geldmenge, die du für die Armenhilfe und für die Ausbreitung des Evangeliums gegeben hast?

Kein Mensch braucht Tabak, aber unzählige Menschen kommen um, weil ihnen die Mittel zum Leben fehlen, die durch den Tabakkonsum verschwendet werden. Hast du damit nicht Gottes Güter mißbraucht? Hast du dich nicht an Gott und deinen Mitmenschen vergangen, indem du sie beraubt hast?

„Wißt ihr denn nicht, daß euer Leib ein Tempel des heiligen Geistes ist? Gott hat euch seinen Geist gegeben, der jetzt in euch wohnt. Darum gehört ihr nicht mehr euch selbst. Gott hat euch als sein Eigentum erworben. Macht ihm also Ehre durch die Art, wie ihr mit eurem Körper umgeht." (1 Ko 6,19.20 GN) („The Ministry of Healing", S. 330)

Der Appetit gegen die Neigungen und die Ansprüche Gottes

Jene, die zu Sklaven des Tabaks geworden sind, werden ihrer Familie ein unangenehmes Leben bieten und sogar die nötige Nahrung entziehen, weil sie nicht genug Willenskraft aufbringen, um auf den Tabak zu verzichten. Die Forderungen der Sucht siegen über die natürliche Liebe. Sie sind triebhaft wie Tiere.

Die Evangeliumsverkündigung und auch humanitäre Hilfsprojekte würden überhaupt nicht stattfinden, wenn sie Menschen überlassen blieben, die von Tabak und Alkohol abhängig sind. Wenn sie sich entscheiden müßten, für welchen Zweck sie ihre Mittel einsetzen wollten, bliebe für die Schatzkammer Gottes nichts übrig, weil sie auf Tabak und Alkohol nicht verzichten würden.

Wer den Götzen Tabak anbetet, wird auch nicht für Gottes Sache die Befriedigung seiner Lust aufgeben. („Review and Herald", 8. September 1874)

Ein Vorbild an Selbstverleugnung, Opfersinn und Mäßigkeit

Wer das Eigentum Jesu Christi geworden ist und seinen Körper als Tempel des Heiligen Geistes versteht, wird sich nicht von der gefährlichen Gewohnheit des Tabakkonsums versklaven lassen. Seine Kräfte gehören Christus, der ihn mit seinem teuren Blut erkauft hat. Alles, was er hat, gehört dem Herrn. Wie kann er dann schuldlos sein, wenn er Tag für Tag das vom Herrn anvertraute Kapital für die Befriedigung seiner unnatürlichen Gelüste ausgibt?

Jedes Jahr wird eine enorme Geldsumme für diese Sucht verschwendet, während Menschen verlorengehen. Angebliche Christen rauben Gott Zehntengelder und Opfergaben, während sie auf dem Altar einer zerstörerischen Lust – des Tabakkonsums – mehr Geld opfern, als sie für Arme oder für Gottes Werk geben. Wer wirklich geheiligt ist, wird jede schädliche Lust überwinden. Dann werden all diese unnötigen Ausgaben vermieden, das Geld wird in die Schatzkammer des Herrn fließen, und Christen werden zu Vorbildern an Selbstverleugnung, Opfersinn und Mäßigkeit. Dann werden sie tatsächlich das Licht der Welt sein. („The Sanctified Life", S. 24.25)

Die Macht des Beispiels

Das Beispiel der Erwachsenen

Wie oft sehen wir schon achtjährige Jungen, die Tabak konsumieren! Wenn man mit ihnen darüber spricht, dann sagen sie: „Mein Vater macht das, und wenn es für ihn gut ist, dann ist es für mich auch gut." Sie verweisen auf den Pfarrer oder den Leiter der Sonntagsschule und sagen: „Wenn solche guten Menschen Tabak rauchen, dann kann ich es um so mehr!"

Wie können wir von den Kindern, die die Neigung zum Tabak geerbt haben, etwas anderes erwarten, wenn sie ständig das schlechte Beispiel der Erwachsenen vor Augen haben? („Christian Temperance and Bible Hygiene", S. 18)

Die Beliebtheit des Rauchens

Rauchen hat einen starken Gewöhnungseffekt, und wenn erst einmal damit begonnen wird, wirkt es ansteckend. Den Jugendlichen wird ein schlechtes Beispiel gegeben, dabei sollte man sie lieber darüber aufklären, wie schädlich der Konsum von Drogen ist. Man sagt ihnen nichts von den gefährlichen Auswirkungen auf die körperlichen, geistigen und sittlichen Fähigkeiten ...

Wenn sich ein Nachfolger Christi durch den Einfluß anderer irreführen läßt und sich den Zerstreuungen der Welt, die gerade aktuell sind, anpaßt, läßt er sich von Satan beeinflussen und seine Sünde wiegt schwerer als das Vergehen des eingeschworenen Gottlosen, weil er eine falsche Flagge zeigt. Er lebt inkonsequent. Er gibt vor, ein Christ zu sein, doch in der Praxis gibt er unnatürlichen und sündigen Neigungen nach, die im Widerspruch zu der Veredelung und Reinigung stehen, die zum geistlichen Wachstum nötig sind ...

Indem sie sich dieser Gewohnheit angepaßt haben, leben sie in Wirklichkeit in enger Verbindung zur Welt. Doch sie haben unter solchen Umständen kein Recht, sich Christen zu nennen, denn ein Christ ist Christus ähnlich.

Wenn das Gericht tagt und alle nach dem beurteilt werden, was sie zu Lebzeiten getan haben, dann werden sie erkennen, daß sie Christus im praktischen Leben ganz falsch dargestellt haben. Sie sind kein guter Duft gewesen, der andere zum Leben hinführte, sondern ein übler Geruch zum Tode. Sie werden nicht alleine sein, denn es gibt viele Menschen, die nur nach dem Lustprinzip leben. Aber es ist keine Entschuldigung für sie, daß sie so viele sind; sie werden verurteilt, weil sie die Nervenkraft ihres Gehirns und ihre körperliche Kraft zerstört haben. Jeder einzelne wird persönlich gerichtet. Sie werden vor Gott stehen und ihr Urteil hören. (Manuskript 123, 1901)

Rauchende Pastoren

Wie viele verrichten ihren Dienst auf der Kanzel, stehen dort als Stellvertreter Christi und bitten die Menschen, sich mit Gott versöhnen zu lassen. Sie betonen die gute Nachricht von der kostenlosen Gnade und sind dabei selbst Sklaven ihrer Gelüste und vom Tabak verunreinigt. Jeden Tag schwächen sie ihr Gehirn durch den Konsum einer schmutzigen Droge. Und diese Männer behaupten, Botschafter des heiligen Jesus zu sein! („Health Reformer", Dezember 1871)

Keiner kann ein echter Prediger der Gerechtigkeit sein und gleichzeitig unter dem Einfluß sinnlicher Gelüste stehen. Er kann nicht der Sucht des Rauchens nachgeben und gleichzeitig Menschen für die Idee wahrer Mäßigkeit begeistern. Die Rauchwolke, die von seinen Lippen aufsteigt, hat nicht gerade eine heilsame Wirkung auf Alkoholtrinker.

Das Evangelium sollte von Lippen gepredigt werden, die vom Tabakrauch unberührt sind. Mit reinen, sauberen Lippen müssen Gottes Diener von den Siegen des Kreuzes sprechen. Die Gewohnheit, Alkohol, Tabak, Tee und Kaffee zu konsumieren, muß durch die umwandelnde Kraft Gottes überwunden werden. Es wird nichts Unreines ins Reich Gottes kommen. (Manuskript 86, 1897)

Wenn Geistliche durch ihren Einfluß und ihr Beispiel diese gefährliche Gewohnheit fördern, welche Hoffnung besteht dann noch für junge Leute? Wir müssen den Grundsatz der Mäßigkeit noch viel höher bewerten. Wir müssen ein klares, entschiedenes „Nein!" gegen den Genuß von Alkohol und Tabak aussprechen! (Manuskript 82, 1900)

Der rauchende Arzt

In die ärztliche Sprechstunde kommt so mancher, der seine Seele und seinen Körper durch Tabak- und Alkoholkonsum ruiniert. Ein Arzt, der seine Verantwortung ernst nimmt, muß diesen Patienten die Ursache ihres Leidens aufzeigen. Wie schwer werden seine Worte wiegen, wenn er selbst raucht oder trinkt? Wird er nicht zögern, den dunklen Punkt im Leben seines Patienten aufzudecken, da er seine eigene Schwäche kennt? Wie kann er die Jugend hinsichtlich der gefährlichen Auswirkungen von Alkohol und Tabak überzeugen, wenn er diese Genußgifte selbst konsumiert?

Wie kann ein Arzt in der Gesellschaft als Beispiel für Reinheit und Selbstbeherrschung gelten, wie kann er sich wirkungsvoll für die Mäßigkeit engagieren, wenn er selbst einer Sucht verfallen ist? Wie kann er am Bett Kranker und Sterbender einen guten Dienst tun, wenn sein Atem abstoßend ist, erfüllt von Alkoholdunst oder Rauch? Wie kann er dem Vertrauen, das die Patienten in ihn als geschickten Chirurgen setzen, gerecht werden, während er seine eigenen Nerven schädigt und seinen Verstand durch den Konsum von giftigen Drogen benebelt? Es ist ihm doch gar nicht möglich, rasche Entscheidungen zu treffen oder genaue Anweisungen zu erteilen!

Wenn er die Gesetze nicht befolgt, denen auch er unterstellt ist, wenn er egoistisch darauf besteht, seinen Appetit zu befriedigen, obwohl er dadurch seine geistige und körperliche Gesundheit aufs Spiel setzt, erklärt er sich damit nicht selbst für untauglich, die Verantwortung für Menschenleben zu übernehmen? („The Ministry of Healing", S. 133.134)

Der Vater disqualifiziert sich als Erziehungsberechtigter

Väter, die goldenen Stunden, die ihr dafür verwenden könntet, die Wesensart und den Charakter eurer Kinder gründlich kennenzulernen, und damit die besten Möglichkeiten zur Beeinflussung ihres jungen Verstandes zu entdecken, sind viel zu kostbar, um sie durch die gefährliche Gewohnheit des Rauchens zu verschwenden oder um in einer Wirtschaft herumzulungern.

Wenn sich der Vater diesem giftigen Aufputschmittel hingibt, disqualifiziert er sich selbst für die Aufgabe, seine Kinder so zu erziehen, daß sie Gott ernst nehmen und seine Gebote akzeptieren. Gott hat für sein Volk angeordnet, daß die Väter ihren Kindern die Regeln und Vorschriften seines Gesetzes nahebringen sollen. Sie sollen ständig davon reden: beim Aufstehen, beim Hinsetzen, beim Weggehen und beim Heimkommen.

Dieses Gebot Gottes wird zu wenig beachtet, denn Satan hat durch seine Versuchungen viele Väter durch derbe Gewohnheiten und schädliche Lüste versklavt. Ihre körperlichen, geistigen und sittlichen Fähigkeiten sind dadurch so gelähmt, daß sie ihre familiären Pflichten gar nicht mehr erfüllen können.

Ihr Denken ist durch den abstumpfenden Einfluß von Tabak oder Alkohol so betäubt, daß sie ihre Verpflichtung nicht wahrnehmen, die Kinder so zu erziehen, daß sie Versuchungen widerstehen können, ihren Appetit beherrschen, für das Recht einstehen und lernen, sich nicht vom Bösen beeinflussen zu lassen, sondern selbst einen guten Einfluß auszuüben.

Allzuoft versetzen sich die Eltern in einen Zustand nervöser Reizbarkeit oder Erschöpfung, weil sie ihren unguten Gelüsten nachgeben. Sie können dann nicht mehr zwischen Recht und Unrecht unterscheiden, können nicht mehr überlegt und besonnen mit den Kindern umgehen und ihre Motive und Handlungen auch nicht mehr richtig beurteilen. Sie stehen in der Gefahr, aus Mücken Elefanten zu machen, während sie über schwerwiegende Vergehen leicht hinweggehen.

Der Vater, der ein Sklave seiner unnatürlichen Neigungen geworden ist, der, obwohl ihm Gott dazu die Kraft gegeben hätte, nicht Manns genug war, um auf den Tabak zu verzichten, kann seinen Kindern nicht beibringen, wie man seinen Appetit und seine Leidenschaft beherrscht. Er kann sie weder durch sein Beispiel noch durch seine Anweisungen erziehen. Wie kann ein Vater, dessen Mund voller Tabakkrümel ist und dessen Atem die Luft des Hauses vergiftet, seinen Söhnen Mäßigkeit und Selbstbeherrschung beibringen? ...

Rechenschaft für Beispiel und Einfluß

Wenn wir jugendliche Raucher über die gefährlichen Auswirkungen des Rauchens auf den Körper aufklären wollen, dann verteidigen sie sich häufig, indem sie das Beispiel ihrer Väter anführen. Oder sie berufen sich auf Prediger oder gute und fromme Gemeindeglieder. Sie sagen: „Wenn es ihnen nicht schadet, dann kann es mir auch nicht schaden."

Diese angeblichen Christen werden vor Gott für ihr Beispiel an Unmäßigkeit Rechenschaft ablegen müssen. Ihr Vorbild verstärkt die Versuchungen Satans, der die Sinne der Jugendlichen durch unnatürliche Reizmittel zu verderben versucht. Sie müssen zu dem Schluß kommen, daß das, was respektable Gemeindeglieder immer wieder tun, doch nicht völlig falsch sein kann. Dabei ist es nur ein Schritt vom Rauchen zum Alkoholtrinken; diese beiden Laster gehen meist Hand in Hand.

Tausende werden durch solche Einflüsse zu Trinkern erzogen. Allzuoft wurde ihnen diese Lektion schon von ihren Vätern eingeprägt. Soll das Ungeheuer der Unmäßigkeit aus unserer Gesellschaft ausgerottet werden, müssen sich vorher die Familienoberhäupter radikal ändern. („Health Reformer", September 1877)

Ein Raucher kann einem Alkoholiker nicht helfen

Die bösen Zwillinge Tabak und Alkohol gehen Hand in Hand. („Review and Herald", 9. Juli 1901)

Wer Tabak konsumiert, kann dem Alkoholiker kaum weiterhelfen. Zwei Drittel aller Alkoholiker der USA entwickelten ihre Lust auf Alkohol durch den Tabak. („Signs of the Times", 27. Oktober 1887)

Tabakkonsumenten in der Mäßigkeitsarbeit

Tabakkonsumenten sind für die Mäßigkeitsarbeit nicht zu gebrauchen, denn sie sind nicht konsequent, wenn sie behaupten, ausgewogen und mäßig zu leben.

Wie können sie mit einem Menschen reden, der seinen Verstand und sein Leben durch Trinken zerstört, wenn ihre Taschen mit Tabak gefüllt sind und sie es kaum erwarten können, endlich wieder rauchen und Tabak kauen und herumspucken zu können, wie es ihnen gefällt? Wie können sie auch nur mit einem Hauch von Konsequenz vor Gesundheitsausschüssen für Reformen plädieren und Vorträge über Mäßigkeit halten, während sie selbst vom Tabak abhängig sind? Damit sie Menschen wirksam helfen können, ihre Liebe zu Aufputschmitteln zu überwinden, müßten ihre Worte mit reinem Atem und von sauberen Lippen gesprochen werden. („Testimonies", Bd. 5, S. 441)

Woher sollte ein Nikotinabhängiger die Kraft nehmen, dem Fortschreiten der allgemeinen Unmäßigkeit zu widerstehen? Es muß zunächst eine Revolution gegen den Tabak geben, bevor das Problem an der Wurzel zu packen ist. Tee, Kaffee und Tabak sind ebenso wie auch alkoholische Getränke nur verschiedene Abstufungen auf der Skala der künstlichen Aufputschmittel. („Christian Temperance and Bible Hygiene", S. 34)

Kapitel 4

Andere Stimulanzien und Narkotika

Verzicht auf „fleischliche Begierden"

Es gibt immer eine Reaktion

Unter dem Überbegriff „Reizmittel und Narkotika" wird eine große Vielfalt von Stoffen zusammengefaßt, die – als Nahrungsmittel oder Getränk verwendet – den Magen reizen, das Blut vergiften und die Nerven erregen. Ihre Verwendung ist von Übel.

Die Leute suchen den Reiz, weil die unmittelbaren Folgen angenehm sind. Aber es gibt immer eine Reaktion darauf. Die Verwendung von unnatürlichen Reizstoffen führt immer zum Exzeß und ist ein starker Faktor für körperliche Degeneration und Verfall. („The Ministry of Healing", S. 325)

Eine umfassende Warnung durch Petrus

„Enthaltet euch von fleischlichen Begierden, die wider die Seele streiten", mahnte Petrus (1 Pt 2,11). Viele meinen, seine Aussage sei nur auf Zügellosigkeit im sexuellen Bereich zu beziehen, aber sie hat eine viel umfassendere Bedeutung. Sie warnt vor jeder gefährlichen Befriedigung des Appetits oder der Triebe und gilt insbesondere für den Gebrauch von Reizmitteln und Narkotika, wie Schwarztee, Bohnenkaffee, Tabak, Alkohol und allen Morphinen.

Man kann solche Abhängigkeiten sehr wohl unter die „Lüste" einordnen, die einen gefährlichen Einfluß auf Anstand und Charakter ausüben. Je früher diese schädlichen Gewohnheiten entstehen, desto stärker versklaven sie ihr Opfer in Ketten der Lust, und um so sicherer werden sie auch die geistliche Haltung beeinträchtigen. („Counsels on Diet and Foods", S. 62.63)

Verringert die körperliche und geistige Aktivität

Laß dich nicht dazu verführen, Aufputschmittel zu verwenden, denn die Folgen führen nicht nur zum Verlust der körperlichen Kraft, sondern schaden auch dem Verstand. („Testimonies", Bd. 4, S. 214)

Die Denkfähigkeit ist abhängig vom Zustand des Gehirns, deshalb sollte es niemals durch narkotisierende Drogen betäubt oder durch Aufputschmittel erregt werden. Die Arbeit des Gehirns, der Knochen und der Muskeln muß miteinander harmonisieren, damit alle Körperfunktionen gleichmäßig ablaufen und kein Teil überanstrengt wird. (Brief 100, 1898)

Wenn man Leuten, die von schwarzem Tee, Bohnenkaffee, Tabak, Opium oder Alkohol abhängig sind, ihre Droge entzieht, können sie sich nicht mehr mit Interesse und Eifer am Gottesdienst beteiligen. Die Gnade Gottes scheint zu kraftlos zu sein, um ihre Gebete oder ihr Glaubenszeugnis mit Geist zu erfüllen. Diese angeblichen Christen sollten einmal die Quelle ihrer Freude erforschen. Kommt sie von oben oder von unten? („The Sanctified Life", S. 25)

Es ist kein Argument, daß einige trotzdem sehr alt werden

Menschen, die schwarzen Tee, Bohnenkaffee, Opium oder Alkohol konsumieren, werden manchmal ziemlich alt. Aber dieses Argument spricht nicht für die Verwendung dieser Reizstoffe. Was diese Menschen hätten leisten können, wegen ihrer unmäßigen Gewohnheiten aber versäumten, wird erst der Jüngste Tag offenbaren. („Christian Temperance and Bible Hygiene", S. 35)

Nicht alle sind in gleicher Weise versuchbar

Einige betrachten mit Abscheu den Alkoholiker, der auf der Straße herumschwankt, aber sie befriedigen durchaus ihre eigenen Gelüste nach anderen Stoffen, die genauso gesundheitsschädlich sind, das Gehirn beeinträchtigen sowie ihr Empfinden und ihre Wertschätzung für geistliche Inhalte zerstören.

Der Alkoholiker muß sein Verlangen nach starken Getränken befriedigen, während dies für einen anderen keine Versuchung darstellt. Dafür ist er von Dingen abhängig, die ihn genauso schädigen, und er praktiziert kein bißchen mehr Selbstverleugnung als der Trinker! („Spiritual Gifts", Bd. 4, S. 125)

Satans verfälschter Lebensbaum

Das Verbrechen des Tabakgenusses, des Opiumkonsums und der Drogenanwendung hat seinen Ursprung in falschen Erkenntnissen. Tausende gehen zugrunde, weil sie eine „Todesfrucht" pflücken und essen, die einen verführerischen Namen hat, den einfache Leute oft gar nicht verstehen.

Diese Erkenntnisse, die die Menschen für so wunderbar halten, sollten sie nach Gottes Plan überhaupt nicht besitzen. Sie verwenden giftige Produkte, die Satan selbst gepflanzt hat, um sie an die Stelle des Lebensbaums zu setzen, dessen Blätter zur Heilung der Völker dienen sollen. Hier hat man es jedoch mit alkoholischen Flüssigkeiten und Narkotika zu tun, die die Menschheit zerstören. (Manuskript 119, 1898)

Schwarzer Tee und Bohnenkaffee

Giftige Aufputschmittel

Die stimulierende Kost und die Getränke von heute dienen nicht gerade der Gesundheit. Schwarzer Tee, Bohnenkaffee und Tabak sind allesamt Aufputschmittel und enthalten Gifte. Sie sind nicht nur unnötig, sondern auch schädlich. Wir sollten darauf verzichten, wenn wir unsere Erkenntnis konsequent ausleben wollen. („Review and Herald", 21. Februar 1888)

Aufputschmittel - keine Nahrungsmittel!

Schwarzer Tee und Bohnenkaffee enthalten keine Nährstoffe. Die Entspannung, die man durch ihren Genuß empfindet, setzt ein, noch bevor der Magen Zeit zur Verdauung hatte. Das zeigt, daß das, was der Konsument dieser Stimulanzien als „Kraftzufuhr" betrachtet, nur durch eine Erregung der Magennerven zustandekommt, die sie dann an das Gehirn weitergeben. Das Gehirn wird dazu gereizt, das Herz zu größerer Aktivität anzuspornen, und vermittelt so dem ganzen Organismus einen kurzfristigen Energieschub. Wir glauben Kraft zu haben, aber sie ist nicht echt und in Wirklichkeit schadet sie uns. („Testimonies", Bd. 2, S. 65)

Die Gesundheit bessert sich in keiner Weise, wenn man solche Stoffe zu sich nimmt. Sie stimulieren kurzfristig, aber danach hat der Körper weniger Energie als zuvor. Schwarzer Tee und Bohnenkaffee peitschen die Energiereserven für eine Weile hoch, doch wenn die Wirkung nachläßt, fühlt man sich niedergeschlagen. Diese Getränke enthalten keine Nährstoffe. Nur wenn man Milch und Zucker hinzufügt, haben Tee oder Kaffee ein paar Nährstoffe. („Counsels on Diet and Foods", S. 45)

Weil diese Stimulanzien für eine kurze Zeit so angenehm wirken, glauben viele, daß sie sie wirklich brauchen und verwenden sie ständig. Aber es gibt immer eine Reaktion. Das Nervensystem, das dadurch übermäßig erregt wurde, borgte sich die Kraft für den Augenblick von den Kraftreserven, die eigentlich für die Zukunft gedacht sind. („Testimonies", Bd. 3, S. 487)

Was schwarzer Tee anrichtet

Schwarzer Tee ... gelangt in den Blutkreislauf und schwächt allmählich die körperlichen und geistigen Kräfte. Er stimuliert, regt an und treibt zu größerem Tempo an, verursacht eine unnatürliche Aktivität und vermittelt dadurch dem Teetrinker den Eindruck, daß ihm der Tee sehr gut bekomme. Aber das ist ein Irrtum.

Tee entzieht den Nerven ihre Kraft, schwächt sie sehr. Wenn seine Wirkung nachläßt und die künstlich erregte Aktivität abklingt, was bleibt dann noch? Trägheit und Schwäche, entsprechend der künstlichen Lebhaftigkeit vorher.

Wenn der Organismus bereits überlastet ist und eigentlich Ruhe bräuchte, peitscht der Tee die Natur zu übertriebener, unnatürlicher

Aktivität auf und schwächt dadurch ihre Leistungsfähigkeit und ihre Ausdauer. Ihre Kraft ist dahin, lange bevor der Himmel das vorgesehen hat. Schwarzer Tee ist ein Gift für den ganzen Körper. Christen sollten ihre Finger davon lassen ...

Die Nebenwirkungen des Teetrinkens sind Kopfschmerzen, Schlaflosigkeit, Herzklopfen, Verstopfung, Nervenflattern und viele andere Übel. („Testimonies", Bd. 2, S. 64.65)

Bohnenkaffee ist noch schädlicher
Kaffee wirkt ähnlich wie schwarzer Tee, aber die Nebenwirkungen sind noch schlimmer. Er wirkt stark anregend, aber verursacht danach eine ebenso starke Erschöpfung. Tee- und Kaffeetrinkern kann man das im Gesicht ansehen ... Sie wirken ungesund. („Testimonies", Bd. 2, S. 64.65)

Kaffeetrinken ist eine schädliche Angewohnheit. Er erfrischt nur vorübergehend, aber die Nachwirkungen sind Erschöpfungszustände und eine Beeinträchtigung der geistigen, sittlichen und körperlichen Kräfte. Der Mensch wird nervlich weniger belastbar, und wenn man sich nicht entschieden darum bemüht, diese Sucht zu überwinden, wird die Gehirntätigkeit ständig verringert. („Christian Temperance and Bible Hygiene", S. 34.

Die Wirkung koffeinhaltiger Getränke
Kaffee und viele beliebte koffeinhaltige Getränke wirken ähnlich: zunächst putschen sie auf. Die Nerven des Magens werden gereizt, sie geben den Reiz an das Gehirn weiter, dieses sorgt für erhöhte Herztätigkeit und einen kurzfristigen Energieschub. Die Müdigkeit ist vergessen, man hat das Gefühl, gestärkt zu sein. Der Intellekt wird angeregt, die Phantasie wird lebhafter. („The Ministry of Healing", S. 326)

Wenn man diesen Gelüsten immer wieder nachgibt, wird die natürliche Lebenskraft allmählich und unmerklich verringert. Würden wir uns mehr bewegen, dann müßten wir unseren Körper nicht zur unnatürlichen Aktivität zwingen. Er würde seine Arbeit auf natürliche Weise und effektiv verrichten können, wenn auf diese unnatürlichen Reize verzichtet würde. („Review and Herald", 19. April 1887)

Die Ursache vieler Krankmeldungen

Viele, die sich an stimulierende Getränke gewöhnt haben, leiden an Kopfschmerzen und nervösen Zusammenbrüchen und verlieren wegen ihrer Krankheit viel Zeit. Sie bilden sich ein, daß sie ohne diese Reizmittel nicht leben können, und wissen nichts über deren Nebenwirkungen. Zusätzlich verschlimmert wird all das noch dadurch, daß die schädlichen Nebenwirkungen oft auf andere Ursachen geschoben werden. („Christian Temperance and Bible Hygiene", S. 35)

Man gewöhnt sich daran und wird abhängig

Tee und Kaffee sind weder gesund noch notwendig. Für den Körper sind sie nutzlos, aber der ständige Gebrauch kann abhängig machen. (Manuskript 86, 1897)

Eine unnatürliche Gier wird erzeugt

Der fortgesetzte Gebrauch dieser Nervenreizstoffe hat Kopfschmerzen, Schlaflosigkeit, Herzklopfen, Verstopfung, Zittern und viele andere Übel zur Folge, denn diese Reizstoffe verbrauchen Lebenskraft. Ermüdete Nerven brauchen Ruhe und Stille und nicht eine künstliche Reizung und Überlastung.

Die Natur braucht Zeit, um ihre erschöpften Energien wieder zu regenerieren. Wenn ihre Kraft durch den ständigen Einsatz von Aufputschmitteln beansprucht wird, kann für kurze Zeit mehr geleistet werden. Doch indem der Körper durch den ständigen Gebrauch geschwächt wird, wird es immer schwieriger, die Energie bis zum erwünschten Grad zu steigern.

Der Wunsch nach dem künstlichen Anregungsmittel läßt sich immer schwerer beherrschen, bis der Wille nachgibt. Dann scheint es keinen Widerstand mehr gegen die unnatürliche Gier zu geben. Immer stärkere Aufputschmittel werden benötigt, bis die erschöpfte Natur nicht mehr reagieren kann. („The Ministry of Healing", S. 326.327)

Der Organismus wird auf Krankheit programmiert

Diese schädlichen Reizstoffe unterhöhlen die Konstitution und machen den Körper krankheitsanfällig, weil das feine Zusammenspiel der natürlichen Abläufe im Körper gestört wird und das Immunsystem vorzeitig zusammenbricht. („Testimonies", Bd. 1, S. 548.549)

Der ganze Körper leidet

Unter dem Einsatz von Reizstoffen leidet der ganze Mensch. Die Nerven sind angegriffen, die Leber kann ihre Arbeit nicht mehr ordentlich verrichten, die Qualität des Blutes und der Kreislauf werden davon beeinträchtigt, sogar die Hautfunktionen lassen nach und die Haut wirkt aufgedunsen. Auch das Seelenleben und das Denken sind davon betroffen.

Diese Stimulanzien wirken zunächst anregend auf das Gehirn, verursachen danach aber eine Schwächung und vermindern die Leistungsfähigkeit. Die Nachwirkungen sind Zusammenbrüche, nicht nur geistig und körperlich, sondern auch auf sittlichem Gebiet. Deshalb gibt es so viele unausgeglichene, nervöse Männer und Frauen, denen es an gesundem Menschenverstand fehlt.

Oft zeigen sie Ungeduld, verbreiten Hektik, machen den anderen unangebrachte Vorwürfe, wobei sie die Fehler der anderen wie durch ein Vergrößerungsglas betrachten, während sie gleichzeitig total unfähig sind, ihre eigenen Schwächen zu erkennen. („Christian Temperance and Bible Hygiene", S. 35.36)

Die Zunge wird gelöst

Wenn sich Tee- und Kaffeetrinker gesellig zusammenfinden, dann zeigen sich die Wirkungen ihrer gefährlichen Gewohnheit. Alle trinken reichlich von diesen beliebten Getränken, und sobald der stimulierende Einfluß da ist, lösen sich ihre Zungen und sie beginnen, schlecht über andere zu reden. Sie reden zu viel und achten nicht mehr auf das, was sie sagen. Gerüchte werden verbreitet, und nur zu oft entsteht ein Skandal daraus.

Diese gedankenlosen Schwätzer vergessen, daß sie nicht allein sind: Ein unsichtbarer Wächter schreibt ihre Worte in den Büchern des Himmels nieder. Alle unfreundliche Kritik, allen Neid, die übertriebenen Darstellungen, die unter der aufputschenden Wirkung einer Tasse Tee geäußert werden, registriert Jesus, als wären sie gegen ihn gerichtet. „Was ihr getan habt einem von diesen meinen geringsten Brüdern, das habt ihr mir getan." (Mt 25,40) („Christian Temperance and Bible Hygiene", S. 36)

Unwirtschaftlich und verschwenderisch

Das Geld, das für Tee und Kaffee ausgegeben wird, ist mehr als verschwendet. Diese Genußgifte schaden dem Konsumenten bloß, und zwar dauerhaft. („Christian Temperance and Bible Hygiene", S. 35)

Zerstörerische Narkotika

Alle sollten ein klares Wort gegen Tee und Kaffee sagen und beides nie verwenden. Das sind Narkotika, die das Gehirn und alle anderen Organe gleichermaßen schädigen. („Counsels on Diet and Foods", S. 430)

Damit zerstört man den Tempel Gottes

Der Trinker verkauft seine Vernunft für einen Becher Gift. Satan übernimmt die Kontrolle über seinen Verstand, seine Gefühle und sein Gewissen. Ein solcher Mensch zerstört den Tempel Gottes. Schwarzer Tee bewirkt Ähnliches. Und doch gibt es so viele, die diese zerstörerischen Stoffe auf den Tisch bringen und damit Eigenschaften unterdrücken, die Gott an ihnen sehen möchte. (Manuskript 130, 1899)

Dem geistlichen Leben abträglich

Schwarztee- und Bohnenkaffeetrinken ist eine Sünde, eine gefährliche Gewohnheit, die wie andere Übel auch, der Seele schaden. Diese gehätschelten Götzen produzieren eine Übererregung, eine krankhafte Aktivität des Nervensystems. („Counsels on Diet and Foods", S. 425)

Wer diesen schädlichen Gelüsten nachgibt, tut es zum Schaden seiner Gesundheit und seines Verstandes. Er kann geistliche Dinge nicht mehr wertschätzen. Die Sensibilität nimmt ab. Sünde erscheint nicht mehr sehr sündig, und die Wahrheit wird nicht mehr höher geschätzt als irdische Schätze. („Spiritual Gifts", Bd. 4, S. 129)

Weniger empfänglich für den Einfluß des Heiligen Geistes

Wer Reizmittel verwendet, dem erscheint ohne seine gehätschelte Sucht alles fade. Das tötet die natürliche Empfindsamkeit des Körpers und der Seele und macht den Menschen weniger empfänglich für den Einfluß des Heiligen Geistes. Wenn der gewohnte Reiz ausbleibt, dann fühlt er einen körperlichen und seelischen Hunger, aber nicht nach Gerechtigkeit und Heiligkeit, nicht nach Gottes Gegenwart, sondern nach seinem geliebten Götzen.

Wenn angebliche Christen ihren schädlichen Gelüsten nachgeben, schwächen sie damit täglich ihre Kräfte und können Gott nicht mehr verherrlichen. („The Sanctified Life", S. 25)

Verstärkt den Wunsch nach stärkeren Reizen

Durch den Konsum von Tee und Kaffee entwickelt sich die Lust auf Tabak, und diese wiederum fördert den Appetit auf Alkohol. („Testimonies", Bd. 3, S. 563)

Einige sind zurückgefallen

Einige sind zurückgefallen und haben sich mittels Tee und Kaffee verführen lassen. Wer die Gesetze der Gesundheit übertritt, wird im Denken verblendet, und er wird schließlich auch die Gesetze Gottes brechen. („Review and Herald", 21. Oktober 1884)

Gottes Volk muß überwinden

Alle, die wissen, daß Fleischkost nachteilig ist, daß Tee und Kaffee sowie üppige und ungesunde Nahrungszusammenstellungen schädlich sind, alle, die fest entschlossen sind, einen Bund mit Gott zu schließen, auch wenn es Opfer erfordert, werden damit aufhören, ihre Gelüste nach ungesunder Nahrung zu befriedigen.

Gott fordert von uns, daß unser Appetit gereinigt wird und daß wir auf alle Dinge verzichten, die nicht gut für uns sind. Dies muß geschehen, damit seine Kinder als vollkommenes Volk vor ihm stehen können. („Testimonies", Bd. 9, S. 153.154)

Entschlossenheit und Ausdauer werden den Sieg bringen

Wer diese langsam wirkenden Gifte verwendet, wie z. B. der Raucher, meinen, sie könnten „ohne" nicht leben, weil sie sich elend fühlen, sobald sie ihre Götzen nicht haben.

Sie leiden deshalb unter dem Entzug dieser Reizstoffe, weil sie die Natur in ihrer Aufgabe, den Körper gesund zu erhalten, behindert und vergewaltigt haben. Nun klagen sie über Schwindelgefühle, Kopfschmerzen, fühlen sich benommen, sind nervös und gereizt. Sie fühlen sich, als würden sie in Stücke gerissen, und manche haben nicht den Mut, diese Entzugserscheinungen durchzustehen, sondern greifen lieber wieder zu ihren Genußgiften.

Sie räumen dem Körper nicht genügend Zeit ein, damit er sich von den Schäden erholen kann, die sie ihm zugefügt haben; sie wollen jetzt und hier Erleichterung – und werden rückfällig. Wenn sie aber fest entschlossen sind und wirklich überwinden wollen, dann wird sich die mißhandelte Natur schon bald erholt haben und ihre Arbeit weise und gut verrichten – und zwar ohne Aufputschmittel. („Spiritual Gifts", Bd. 4, S. 128.129)

Manchem Kaffee- oder Teetrinker fällt es genauso schwer, mit seiner Gewohnheit zu brechen, wie es dem Alkoholiker schwerfällt, mit dem Trinken aufzuhören. („Counsels on Health", S. 442)

Ein Versprechen, das Tee und Kaffee einschließt

All diese nervtötenden Stoffe zehren die Lebenskraft auf. Die Rastlosigkeit, die Ungeduld, die geistige Schwäche, die von den zerrütteten Nerven herkommt, wird zu einem Element, das ständig gegen den geistlichen Fortschritt kämpft. Werden Christen ihren Appetit unter die Herrschaft der Vernunft bringen, oder werden sie weiterhin ihren Gelüsten nachgeben, weil sie sich „ohne" so verlassen fühlen wie der Trinker ohne Flasche?

Sollten nicht alle, die sich für die Lebensreform einsetzen, auch bei diesen gefährlichen Dingen wachsam werden? Und sollte unser

Taufgelübde nicht auch den Verzicht auf Kaffee und Tee einschlie-
ßen, da es sich um schädliche Aufputschmittel handelt? („Counsels
on Health", S. 442)

Einige haben diesen Schritt sehr nötig

Wir hoffen, daß wir unsere Brüder und Schwestern dazu ermutigen
können, ihren Maßstab zu erhöhen und ein Versprechen zu unterzeichnen, das den Verzicht auf Bohnenkaffee und schwarzen Tee
einschließt.

Wir sehen, daß einige diesen Schritt zur Gesundheitsreform nötig haben. („Review and Herald", 19. April 1887)

Wie verhält man sich als Gast? Ein Wort an die Buchevangelisten

Wenn du als Gast am Tisch sitzt, dann iß mäßig und nimm nur
solche Nahrung zu dir, die dein Denken nicht beeinträchtigt. Halte
dich zurück und sei beherrscht.

Sei ein Vorbild, an dem man die richtigen Grundsätze ablesen
kann. Wenn sie dir schwarzen Tee anbieten, dann weise mit einfachen Worten darauf hin, daß er schädlich wirkt. (Manuskript 23,
1890)

Wir folgen Jesus auf dem Weg der Reform

Jesus siegte über seine Eßlust, und deshalb können wir es auch. Also laßt uns Schritt für Schritt vorankommen und unseren Lebensstil
reformieren, bis alle unsere Gewohnheiten mit den Gesetzen des
Lebens und der Gesundheit übereinstimmen.

Der Erlöser der Welt hat in der Wüste die Schlacht gegen die
Versuchung der Eßlust für uns gewonnen. Als unser sicherer Anker
hat er gesiegt und dadurch dem Menschen ermöglicht, in seinem
Namen, zu überwinden.

„Wer überwindet, dem will ich geben, mit mir auf meinem
Thron zu sitzen, wie auch ich überwunden habe und mich gesetzt
habe mit meinem Vater auf seinen Thron." (Offb 3,21) („Review
and Herald", 19. April 1887)

Medikamente und Drogen*

Der übliche Weg ist gefährlich

Eine Gewohnheit, die die Grundlage für viele Krankheiten und schlimmere Übel legt, ist der großzügige Gebrauch von giftigen Medikamenten.

Wenn Leute erkranken, machen sie sich nicht die Mühe, nach der Ursache ihrer Krankheit zu forschen. Sie wollen vor allem die Schmerzen und Unannehmlichkeiten loswerden. Also greifen sie auf freiverkäufliche Medikamente zurück, deren wirkliche Eigenschaften sie kaum einschätzen können. Oder sie bitten einen Arzt um eine Medizin, die die Folgen ihres falschen Verhaltens beheben soll. Aber sie denken gar nicht daran, ihren ungesunden Lebensstil zu ändern.

Wenn sie nicht sofort eine Besserung spüren, probieren sie ein anderes Medikament und dann immer wieder ein neues. Und so geht es weiter und wird immer schlimmer. („The Ministry of Healing", S. 126)

Medizin um jeden Preis

Die Kranken haben es sehr eilig, wieder gesund zu werden, und auch die Freunde des Kranken sind ungeduldig. Sie greifen zu Medikamenten, und wenn sie nicht so schnell und kräftig wirken, wie sie es irrtümlich erwartet hatten, wechseln sie sofort zu einem anderen Arzt, wodurch das Übel häufig noch verschlimmert wird. Sie werden mit anderen Medikamenten behandelt, die genauso gefährlich sind wie die früheren. („How to Live", Nr. 3, S. 62)

---

* Zu Lebzeiten der Verfasserin gab es in den U.S.A. viele Scharlatane, die im Land, das teilweise ärztlich sehr unterversorgt war, herumreisten und fragwürdige Medikamente verkauften. Die medizinische Wissenschaft war wenig fortgeschritten. Es wurde z. B. noch der Aderlaß praktiziert und es gab keine Bundesgesundheitsbehörde, die Medikamente auf ihre Verträglichkeit und Nebenwirkungen überprüfte, bevor sie freigegeben wurden.

Obwohl die Inhalte dieses Kapitels in vieler Beziehung auch heute noch Gültigkeit haben, sind sie nicht als Aufforderung zu verstehen, alle, z. T. lebenswichtigen, Medikamente bedenkenlos abzusetzen. Auch der medizinische Fortschritt ist ein Geschenk Gottes und wurde von Ellen G. White als solche verstanden.

Die traurige Folge

Durch die Anwendung giftiger Medikamente werden viele chronisch krank. Viele, die man durch den Einsatz natürlicher Heilmethoden hätte retten können, verlieren ihr Leben. Die Gifte, die in vielen sogenannten Heilmitteln enthalten sind, verursachen Gewohnheiten und Bedürfnisse, die auf Seele und Körper zerstörerisch wirken.

Viele der beliebten Patentmedikamente und sogar einige der Drogen, die von Ärzten verschrieben werden, tragen zur Entstehung des Alkoholismus, der Opiumsucht oder der Morphinabhängigkeit bei, die ein so schrecklicher Fluch für die Gesellschaft sind. („The Ministry of Healing", S. 126.127)

Das Nervensystem wird zerrüttet

Alle Drogen und Medikamente, die zur Schmerzbehandlung verabreicht werden, zerrütten das Nervensystem. („How to Live" Nr. 3, S. 57)

Jede Übertretung hat ihren Preis

Unsere körperliche Verfassung unterliegt Gesetzmäßigkeiten, die Gott in uns hineingelegt hat. Jede Übertretung kostet ihren bestimmten Preis, der früher oder später entrichtet werden muß.

Die meisten Krankheiten, unter denen die Menschheit leidet, sind durch die Unwissenheit über körperliche Zusammenhänge selbst verursacht, denn den meisten Menschen ist ihre Gesundheit offenbar gleichgültig; sie arbeiten mit Eifer darauf hin, sich selbst umzubringen. Und wenn sie zusammengebrochen und an Körper und Gemüt geschwächt sind, dann rufen sie den Arzt und holen sich mit Hilfe der verschriebenen Drogen den Tod. („Counsels on Diet and Foods", S. 19)

Einfacher Lebensstil kontra Apotheke

Unzählige Kranke könnten wieder gesund werden, wenn sie die Apotheke nicht mehr als ihren Lebensretter betrachten, sondern auf alle Medikamente verzichten und ganz einfach leben würden. Und zwar ohne schwarzen Tee, Bohnenkaffee, Alkohol oder scharfe

Gewürze, die den Magen irritieren und schwächen, so daß er nicht einmal einfache Nahrung ohne Anreiz verdauen kann. Der Herr ist bereit, sein Licht klar und erkennbar leuchten zu lassen, so daß alle, die schwach und kraftlos sind, dazulernen können. („Medical Ministry", S. 229)

Wer seinen Appetit befriedigt, dann wegen seiner Unmäßigkeit leidet und zu Medikamenten greift, um sich Erleichterung zu verschaffen, kann sicher sein, daß Gott nicht eingreifen wird, um seine Gesundheit und sein Leben zu retten, die er so leichtsinnig aufs Spiel setzt. Die Ursache hat eine Wirkung hervorgerufen.

Viele gehorchen schließlich als letztem Mittel doch noch den biblischen Anweisungen und bitten die Gemeindeältesten, für ihre Genesung zu beten. Aber Gott hält es nicht für gut, solche Gebete zu erhören. Er weiß nämlich, daß sie ihre neugewonnene Gesundheit doch wieder auf dem Altar eines ungesunden Appetits opfern würden. („Spiritual Gifts", Bd. 4, S. 145)

Eine Sünde gegen die Kinder

Würden nur jene darunter leiden, die Drogen einnehmen, dann wäre der Schaden nicht ganz so groß. Doch die Eltern sündigen nicht nur gegen sich selbst, wenn sie giftige Drogen konsumieren, sondern sie versündigen sich auch an ihren Kindern.

Ihr unreines Blut und das Gift, das über den ganzen Körper verteilt wird, die zusammengebrochene Konstitution und verschiedene – durch das Gift erzeugte – Krankheiten werden an ihre Nachkommen weitergegeben und bleiben ihnen als schlimmes Erbe. Hier findet sich eine weitere Ursache für die Degeneration der Menschheit. („How to Live" Nr. 3, S. 50)

Pillen schlucken ist einfacher

Nehmt doch die Heilmittel in Anspruch, die Gott uns gegeben hat: Frische Luft, Sonnenschein und vernünftige Wasserbehandlungen sind wunderbare Heilmittel. Doch Wasseranwendungen sind manchen Leuten zu umständlich. Sie finden es einfacher, Medikamente zu nehmen, als die natürlichen Heilmittel zu verwenden. („Healthful Living", S. 247)

Viele Eltern ersetzen eine sorgfältige Krankenpflege durch Medikamente. („Health Reformer", September 1866)

Lehrt eine medizinische Behandlung ohne starke Medikamente!
Das Einnehmen von Medikamenten, wie es bei uns üblicherweise praktiziert wird, ist ein Fluch! Lehrt eine medizinische Behandlung ohne starke Medikamente. Verwendet immer weniger davon und verlaßt euch statt dessen stärker auf hygienische Maßnahmen, dann werden die „Ärzte Gottes", nämlich frische Luft, reines Wasser, genügend Bewegung und ein gutes Gewissen auf natürliche Weise gesundheitsfördernd wirken.

Wer darauf besteht, weiterhin schwarzen Tee, Bohnenkaffee und Fleisch zu sich zu nehmen, wird meinen, er brauche unbedingt Medikamente, doch viele könnten sich ohne ein Gramm Medizin erholen, wenn sie den Gesundheitsgesetzen gehorchten. Medikamente sind nur selten nötig. („Counsels on Health", S. 261)

Die einzige Hoffnung besteht darin, die Leute zu richtigen Grundsätzen zu erziehen. Die Ärzte sollen ihnen erklären, daß letztlich nicht die Medikamente heilen, sondern die Natur. Bei Krankheit bemüht sich der Körper auf natürlichem Wege, sich von Zuständen zu befreien, die aus einer Übertretung der Gesundheitsgesetze resultieren. Man sollte bei jeder Erkrankung nach der Ursache forschen.

Ungesunde Verhältnisse sollten geändert und falsche Gewohnheiten korrigiert werden. Dann muß man nur die Natur in ihrem Bemühen, Verunreinigungen loszuwerden, und die richtigen Bedingungen im Körper wiederherzustellen, unterstützen. („The Ministry of Healing", S. 127)

Die Bedeutung der Präventivmedizin
Die vorrangigste Aufgabe des Arztes sollte darin bestehen, die Kranken und Leidenden darüber aufzuklären, wie sie sich verhalten müssen, um in Zukunft Krankheit zu verhüten. Wir können unseren Mitmenschen viel Gutes tun, wenn wir ihnen Zugang zu Informationen darüber vermitteln, wie sie sich am besten vor Krankheit und Leiden, vor Zusammenbrüchen und einem vorzeitigen Tod

schützen können. Wer aber nicht dazu bereit ist, diese körperlichen und geistigen Anstrengungen auf sich zu nehmen, wird lieber Medikamente mit schweren Nebenwirkungen verschreiben, die im menschlichen Organismus eine Grundlage für viel schlimmere Übel legen, als die, die man angeblich gerade gebessert hat. („Medical Ministry", S. 221.222)

Die Leute müssen erfahren, daß solche Medikamente keine Krankheit heilen. Es stimmt, daß sie manchmal eine kurzfristige Erleichterung bringen. Die Patienten scheinen sich daraufhin zu erholen.

Das kommt daher, daß der menschliche Organismus genügend Lebenskraft hat, um das Gift wieder auszuscheiden und die Bedingungen, die zur Erkrankung geführt haben, auf natürliche Weise zu korrigieren. Der Kranke wird trotz des Medikaments gesund. Doch in den meisten Fällen verändert die Droge nur die Form der Krankheit und verlagert sie auf einen anderen Körperteil.

Oft meint man, die Wirkung des Giftes eine Zeitlang überwunden zu haben, doch die Spuren bleiben im Körper und wirken sich später sehr schädlich aus. („The Ministry of Healing", S. 126)

Eine Herausforderung für gewissenhafte Ärzte

Ein Arzt, der den Mut besitzt, seinen Ruf zu gefährden, indem er durch die Darstellung einfacher Tatsachen das Verständnis für den Ursprung der Krankheit weckt und aufzeigt, wie man sie verhindern könnte, der darüber hinaus darauf hinweist, wie gefährlich es ist, sich auf Medikamente zu verlassen, wird einen harten Kampf zu führen haben, aber er wird leben und andere leben lassen ...

Wenn er ein Reformer ist, dann wird er deutlich über falsche Ernährungsgewohnheiten und gegen die Genußsucht sprechen, die sich so zerstörerisch auswirkt. Er wird über gesunde Kleidung sowie über vernünftiges Essen und Trinken sprechen, aber auch über die Arbeitsüberlastung, wodurch die psychischen, körperlichen und geistigen Kräfte zerrüttet werden ...

Richtige Gewohnheiten, die vernünftig und konsequent ausgelebt werden, können die Krankheitsursachen beseitigen, so daß man gar nicht zu starken Medikamenten zu greifen braucht. („Medical Ministry", S. 222)

Erforscht und lehrt die Gesetze der Präventivmedizin

Auch Ärzte, die bereits zu den Reformern gehören, müssen sich unbedingt weiterbilden und die Gesundheitsarbeit tiefer erforschen und ausbauen. Die Patienten setzen große Hoffnungen auf sie und es ist wichtig, daß die Ursachen ihrer Krankheiten sicher erkannt werden.

Man muß ihre Aufmerksamkeit besonders auf die Gesetze Gottes lenken, die nicht ungestraft übertreten werden können. Meistens wird viel über die Auswirkungen und den Verlauf der Krankheit gesprochen, aber die Patienten müßten grundsätzlich auf die Gesetze aufmerksam gemacht werden, die man gewissenhaft und einsichtig befolgen muß, um Krankheit zu vermeiden. („Medical Ministry", S. 223)

Medikamente mit schädlichen Nachwirkungen

Gottes Diener sollten keine Medikamente verordnen, deren schädliche Nebenwirkungen bekannt sind, auch wenn sie im Augenblick das Leiden erleichtern. Jede giftige Zubereitung aus dem Pflanzen- und Mineralreich wird im Körper schädliche Nachwirkungen hinterlassen, Leber und Lunge schädigen und den gesamten Organismus durcheinanderbringen. („Spiritual Gifts", Bd. 4, S. 140)

Warum wir Heilstätten eingerichtet haben

Man soll dem Körper nichts zuführen, was einen schädlichen Einfluß hinterläßt. Und um diese Erkenntnisse weitergeben und Wasseranwendungen durchführen zu können, wurde mir gesagt, daß wir an verschiedenen Orten Heilstätten eröffnen sollen. („Medical Ministry", S. 228)

Schon vor Jahren hat mir der Herr gezeigt, daß wir Institutionen eröffnen sollten, in denen die Kranken ohne starke Medikamente behandelt werden können. Der Mensch ist Gottes Eigentum, und wenn wir mutwillig unser Leben ruinieren und Leid und Tod verursachen, beleidigen wir Gott. („Medical Ministry", S. 229)

Die Patienten sollten mit gesunder, vollwertiger Nahrung versorgt werden. Auf alle berauschenden Getränke und starken Medikamente muß verzichtet werden, dann kann man vernünftige Behandlungsmethoden anwenden. Den Patienten dürfen weder Alkohol noch schwarzer Tee, Bohnenkaffee oder Drogen verabreicht werden, denn diese Stoffe hinterlassen immer schlimme Nachwirkungen. Wenn man diese Regeln beachtet, können viele wieder gesund werden, die von den Ärzten bereits als hoffnungslose Fälle aufgegeben wurden. („Medical Ministry", S. 228)

Schwere Medikamente sind nur selten nötig

Viele würden sich ohne die winzigste Dosis eines Medikaments erholen, wenn sie die Gesundheitsgesetze befolgten. Starke Medikamente sind nur selten nötig.

Nur durch engagierten und geduldigen Einsatz wird man die Gesundheitsarbeit* aufbauen und fortführen können. Wenn ihr ernsthaftes Gebet und Glauben mit euren Anstrengungen verbindet, dann wird es gelingen. Durch diese Arbeit könnt ihr die Patienten und ihre Angehörigen lehren, sich selbst zu helfen, wenn sie krank sind, ohne daß sie gleich zu starken Medikamenten greifen müssen. („Medical Ministry", S. 259.260)

Unsere Heilstätten wurden errichtet, damit die Patienten dort mit natürlichen Heilmethoden behandelt werden können, wobei auf Medikamente fast völlig verzichtet wird ... Menschen, die so wenig Achtung vor dem Leben anderer haben, daß sie rücksichtslos mit ihren äußerst schädlichen Drogen und Medikamenten behandeln, müssen darüber einmal vor Gott Rechenschaft ablegen ...

Wir können uns nicht mit Unwissenheit entschuldigen, wenn wir durch die Einnahme von giftigen Drogen, deren Namen wir nicht einmal kennen, unseren Körper, Gottes Tempel, zerstören. Wir sind dazu verpflichtet, solche Verordnungen zurückzuweisen.

Wir möchten ein Sanatorium aufbauen, in dem Krankheiten mit natürlichen Heilmitteln behandelt werden. Dort können die Leute

---

* Gemeint ist Aufklärung über die Anwendung der acht Naturheilfaktoren, heute unter dem Begriff NEWSTART zusammengefaßt.

lernen, wie sie sich bei Krankheit selbst helfen können. Dort lernen sie auch, wie man sich gesund und maßvoll ernährt, und man kann ihnen nahebringen, auf sämtliche Reizstoffe zu verzichten, auf schwarzen Tee, Bohnenkaffee, vergorene Weine und Aufputschmittel jeder Art. Auch auf Fleisch sollte verzichtet werden. (Manuskript 44, 1896)

Die größtmögliche Effektivität

Die Gesundheitsreform wird nicht so engagiert vorangetrieben, wie es eigentlich sein sollte und auch einmal sein wird. Durch eine einfache Kost, den völligen Verzicht auf starke Medikamente und eine Unterstützung der natürlichen Regenerationsfähigkeit des Körpers, wodurch die verbrauchten Körperkräfte wieder hergestellt werden, könnten unsere Sanatorien viel effektiver zur Heilung der Kranken beitragen. (Brief 73a, 1896)

Lehrt die Patienten, wie man mit Gott zusammenarbeitet

Die Leute müssen zu der Erkenntnis geführt werden, daß es eine Sünde ist, die körperlichen, geistigen und geistlichen Kräfte zu zerstören. Sie müssen begreifen, wie sie für ihre Genesung mit Gott zusammenarbeiten können. Durch ihren Glauben an Christus können sie ihre Bedürfnisse nach schädlichen Stimulanzien und Narkotika überwinden. (Manuskript 12, 1900)

Kapitel 5

Mildere Rauschmittel

Bedeutung der Konsequenz im Maßhalten

Fallbeispiele aus dem Alten und Neuen Testament

Als der Herr Simson zum Befreier seines Volkes erziehen wollte, schärfte er seiner Mutter schon vor seiner Geburt die richtigen Lebensgewohnheiten ein. Dieselben Einschränkungen sollten dem Kind von Anfang an auferlegt werden, denn Simson sollte Gott von Geburt an als ein Nasiräer geweiht werden.

Der Engel Gottes erschien der Frau des Manoah und sagte ihr, daß sie einen Sohn bekommen würde. Im Hinblick darauf gab er ihr die bedeutsame Anweisung: „So hüte dich nun, Wein oder starkes Getränk zu trinken und Unreines zu essen." (Richter 13,4.14)

Gott hatte eine wichtige Aufgabe für das verheißene Kind Manoahs vorgesehen. Damit es zu diesem Werk fähig wurde, mußten die Lebensgewohnheiten der Mutter und des Kindes sorgfältig geregelt sein. „Sie soll keinen Wein oder starkes Getränk trinken", lautete die Anweisung des Engels an Manoahs Frau, „und nichts Unreines essen; alles, was ich ihr geboten habe, soll sie halten." Das Kind wird durch die Gewohnheiten der Mutter positiv oder negativ beeinflußt. Sie selbst muß sich von Grundsätzen leiten lassen sowie Selbstbeherrschung und Verzicht praktizieren, wenn es ihrem Kind später gut gehen soll.

Im Neuen Testament finden wir ein anderes Beispiel, das nicht weniger eindrucksvoll zeigt, wie wichtig Mäßigkeit in den Lebensgewohnheiten ist.

Johannes der Täufer war ein Reformer. Ihm war eine große Aufgabe anvertraut: Er sollte sein Volk auf den Messias vorbereiten. Damit er für diese Aufgabe gut gerüstet war, wurden seine Lebensgewohnheiten sorgfältig geordnet, und das bereits von Geburt an. Der Engel Gabriel wurde vom Himmel gesandt, um die Eltern des Johannes in den Grundsätzen der Gesundheitsreform zu unterweisen. „Wein und starkes Getränk wird er nicht trinken", sagte der himmlische Bote, „und er wird schon von Mutterleib an erfüllt werden mit dem heiligen Geist." (Lukas 1,15)

Johannes zog sich von seinen Freunden zurück, verzichtete auf die Annehmlichkeiten des Lebens und wohnte allein in der Wüste. Er ernährte sich rein pflanzlich.[*] Seine schlichte Kleidung – ein Gewand, das aus Kamelhaar gewebt war – wirkte als Tadel auf die extravagante und pompöse Art, wie sich die Menschen seiner Generation und insbesondere die Priester kleideten. Auch seine Kost, die aus Heuschrecken (oder Johannisbrot) und wildem Honig bestand, war ein Vorwurf gegen die Schwelgerei, die zu jener Zeit überall herrschte.

Das Werk des Johannes wurde vom Propheten Maleachi vorhergesagt: „Siehe, ich will euch senden den Propheten Elia, ehe der große und schreckliche Tag des Herrn kommt. Der soll das Herz der Väter bekehren zu den Söhnen und das Herz der Söhne zu ihren Vätern." (Maleachi 3,23.24)

Johannes der Täufer ging im Geist des Elia voran, um dem Herrn den Weg zu bereiten und das Volk zur „Weisheit der Gerechten" zu bringen, also zu einer besonnenen Einstellung, so daß sie das Gute schätzten. Er war ein Vorbild für alle, die in der letzten Zeit leben und denen Gott heilige Wahrheiten anvertraut hat, um sie den Leuten nahezubringen, damit der Weg für die Wiederkunft Christi vorbereitet wird. Und alle, die die Welt hinsichtlich der Wiederkunft des Menschensohns warnen sollen, müssen nach den gleichen Lebensgrundsätzen leben wie Johannes. Gott hat den

---

[*] Es besteht die Möglichkeit, daß der griechische Begriff „Heuschrecken" auch im Sinn eines rein pflanzlichen Produkts übersetzt werden kann, z. B. „die Schoten des Johannisbrotbaumes"; siehe „SDA Bible Commentary", Bd. 5, S. 303-306.

Menschen zu seinem Ebenbild geschaffen, und er erwartet, daß der Mensch die Kräfte, die ihm der Schöpfer zum Dienst für ihn verliehen hat, vor Schaden bewahrt. Sollten wir deshalb nicht auf seinen Rat hören und versuchen, jede Fähigkeit im allerbesten Zustand zu erhalten, damit wir ihm recht dienen können? Wenn wir Gott das Allerbeste geben, ist es immer noch wenig genug.

Warum gibt es in der heutigen Welt so viel Elend? Liegt es etwa daran, daß Gott sich freut, wenn seine Geschöpfe leiden? Aber nein! Es kommt daher, daß die Menschen durch unmoralische Gewohnheiten geschwächt sind. Wir trauern über Adams Ungehorsam und scheinen zu denken, daß unsere Ureltern sehr willensschwach gewesen sein müssen, weil sie der Versuchung nachgaben.

Wäre Adams Übertretung jedoch das einzige Übel, mit dem wir uns auseinandersetzen müßten, dann würde es in der Welt weit besser aussehen. Seit der Zeit Adams reißt die Kette der Sündenfälle nicht ab. („Christian Temperance and Bible Hygiene", S. 37-39)

Eine Warnung vor der Wirkung des Weines

Die Geschichte von Nadab und Abihu ist uns Menschen als Warnung überliefert, die zeigt, daß der Wein den Verstand verwirrt. Und diesen Einfluß wird er immer auf alle haben, die ihn trinken. Deshalb verbietet Gott ausdrücklich den Konsum von Wein und starkem Getränk. („Signs of the Times", 8. Juli 1880)

Nadab und Abihu hätten ihre verhängnisvolle Sünde niemals begangen, wären sie nicht durch den bedenkenlosen Genuß von Wein etwas berauscht gewesen. Sie wußten, daß sie nicht ohne die sorgfältigste und ernsteste Vorbereitung im Heiligtum erscheinen durften, wo sich Gottes Gegenwart offenbarte. Aber ihre Unmäßigkeit machte sie für den heiligen Dienst untauglich.

Ihre Sinne verwirrten sich, und ihre sittlichen Vorstellungen waren getrübt; deshalb wußten sie zwischen Heiligem und Alltäglichem nicht mehr zu unterscheiden. („Patriarchen und Propheten", S. 339)

Die psychologische Wirkung
milder Genußgifte

Ererbte Neigungen werden durch Wein und vergorenem Most aktiviert

Wenn jemand die Neigung zu Aufputschmitteln oder Alkohol geerbt hat, ist es sehr gefährlich, Wein oder Most im Haus zu haben, denn Satan versucht ständig, diese Leute zu verführen. Wenn sie seinen Versuchungen nachgeben, dann wissen sie nicht, wann sie aufhören müssen; sie sind süchtig nach dem Reizstoff, und sie nehmen sogar den eigenen Untergang in Kauf, um diese Sucht zu befriedigen.

Das Gehirn wird umnebelt, die Vernunft gibt zugunsten der Lust die Zügel aus der Hand. Die Zügellosigkeit nimmt überhand, und Laster fast jeder Art werden praktiziert – all dies folgt, wenn man der Lust auf Wein oder vergorenem Most nachgibt. („Christian Temperance and Bible Hygiene", S. 32.33)

Man kann nicht im Glauben wachsen und reifen

Wer diese Aufputschmittel liebt und sich an ihren Konsum gewöhnt, kann in seiner Beziehung zu Gott nicht vorankommen. Er wird prahlerisch und sinnlich; die animalischen Leidenschaften kontrollieren die höheren Fähigkeiten seines Verstandes und Gemüts; Tugend wird nicht mehr geschätzt. („Christian Temperance and Bible Hygiene", S. 33)

Das Denken wird auch durch milde Rauschmittel negativ beeinflußt

Satan lenkt langsam und unauffällig von den Grundsätzen der Mäßigkeit ab. Ganz allmählich üben Wein und vergorener Most ihren Einfluß auf den Geschmack aus, so daß die Straße der Trunksucht fast unmerklich betreten wird. Der Geschmack für Reizstoffe wird kultiviert; das Nervensystem gerät durcheinander, und Satan hält den Menschen in fieberhafter Unrast.

Das arme Opfer, das sich sicher wähnt, macht immer weiter, bis jede Schranke niedergebrochen, jeder Grundsatz geopfert ist. Alle guten Vorsätze nützen nichts, und die Gedanken an das ewige Heil sind zu schwach, um den verdorbenen Appetit zur Vernunft zu bringen. Einige sind niemals völlig betrunken, aber sie stehen ständig unter dem Einfluß milder Rauschmittel.

Sie sind rastlos, psychisch und geistig labil, noch nicht im Delirium, aber sehr unausgeglichen, weil ihre psychischen Kräfte falsch orientiert sind. („Christian Temperance and Bible Hygiene", S. 33)

Unvergorener Wein und Saft

Der reine, unfermentierte Traubensaft ist ein gesundes Getränk. (Manuskript 126, 1903)

Apfelmost und Süßwein können, frisch gekeltert, eine Zeitlang frisch gehalten werden. Wenn man sie unvergoren genießt, dann werden sie die Vernunft keinesfalls entthronen. („Review and Herald", 25. März 1884)

Süßmost

Wissen wir, woraus dieser leckere Apfelmost besteht? Die Hersteller und Händler achten nicht besonders auf den Zustand der verwendeten Früchte.

In vielen Fällen werden auch verfaulte Äpfel mitgepreßt. Menschen, die nie daran denken würden, giftige, verrottete Äpfel zu essen, trinken aber den Apfelmost, der daraus gekeltert wurde, und bezeichnen das als Genuß. Doch das Mikroskop würde zeigen, daß dieses beliebte Getränk häufig für den menschlichen Magen ungenießbar ist, auch wenn es direkt frisch aus der Presse kommt.

Wenn es allerdings abgekocht wird und wenn man darauf achtet, alle Verunreinigungen zu entfernen, dann ist es weniger schädlich.

Ich habe oft gehört, daß Leute meinten: „Das ist ja nur Most, der ist völlig harmlos und sogar gesund!" So werden einige Liter mit nach Hause genommen. Einige Tage lang ist der Most noch süß, dann aber setzt die Gärung ein. Der scharfe Geschmack macht den Apfelwein für einige Gaumen noch attraktiver.

Wer den Most verteidigt, muß doch zugeben, daß sein Lieblingsgetränk nach einiger Zeit gärt und sauer wird. („Review and Herald", 25. März 1884)

Der einzig sichere Weg

Wer die Vorliebe für unnatürliche Reizstoffe geerbt hat, sollte auf keinen Fall Wein, Bier oder Apfelwein in greifbarer Nähe haben, denn dies wäre eine ständige Versuchung für ihn. („The Ministry of Healing", S. 331)

Wenn die Menschen in allen Dingen mäßig wären, wenn sie weder schwarzen Tee, Bohnenkaffee, Tabak, Wein, Opium noch scharfe alkoholische Getränke berühren oder kosten würden, also nichts damit zu tun hätten, dann könnte die Vernunft die Zügel in der Hand behalten und die Vorlieben und Leidenschaften beherrschen. Durch den Appetit beherrscht Satan das Gemüt und den ganzen Menschen. Tausende sind ins Grab gesunken, die noch hätten leben können. Sie waren körperliche, geistige und moralische Wracks, weil sie all ihre Fähigkeiten der Befriedigung ihrer Gelüste geopfert haben. („Christian Temperance and Bible Hygiene", S. 37)

Die berauschende Wirkung von Wein und vergorenem Most

Man kann von Wein und Apfelwein genauso berauscht werden wie von stärkeren Getränken. Der schlimmste Rausch wird von diesen sogenannten milderen Getränken verursacht. Die Triebe werden noch perverser, die Persönlichkeitsveränderung ist krasser und hartnäckiger. Einige Viertel Apfelwein oder Süßwein können die Lust auf stärkere Getränke wecken; bei vielen Alkoholikern wurde dadurch die Grundlage für ihre Trunksucht gelegt. („Review and Herald", 25. März 1884)

Eine mögliche Einstiegsdroge zur Trunksucht

Ein einziges Glas Wein kann der Versuchung die Tür öffnen, die zur Trunksucht führt. („Testimonies", Bd. 4, S. 578)

Kränkliche Konstitution, durch vergorenen Most verursacht

Die Neigung zu verschiedenen Krankheiten wie Wassersucht, Leberschwellung, Nervenzittern und Blutandrang im Kopf entsteht durch gewohnheitsmäßiges Mosttrinken. Viele Menschen werden dadurch chronisch krank. Einige sterben an Auszehrung, andere erleiden allein deshalb einen Schlaganfall oder haben Verdauungsstörungen. Die Lebensfunktionen versagen nach und nach, und der Arzt spricht von einem Leberleiden. Dabei könnten sie durchaus wieder zu Kräften kommen, wenn sie nie mehr der Versuchung zum Apfelweintrinken nachgeben würden. („Review and Herald", 25. März 1884)

Auswirkungen des Weintrinkens nach der Sintflut

Die Welt war zur Zeit Noahs deshalb so verdorben, weil jeder nur seiner Lust und seinen niederen Trieben nachgab. Darum vernichtete Gott die Bewohner der Erde durch die Sintflut. Und als sich die Menschen auf der Erde wieder vermehrten, gaben sie erneut der Lust auf Wein nach und berauschten sich. Dadurch wurden ihre Sinne pervertiert, und dies wiederum bereitete den Weg für einen übermäßigen Fleischkonsum und stärkte die negativen Leidenschaften.

Die Menschen erhoben sich gegen den Gott des Himmels und nutzten ihre Fähigkeiten und Gaben zur Selbstverherrlichung, statt ihren Schöpfer zu ehren. („Redemption; or the Temptation of Christ", S. 21.22)

Es führt zum Konsum stärkerer Getränke

Mosttrinken führt zum Konsum stärkerer Getränke. Der Magen büßt seine natürliche Vitalität ein, und man braucht etwas Stärkeres, um ihn zur Tätigkeit anzuregen.

Auf einer Reise mußten mein Mann und ich mehrere Stunden auf den Zug warten. Auf der Bahnstation kam ein rotgesichtiger, aufgedunsener Bauer in das Restaurant und fragte laut und mit rauher Stimme: „Haben Sie erstklassigen Brandy?" Man bejahte seine Frage, und er bestellte einen halben Becher. „Haben Sie Pfeffersauce?" „Ja", lautete die Antwort. „Gut, dann geben Sie bitte zwei Eßlöffel hinein."

Als nächstes ordnete er an, daß zwei Löffel Schnaps dazugeschüttet wurden und beschloß seine Bestellung mit „einer guten

Prise Schwarzpfeffer". Der Barmixer fragte ihn: „Was wollen Sie mit diesem Gebräu anfangen?" Er gab zurück: „Ich denke, das wird es tun," setzte das volle Glas an die Lippen und trank das scharfe Zeug in einem Zug hinunter. Mein Mann sagte: „Dieser Mann hat so viele Stimulanzien benutzt, daß er schließlich seine zarte Magenschleimhaut zerstört hat. Wahrscheinlich ist sie inzwischen so unempfindlich wie ein verbrannter Stiefel."

Viele lachen vielleicht darüber und nehmen diese Warnung nicht ernst. Sie sagen. „Das bißchen Wein oder Apfelwein, das ich zu mir nehme, kann mir nicht schaden." Satan hat diese Leute als seine Beute markiert; er führt sie Schritt für Schritt, und sie merken es nicht, bis die Ketten der Sucht und der Lust zu stark sind, um gesprengt werden zu können.

Wir sehen, welche Macht diese Lust auf starke Getränke über Menschen hat. Männer aus allen Berufen und mit großer Verantwortung, begabte Männer in hohen Positionen, die Großes leisten könnten, Männer mit starken Nerven und großem Geist, die edel und fein und gefühlsstark sind, geben all dies auf, um ihre Genußsucht zu befriedigen, bis sie total verrohen. In vielen Fällen begann ihre Abwärtsspirale mit dem Konsum von Wein oder Apfelwein. Weil ich dies weiß, bin ich entschieden gegen die Herstellung von Wein oder Apfelwein ...

Wären alle auf der Hut und würde jeder konsequent darauf achten, der Sucht durch den mäßigen Genuß der sogenannten harmlosen Getränke Wein und Apfelwein keine Hintertür zu öffnen, dann würde die Straße zur Trunksucht total gesperrt. („Review and Herald", 25. März 1884)

Wein in der Bibel

Der Wein in Kana war unvergoren

Nirgendwo in der Bibel wird die Verwendung von vergorenem Wein gut geheißen. Der Wein, den Christus beim Hochzeitsfest in Kana aus Wasser herstellte, war reiner Traubensaft. Das ist der „neue Wein ... der in der Traube gefunden wird", von dem die Schrift sagt: „Verdirb es nicht, denn es ist ein Segen darin." (Jes 65,8)

Es war ja Christus selbst, der im Alten Testament die Israeliten gewarnt hatte: „Wein macht Spötter, und starkes Getränk macht wild, wer davon taumelt, wird niemals weise." (Sprüche 20,1)

Er persönlich hat nie ein solches Getränk zubereitet. Satan versucht die Menschen zum Gebrauch von Dingen zu verführen, die ihren Verstand benebeln und die geistliche Wahrnehmungsfähigkeit betäuben. Doch Christus lehrt uns, unsere natürlichen Triebe zu beherrschen. Niemals würde er den Menschen etwas vorsetzen, was ihnen eine Versuchung wäre.

Sein ganzes Leben war ein Vorbild an Selbstverleugnung. Um die Macht der Eßlust zu brechen, fastete er 40 Tage lang in der Wüste. Er durchlitt um unseretwillen die härteste Prüfung, die ein Mensch ertragen konnte. Es war Christus, der anordnete, daß Johannes der Täufer weder Wein noch starkes Getränk zu sich nehmen sollte. Er war es auch, der dieselbe Abstinenz von der Frau des Manoah forderte. Christus widersprach seinen eigenen Lehren nicht!

Der unvergorene Wein, den er für die Hochzeitsgäste herstellte, war ein gesundes und erfrischendes Getränk. Einen solchen Wein verwendete der Heiland mit seinen Jüngern auch beim ersten Abendmahl, und ein solcher Wein sollte immer beim Abendmahl benutzt werden, denn er symbolisiert das Blut des Erlösers. Diese heilige Handlung sollte eigentlich eine Erfrischung für die Seele sein, die neues Leben schenkt. Damit darf man nichts verbinden, was irgendwie dem Bösen dienen könnte. („The Ministry of Healing", S. 333.334)

Der in der Bibel empfohlene Wein hatte keine berauschende Wirkung

Die Bibel lehrt nirgendwo, daß berauschender Wein verwendet werden sollte, weder als Getränk noch als Symbol für das Blut Christi. Schon der gesunde Menschenverstand sagt uns, daß das Blut Christi besser durch den reinen, unverdorbenen Traubensaft dargestellt wird, als durch einen vergorenen und berauschenden Wein ...

Wir drängen darauf, letzteres niemals auf den Abendmahlstisch zu stellen ... Wir protestieren gegen die Vorstellung, Christus hätte berauschenden Wein hergestellt; ein solcher Akt hätte allem widersprochen, was er lehrte und auslebte ... Der Wein, den Christus durch ein Wunder seiner göttlichen Kraft aus Wasser schuf, war reiner Traubensaft. („Signs of the Times", 29. August 1878)

Wie stehen Christen zur Herstellung von alkoholischen Produkten?

Hopfenanbau und Herstellung von Wein

Viele, die zögern, ihrem Nachbarn alkoholische Getränke anzubieten, bauen andererseits aber Hopfen an und stellen sich mit ihrem Einfluß dadurch gegen die Mäßigkeitsbewegung.

Ich kann nicht begreifen, wie Christen, die das Gesetz Gottes kennen, sich bewußt mit Hopfenanbau oder der Herstellung von Wein und Apfelwein befassen und solche Produkte am Markt verkaufen können. („Christian Temperance and Bible Hygiene", S. 32.

Meidet allen bösen Schein!

Wenn intelligente Männer und Frauen, die sich Christen nennen, behaupten, die Herstellung von Wein oder Most für den Verkauf sei harmlos, weil diese Getränke im unvergorenen Zustand noch nicht berauschen, dann wird mir das Herz schwer, weil ich weiß, daß dieses Thema auch eine andere Seite hat, die sie aber nicht sehen wollen, denn aus Egoismus schließen sie ihre Augen vor den schrecklichen Übeln, die aus dem Konsum dieser Genußmittel erwachsen können. Ich verstehe nicht, wie unsere Brüder glauben können, daß sie allen bösen Schein meiden, obwohl sie sich am Anbau von Hopfen beteiligen, während sie doch genau wissen, wozu dieser Hopfen verwendet wird.

Wer mithilft, diese Getränke herzustellen, die den Appetit auf stärkere Stimulanzien wecken und verstärken, wird ernten, was er sät. Er bricht das Gesetz Gottes und wird nicht nur für die Sünden bestraft werden, die er selbst begeht, sondern auch für solche, zu denen er andere veranlaßt hat, weil er ihnen entsprechende Versuchungen in den Weg stellte.

Alle, die sich zur Wahrheit für diese Zeit bekennen und Reformer sein wollen, sollten ihren Glauben auch richtig ausleben. Wenn einer, dessen Name in der Gemeindeliste steht, Wein oder Apfelwein für den Verkauf herstellt, dann sollte man eindringlich mit ihm sprechen. Wenn er sich uneinsichtig zeigt, dann sollte er unter Gemeindezucht gestellt werden. Alle, die nicht damit aufhören, sind unwürdig, einen Platz und einen Namen im Volk Gottes zu haben.

Wir sollen Christus nachfolgen und uns von ganzem Herzen mit unserem Einfluß gegen jede üble Praxis stellen. Wie würden wir uns am Gerichtstag Gottes fühlen, wenn wir Menschen begegneten, die durch unseren Einfluß zu Trinkern geworden sind? Wir leben in der Zeit des großen Versöhnungstages, und unsere Fälle werden bald vor Gott gebracht und untersucht. Wie werden wir vor dem himmlischen Gerichtshof dastehen, wenn wir durch unsere Tätigkeit den Konsum von Stimulanzien gefördert haben, die den Verstand blockieren und die Tugend, die Reinheit und die Liebe zu Gott zerstören? („Testimonies", Bd. 5, S. 358.359)

Die Liebe zum Geld darf nicht in die Irre führen

Ich besitze ein paar Morgen Land, die schon beim Kauf mit Weintrauben bepflanzt waren, aber ich werde nicht ein einziges Pfund dieser Trauben an einen Winzer verkaufen. Das Geld, das ich dafür bekäme, würde zwar mein Einkommen erhöhen, aber lieber würde ich die Trauben am Weinstock vertrocknen lassen, als zuzulassen, daß die Unmäßigkeit dadurch gefördert wird, daß sie in Wein verwandelt werden ...

Die Liebe zum Geld treibt die Menschen dazu, gegen ihr Gewissen zu handeln. Vielleicht wird genau dieses Geld dann in die Schatzkammer Gottes gebracht, doch wird er ein solches Opfer nicht annehmen, denn es ist eine Beleidigung! Es wurde verdient, indem man sein Gesetz übertrat, das fordert, daß ein Mensch seinen Nächsten lieben soll wie sich selbst.

Es ist keine Entschuldigung, wenn der Übertreter anführt, wenn nicht er den Wein oder Apfelwein herstellen würde, dann täte es eben ein anderer, und sein Nächster wäre ohnehin zum Trinker geworden. Dürfen Christen ihre Kleider mit dem Blut anderer beflecken, weil es Leute gibt, die ihrem Nächsten die Flasche an die Lippen halten? Sollten sie den Fluch auf sich ziehen, der alle trifft, die diese Versuchung verführbaren Menschen in den Weg stellen? Jesus ruft seine Nachfolger auf, sich unter seiner Fahne zu sammeln und ihm zu helfen, die Werke des Teufels zu zerstören.

Der Erlöser der Welt, der den Zustand der Gesellschaft in diesen letzten Tagen sehr genau kennt, hält Fressen und Saufen für die Sünden, die heute zu unserer Verdammung führen. Er sagt uns, daß es wie zur Zeit Noahs sein wird, wenn der Menschensohn offenbart wird: „Sie aßen, sie tranken, sie freiten und ließen sich freien bis an den Tag, da Noah in die Arche hineinging, und sie beachteten es nicht, bis die Sintflut kam und raffte sie alle dahin."

Genau dieser Zustand wird während der letzten Tage dieser Erde zu beobachten sein. Und alle, die diese Warnungen ernst nehmen, werden äußerst vorsichtig sein, um nicht einen Kurs einzuschlagen, der sie unter dieses Urteil bringen könnte. („Review and Herald", 25. März 1884)

Im Licht der Bibel, der Natur und des gesunden Menschenverstandes

Wenn wir überdenken, was die Bibel, die Natur und der gesunde Menschenverstand über den Konsum von Rauschmitteln lehren, wie können Christen dann Hopfen anbauen, der zur Bierherstellung verwendet wird? Wie bringen sie es fertig, Wein oder Apfelwein für den Markt herzustellen? Wenn sie ihren Nächsten lieben wie sich selbst, wie können sie ihm dann eine solche Falle stellen? („The Ministry of Healing", S. 334)

Brüder, laßt uns diese Angelegenheit von der Bibel her betrachten und einen entschiedenen Einfluß zugunsten der Mäßigkeit in allen Dinge ausüben. Äpfel und Trauben sind Gaben Gottes. Sie können als gesunde Nahrungsmittel verwendet werden. Sie können aber auch mißbraucht und zum Bösen benutzt werden. Gott hat bereits die Trauben- und Apfelernte verringert, weil die Menschen diese Früchte dermaßen mißbrauchen.

Wir gelten vor der Welt als Reformer, und wir sollten den Ungläubigen oder Noch-nicht-Gläubigen keine Gelegenheit einräumen, unseren Glauben zu verachten. Christus sagte: „Ihr seid das Salz der Erde." Wir sollten zeigen, daß unsere Herzen und unser Gewissen unter dem verändernden Einfluß der Gnade Gottes stehen und daß unser Leben von den reinen Prinzipien des Gesetzes Gottes regiert wird, auch wenn diese Grundsätze bedeuten, daß man auf finanzielle Vorteile verzichten muß. („Testimonies", Bd. 5, S. 361.

Mäßigkeit und totale Abstinenz

Reines Wasser

Wenn man einen Durstlöscher braucht, dann entspricht reines Wasser, kurze Zeit vor oder nach der Mahlzeit getrunken, den natürlichen Bedürfnissen des Körpers vollkommen. Nehmt niemals Schwarztee, Bohnenkaffee, Bier, Wein oder alkoholische Getränke zu euch. Wasser ist die beste Flüssigkeit, um das Gewebe zu reinigen. („Review and Herald", 29. Juli 1884)

Die Lektion, die uns von Daniel und seinen Freunden vermittelt wird, sollten wir gut überdenken. Heute ist nicht der Mangel gefährlich, sondern der Überfluß. Wir stehen ständig in der Versuchung zur Maßlosigkeit. Wer seine Kräfte uneingeschränkt für den Dienst Gottes erhalten möchte, muß beim Genuß seiner guten Gaben konsequent mäßig sein, und gleichzeitig total auf alles Gefährliche oder Erniedrigende verzichten.

Die Generation, die jetzt heranwächst, ist umgeben von Versuchungen, die auf den Appetit und das Lustgefühl ausgerichtet sind. Besonders in den Großstädten wird jede Form von Lustgewinn leicht gemacht und attraktiv dargestellt. Wer sich wie Daniel weigert, sich selbst zu verunreinigen, wird für seinen besonnenen und mäßigen Lebensstil belohnt. Er hat mehr Körperkraft und Ausdauer und dadurch ein gut gefülltes „Konto" zur Verfügung, von dem er im Notfall jederzeit „abheben" kann. („Christian Temperance and Bible Hygiene", S. 27.28)

Oft wird darauf gedrängt, daß wir die Jugendlichen, um sie von sensationell aufgemachter oder wertloser Literatur abzuhalten, mit einer besseren Art von Romanen versorgen sollten. Das ist genauso, als würde man den Trinker zu heilen versuchen, indem man ihm statt Whisky oder Brandy ein milderes Rauschmittel verabreicht wie Wein, Bier oder Apfelwein. Doch auch in dieser Hinsicht würde der regelmäßige Konsum den Appetit nach stärkeren Reizmitteln fördern.

Die einzige Sicherheit für den Süchtigen – und auch die einzige Sicherheit für den selbstbeherrschten Menschen – ist totale Abstinenz. („The Ministry of Healing", S. 446)

Kapitel 6

Grundsätze für einen neuen Lebensstil

Das ganze Leben muß verändert werden

Der Charakter wird umgeformt

Unser Einsatz für Menschen, die ständig Versuchungen ausgesetzt oder süchtig sind, kann nur dann wirklich Erfolg haben, wenn die Gnade Christi den Charakter umformt und der Mensch eine lebendige Beziehung zum ewigen Gott findet. Das ist das eigentliche Ziel jedes echten Mäßigkeitsprojekts. („Testimonies", Bd. 6, S. 111)

Christus wirkt von innen heraus

Die Menschen werden niemals wirklich selbstbeherrscht und mäßig leben können, bevor nicht die Gnade Christi zum tragenden Prinzip ihres Lebens geworden ist ... Die äußeren Umstände können keine Reform bewirken. Das Christentum bietet eine Reformation des Herzens an. Was Christus im Innern verändert hat, wird im Leben praktiziert. Der bekehrte Verstand übernimmt die Kontrollfunktion. Die Vorstellung, man könne von außen beginnen und versuchen, nach innen zu arbeiten, ist stets gescheitert und wird auch in Zukunft fehlschlagen. („Counsels on Diet and Foods", S. 35)

Die Kraft zur Selbstbeherrschung muß zurückgewonnen werden

Eine der verhängnisvollsten Auswirkungen des Sündenfalls in Eden war der Verlust der Fähigkeit des Menschen, sich selbst zu beherrschen. Nur wenn diese Kraft wieder zurückgewonnen wird, kann es echten Fortschritt geben.

Der Körper ist das einzige Medium, durch das Verstand und Seele entwickelt und der Charakter geformt wird. Deshalb zielt der Feind der Menschen mit seinen Versuchungen darauf ab, die körperlichen Kräfte herabzusetzen und zu schwächen. Wenn er auf diesem Gebiet Erfolg hat, dann hat er den ganzen Menschen. Wenn unsere natürlichen Neigungen nicht unter der Herrschaft einer höheren Macht stehen, streben sie unausweichlich auf Untergang und Tod zu.

Der Körper muß den höheren Kräften des Menschen unterworfen werden. Die natürlichen Neigungen sollen vom Willen kontrolliert werden, der seinerseits von Gott gelenkt werden muß. Die königliche Kraft der Vernunft, die durch Gottes Gnade auf ihn ausgerichtet und geheiligt wurde, muß in unserem Leben den Ton angeben. („The Ministry of Healing", S. 129.130)

Es klappt nicht, allmählich damit aufzuhören

Wie kommt es, daß Menschen, die viele gute Chancen hatten, über viel wertvolle Erkenntnis verfügen und die gebildet sind, behaupten, sie könnten diese ungesunden Gewohnheiten nicht lassen? Warum schließen diese hochintelligenten Menschen nicht von der Ursache auf die Wirkung? Warum engagieren sie sich nicht für einen neuen Lebensstil, und bekennen sich entschlossen zu dem Grundsatz, keinen Alkohol und keinen Tabak mehr zu konsumieren?

Diese Stoffe sind giftig, und wenn man sie verwendet, übertritt man Gottes Gesetz. Manche argumentieren, wenn man sie darauf aufmerksam macht, daß sie nach und nach damit aufhören könnten. Satan lacht über solche Vorsätze. Er sagt: „Die habe ich fest in der Hand; um sie brauche ich mich nicht mehr groß zu kümmern."

Doch er weiß, daß er keine Macht über einen Menschen besitzt, der in der Versuchung die sittliche Kraft hat, klar und deutlich „Nein!" zu sagen. Denn damit schafft er Abstand zwischen sich und dem Teufel, und so lange er sich an Jesus Christus hält, ist er geborgen. Er steht dort, wo himmlische Engel mit ihm Verbindung pflegen können und ihm die sittliche Kraft zum Überwinden schenken. (Manuskript 86, 1897)

Ein schwerer Kampf, doch Gott wird helfen

Gebrauchst du Tabak oder berauschende Getränke? Trenne dich davon, denn diese Dinge beeinträchtigen deine Fähigkeiten. Es wird einen harten Kampf kosten, dies aufzugeben, aber Gott wird dir dabei helfen. Bitte ihn um die Gnade, zu überwinden, und dann glaube daran, daß er sie dir gibt, weil er dich liebt. Laß nicht zu, daß dich weltliche Freunde von deiner Treue zu Christus abbringen. Verzichte lieber auf sie und wende dich zu Christus. Sag ihnen, daß du nach dem himmlischen Schatz suchst.

Du gehörst nicht dir selbst, du wurdest für einen hohen Preis freigekauft, nämlich mit dem Leben des Sohnes Gottes, und jetzt sollst du Gott mit deinem Körper und deinem Geist Ehre machen, denn sie gehören ihm. (Brief 226, 1903)

Suche Hilfe bei Gott und bei gläubigen Menschen

Ich habe eine Botschaft von Gott an alle, die versucht und angefochten sind und unter der Herrschaft Satans leben, aber unbedingt frei werden möchten. Geht zum Herrn und bittet ihn um Hilfe.

Geht zu Menschen, von denen ihr wißt, daß sie Gott lieben und ernst nehmen und sagt: „Bitte, nehmt euch meiner an, denn Satan versucht mich ganz fürchterlich. Ich selbst habe nicht die Kraft, seiner Falle zu entkommen. Bitte laßt mich keinen Augenblick allein, bis ich fähiger bin, der Versuchung zu widerstehen." (Brief 166, 1903)

Persönliche Beziehung zu Gott

Bringt eure Wünsche, eure Freuden und euren Kummer, eure Sorgen und eure Ängste immer wieder vor Gott ... Der Herr ist sehr mitfühlend und barmherzig. Sein liebevolles Herz wird von unseren Sorgen bewegt, und wenn wir mit ihm darüber sprechen, dann geht ihm das nahe ...

Nichts, was in irgendeiner Weise unseren Frieden stört, ist so klein, daß er nicht darauf achtete. Es gibt in unserer Lebensgeschichte kein Kapitel, das so dunkel ist, daß er es nicht lesen wollte, und es gibt kein Problem, das er nicht lösen könnte.

Keine Katastrophe kann über das Geringste seiner Kinder hereinbrechen, keine Angst die Seele jagen, keine Freude sie aufheitern, und kein aufrichtiges Gebet kommt von unseren Lippen, ohne daß unser himmlischer Vater dies bemerkt und sich sofort dafür interessiert. „Er heilt, die zerbrochenen Herzens sind, und verbindet ihre Wunden."

Die Beziehung zwischen Gott und jedem einzelnen Menschen ist so intensiv, als wäre dieser Mensch der einzige, für den er seinen geliebten Sohn hingegeben hat. („Steps to Christ", S. 104.105)

Bekehrung ist das Geheimnis des Sieges

Nachgiebigkeit ist Sünde

Wenn man unnatürlichen Gelüsten nach Tee, Kaffee, Tabak oder Alkohol nachgibt, verstößt man gegen das Prinzip der Mäßigkeit und bricht die Gesetze des Lebens und der Gesundheit. Durch den Gebrauch dieser verbotenen Stoffe wird im Körper ein Zustand hervorgerufen, den der Schöpfer nie so gewollt hat. Durch eine derartige Nachgiebigkeit versündigt sich der Mensch ...

Leiden, Krankheiten und Tod sind die unausweichlichen Folgen dieser Nachgiebigkeit. („Evangelism", S. 266)

Wenn der Heilige Geist unter uns wirkt

Der allererste und wichtigste Schritt besteht darin, die Seele zu besänftigen und unterzuordnen, und sie unserem Herrn Jesus Christus, dem Erlöser, der die Sünde trägt und vergibt, zu übergeben. Das Evangelium sollte so klar wie möglich dargestellt werden. Wenn der Heilige Geist unter uns wirkt, ... werden Menschen, die bisher noch nicht auf seine Wiederkunft vorbereitet waren, überzeugt ...

Die Tabakliebhaber geben ihren Götzen auf, die Alkoholtrinker ihren Schnaps. Sie könnten das nicht, wenn sie nicht im Glauben die Verheißungen Gottes ergriffen hätten, der ihnen Sündenvergebung zusichert. („Evangelism", S. 264)

Das größte Bedürfnis der Menschen

Christus gab sein Leben dahin, um den Sünder freizukaufen. Der Erlöser der Welt wußte, daß die Genußsucht körperliche Schwäche verursacht und daß die Sensibilität dadurch abgestumpft wird, so daß heilige und ewige Dinge nicht mehr von anderen unterschieden werden können.

Er wußte, daß die sittlichen Kräfte durch ein Leben nach dem Lustprinzip pervertiert werden, und daß der Mensch eins am nötigsten hat: die Umkehr des Herzens, des Verstandes und der Seele, weg von einem Leben nach dem Lustprinzip, hin zu einem opferbereiten und hingebungsvollen Lebensstil. („Medical Ministry", S. 264)

Es gelingt nicht aus eigener Kraft

Das Rauchen ... benebelt so viele. Warum gebt ihr diese Gewohnheit nicht auf? Warum steht ihr nicht auf und sagt: „Jetzt will ich der Sünde und dem Teufel nicht länger dienen!"? Sagt einfach: „Ich will die Finger von dieser giftigen Droge lassen." Man kann das aber nie und nimmer aus eigener Kraft schaffen. Christus sagt dir: „Ich stehe dir zur Seite und helfe dir." (Manuskript 1893)

Warum so viele scheitern

Versuchungen, die auf den Appetit und den Lustgewinn abzielen, haben eine Macht, die nur durch Gottes Hilfe überwunden werden kann. Wir haben aber das Versprechen Gottes, daß er uns aus jeder Versuchung einen Fluchtweg weisen wird.

Warum lassen sich dann so viele besiegen? Weil sie ihr Vertrauen nicht auf Gott setzen. Sie besorgen sich nicht die Hilfsmittel, die zu ihrer Sicherheit bereitgestellt wurden. Deshalb haben die Ausflüchte, die man vorbringt, um die Befriedigung ungesunder Gelüste zu entschuldigen, bei Gott überhaupt kein Gewicht. („Christian Temperance and Bible Hygiene", S. 22)

Das einzige Heilmittel

Jeder Seele, die darum kämpft, von einem Leben der Sünde zu einem reinen Lebensstil zu finden, steht eine große Kraftquelle zur Verfügung: „Jesus und sonst keiner kann die Rettung bringen. Auf der ganzen Welt hat Gott keinen anderen Namen bekanntgemacht, durch den wir gerettet werden könnten." (Apg. 4,12 GN) „Wer durstig ist", wer sich nach Frieden und Hoffnung sehnt, wer von sündigen Neigungen befreit werden möchte, zu dem sagt Christus, er solle zu ihm kommen und trinken. (vgl. Jo 7,37) Das einzige Heilmittel gegen jedes Laster ist die Gnade und Kraft Christi.

Gute Vorsätze, die der Mensch aus eigener Kraft faßt, werden nichts bringen. Alle Versprechen und Schwüre der Welt können die Macht der schlechten Gewohnheit nicht brechen. Die Menschen werden niemals in allen Dingen Mäßigkeit praktizieren können ohne die Erneuerung des Herzens durch Gottes Gnade. Wir können uns nicht einen Moment lang selbst vor der Sünde schützen, sondern wir sind in jedem Augenblick von Gott abhängig ...

Christus führte sein Leben in totalem Gehorsam gegenüber dem Gesetz Gottes, und dadurch gab er ein Beispiel für alle Menschen. So wie er in dieser Welt gelebt hat, sollen auch wir leben – durch seine Kraft und unter seiner Anleitung.

Vollkommener Gehorsam wird gefordert

Wenn wir uns für gefallene Menschen einsetzen, dann müssen wir diesen Menschen die Ansprüche, die Gottes Gesetz stellt, und die Notwendigkeit, Gott gegenüber treu und loyal zu sein, ins Herz und in den Verstand einprägen. Wir dürfen niemals versäumen, deutlich auf den Unterschied aufmerksam zu machen, der zwischen dem, der Gott dient, und dem, der ihm nicht dient, besteht.

Gott ist Liebe, doch er kann eine bewußte Mißachtung seiner Gebote nicht entschuldigen. Seine Verordnungen sind so gestaltet, daß die Menschen die Konsequenzen ihrer Untreue auch tragen müssen. Er kann nur die ehren, die ihn auch ehren. Wie sich der Mensch in dieser Welt verhält, das entscheidet über sein ewiges Geschick. Was er sät, das muß er ernten. Jeder Ursache folgt die Wirkung.

Gott erwartet von uns nicht weniger als vollkommenen Gehorsam. Er hat uns über seine Maßstäbe nicht im unklaren gelassen. Er verlangt nur das, was unbedingt nötig ist, damit die Menschen mit ihm ins reine kommen. Wir sollen Sünder auf Gottes Vorstellung von einem vorbildlichen Charakter hinweisen und sie zu Christus führen, denn nur durch seine Gnade können sie dieses Ideal erreichen.

Durch Christi sündloses Leben können wir siegen

Der Heiland nahm die Schwächen der Menschheit auf sich und lebte ein Leben ohne Sünde, damit die Menschen nicht befürchten, sie könnten wegen ihrer menschlichen Schwachheit nicht überwinden. Christus kam, damit wir Teilhaber der göttlichen Natur werden können. Sein Leben zeigt, daß Menschen, die sich eng mit Gott verbünden, nicht zu sündigen brauchen.

Der Heiland siegte, um dem Menschen zu zeigen, wie auch er siegen kann. Christus schmetterte alle Versuchungen Satans mit dem Wort Gottes ab. Weil er Gottes Verheißungen vertraute, bekam er die Kraft, seinen Geboten zu gehorchen; der Versucher konnte nicht gewinnen. Auf jede Versuchung antwortete er mit „Es steht geschrieben". Deshalb hat uns Gott sein Wort gegeben; wir können damit dem Bösen widerstehen. Unüberbietbare und kostbare Verheißungen sind uns geschenkt, damit wir durch sie Anteil bekommen, „an der göttlichen Natur", die wir der „verderblichen Begierde in der Welt" entronnen sind (vgl. 2 Pt 1,4).

Macht die Menschen, die in Versuchung geraten sind, darauf aufmerksam, daß sie nicht auf die Umstände und nicht auf die eigene Schwäche oder auf die Macht der Versuchung blicken, sondern allein auf die Macht des göttlichen Wortes. All seine Kraft gehört uns. Der Psalmist sagt: „Ich behalte dein Wort in meinem Herzen, damit ich nicht wider dich sündige." „Im Treiben der Menschen bewahre mich vor gewaltsamen Wegen durch das Wort deiner Lippen." (Psalm 119,11; 17,4)

Mit Christus durch das Gebet verbunden

Sprecht den Menschen Mut zu, bringt sie im Gebet vor Gott. Viele, die von der Versuchung überwältigt wurden, fühlen sich gedemütigt, weil sie versagt haben; sie meinen, es hätte keinen Sinn, wenn sie sich Gott nahen wollten. Doch dieser Gedanke wurde ihnen vom Feind eingeflüstert. Wenn sie gesündigt haben und denken, sie könnten nicht beten, dann sagt ihnen, daß sie genau in diesem Augenblick beten sollen, wie beschämt und gedemütigt sie auch gerade sein mögen. Und wenn sie ihre Sünden bekennen, dann wird er, der treu und gerecht ist, ihnen die Sünden vergeben und sie von aller Ungerechtigkeit reinigen.

Niemand wirkt so hilflos und ist doch so unbesiegbar wie ein Mensch, der sich seiner Unwürdigkeit bewußt geworden ist und sich voll und ganz auf die Verdienste seines Erlösers verläßt. Wenn er betet, wenn er Gottes Wort studiert, wenn er daran glaubt, daß Christus bei ihm ist und bei ihm bleibt, dann kann auch der schwächste Mensch in enger Verbindung mit dem lebendigen Christus bleiben; der wird ihn mit einer starken Hand halten, die niemanden fallen läßt. („The Ministry of Healing", S. 179-182)

Gesundheit und Kraft für den Überwinder

Menschen, die sich bisher schlechten Gewohnheiten und sündigen Praktiken hingegeben haben, sich nun aber der Macht Gottes und seiner Wahrheit unterwerfen, werden durch die praktische Anwendung dieser Wahrheit auf das persönliche Leben neue moralische Kräfte entwickeln, die bis dahin gelähmt waren.

Wer diese Kräfte empfängt, hat dann einen stärkeren und klareren Verstand als zu der Zeit, bevor er seine Seele an Christus, dem ewigen Felsen, festgemacht hat. Wenn ihm erst einmal bewußt wird, daß er in Christus geborgen ist, wird er auch körperlich gesunden. Der besondere Segen Gottes, der auf ihm ruht, birgt Gesundheit und Kraft in sich. („Christian Temperance and Bible Hygiene", S. 13)

Kraft zum Sieg in Christus allein

Die Menschen haben den Tempel ihrer Seele verunreinigt. Gott ruft ihnen zu: „Wacht endlich auf! Kämpft mit aller Kraft darum, eure von Gott geschenkte Charakterstärke wieder zurückzugewinnen!"

Nichts anderes als die Gnade Gottes kann das Herz überzeugen und bekehren. Von ihm allein kann der Sklave der Sucht genügend Kraft bekommen, um die Ketten zu zerreißen, die ihn binden. Der Mensch kann unmöglich seinen Körper als ein lebendiges Opfer hingeben, das heilig und vor Gott akzeptabel ist, während er weiterhin Gewohnheiten frönt, die ihn seiner körperlichen, geistigen und sittlichen Kraft berauben. Dazu sagt der Apostel: „Stellt euch nicht dieser Welt gleich, sondern ändert euch durch Erneuerung eures Sinnes, damit ihr prüfen könnt, was Gottes Wille ist, nämlich das Gute und Wohlgefällige und Vollkommene." (Römer 12,2) („Christian Temperance and Bible Hygiene", S. 10.11)

In der Kraft Christi

Christus kämpfte den Kampf gegen die Eßlust und siegte. Auch wir können überwinden, indem wir die Kraft in Anspruch nehmen, die er uns anbietet. Wer wird durch die Tore in die heilige Stadt einziehen? Auf keinen Fall solche, die behaupten, sie könnten gegen ihre Eßlust nichts machen.

Christus widerstand der Macht dessen, der uns darin gefangen hält. Obwohl er durch sein vierzigtägiges Fasten geschwächt war, überwand er die Versuchung und bewies durch seine Tat, daß auch unser Fall nicht hoffnungslos ist. Ich weiß, daß wir aus eigener Kraft nicht siegen können; wie dankbar dürfen wir dafür sein, daß wir einen lebendigen Erlöser haben, der uns gerne und bereitwillig hilft.

Ich erinnere mich an einen Mann, der einmal in einem meiner Vorträge saß. Durch Trinken und Rauchen war er zu einem körperlichen und geistigen Wrack geworden. Durch sein ausschweifendes Leben war er ziemlich heruntergekommen, und seine abgerissene Kleidung spiegelte diesen chaotischen Zustand wider. Es sah so aus, als wäre er zu weit gegangen, um je wieder zurückgewonnen werden zu können. Doch als ich ihn aufrief, der Versuchung in der Kraft des auferstandenen Erlösers zu widerstehen, erhob er sich zitternd von seinem Platz und sagte: „Ihnen liegt etwas an mir, deshalb wird mir jetzt auch etwas an mir liegen."

Sechs Monate später besuchte er mich. Ich erkannte ihn nicht wieder. Sein Gesicht strahlte vor Freude, die Tränen liefen ihm über die Wangen, er griff nach meiner Hand und sagte: „Sie erkennen mich nicht mehr, aber vielleicht erinnern Sie sich noch an jenen Mann in dem alten, blauen Mantel, der in Ihrer Versammlung aufstand und sagte, er würde ein neues Leben beginnen?"

Ich staunte. Da stand er aufrecht vor mir und sah aus, als wäre er zehn Jahre jünger geworden. Er war damals von der Versammlung nach Hause gegangen und hatte viele Stunden der Nacht im Gebet und im inneren Ringen verbracht, bis die Sonne aufging. Es war eine Nacht des Kampfes gewesen, doch durch die Hilfe Gottes ging er als Sieger daraus hervor.

Dieser Mann konnte eine traurige Geschichte über die Bindung an schlechte Gewohnheiten erzählen. Er wußte, wie man die Jugend vor der Gefahr der „Ansteckung" warnte, und er konnte alle, die wie er selbst in der Sucht gefangen waren, auf Christus hinweisen, der die einzige Quelle ist, aus der Hilfe kommt. („Christian Temperance and Bible Hygiene", S. 19.20)

Keine echte Lebensänderung ohne Christus

Unabhängig von der Macht Gottes kann keine echte Lebensänderung bewirkt werden. Die menschlichen Widerstände gegen natürliche und kultivierte Neigungen sind wie eine Sandbank, die sich der Flut nicht entgegenstemmen kann. Erst wenn das Leben Christi zur vitalisierenden Macht in unserem Leben wird, können wir den Versuchungen widerstehen, die uns von innen und von außen bedrängen.

Christus kam in diese Welt und lebte das Gesetz Gottes aus, damit der Mensch die völlige Kontrolle über die natürlichen Neigungen haben kann, die die Seele verderben. Als Arzt für Seele und Körper verleiht er den Sieg über die widerstreitenden Lüste. Er stellt alles zur Verfügung, was der Mensch braucht, um einen vollendeten Charakter zu besitzen.

Wenn man sich Christus ausliefert, dann werden Seele und Geist unter die Herrschaft des Gesetzes gebracht, und dies ist ein königliches Gesetz, das allen Gefangenen Freiheit verspricht. Wenn ein Mensch sich mit Christus vereinigt, wird er befreit. Wer sich dem Willen Christi unterordnet, in dem wird das Ebenbild Gottes vollkommen wiederhergestellt.

Wer Gott gehorcht, ist frei von den Bindungen der Sünde, wird nicht mehr versklavt von menschlichen Leidenschaften und plötzlichen Impulsen. Dann kann der Mensch sich selbst und seine Wünsche besiegen und auch „Mächtige und Gewaltige", die „Herren der Welt, die in dieser Finsternis herrschen mit den bösen Geistern unter dem Himmel", überwinden (vgl. Epheser 6,12). („The Ministry of Healing", S. 130.131)

Der Wille – Schlüssel zum Erfolg

Eine sehr konkrete Auseinandersetzung

Wenn Menschen sich damit zufriedengeben, nur für diese Welt zu leben, werden sich ihre Herzenswünsche mit den Vorschlägen des Feindes verbinden, und sie werden tun, was er ihnen eingibt. Doch wenn sie versuchen, das schwarze Banner dieser finsteren Macht zu verlassen und sich unter die blutbefleckte Fahne des Fürsten Immanuel einzureihen, beginnt der Kampf, und diese Schlacht wird vor den Augen des ganzen Universums geschlagen.

Jeder, der auf der Seite des Rechts kämpft, muß mit dem Feind einen persönlichen Zweikampf ausfechten. Damit er den „listigen Anschlägen des Teufels" widerstehen kann, muß er die komplette Waffenrüstung Gottes anlegen. (Manuskript 47, 1896)

Der Mensch muß seinen Teil erfüllen

Gott kann den Menschen nicht gegen seinen Willen aus den geschickt ausgelegten Schlingen Satans befreien. Der Mensch muß sich bemühen, um jeden Preis zu widerstehen und zu siegen, so weit es in seiner Macht steht, und Christus wird ihn mit seiner göttlichen Kraft unterstützen.

Kurz gesagt, der Mensch muß überwinden, wie Christus überwunden hat. Dann kann er durch den Sieg, den er durch den allmächtigen Namen Jesu erringen darf, ein Erbe Gottes und ein Miterbe Christi werden.

Das wäre nicht so, wenn Christus allein den Sieg erkämpfen würde. Der Mensch muß seinen Teil dazu beitragen. Er muß durch die Kraft und die Gnade, die Jesus ihm gibt, einen ganz persönlichen Sieg erringen. Er muß sich bemühen, gemeinsam mit Christus zu überwinden; dann wird er auch an Christi Ehre und Herrlichkeit Anteil haben. („Review and Herald", 21. November 1882)

EIN TEMPEL DES HEILIGEN GEISTES

„Zeig, daß du ein Mann bist!"

Die Opfer der Sucht müssen von der Notwendigkeit überzeugt werden, daß sie sich selbst bemühen müssen. Andere werden sich intensiv für sie engagieren; die Gnade Gottes wird ihnen kostenlos angeboten, Christus wird eingreifen, seine Engel werden mithelfen. Doch dies alles nützt nichts, wenn sie nicht dazu aufgerüttelt werden, ganz persönlich zu kämpfen.

Die letzten Worte Davids an seinen Sohn Salomo, der damals noch jung war und schon bald darauf zum König Israels gekrönt werden sollte, lauteten: „Sei getrost und sei ein Mann!" Diese inspirierten Worte gelten jedem Menschen, jedem Anwärter auf die Krone des Lebens: „Sei getrost und sei ein Mann!"

Diese schwachen, abhängigen Menschen müssen zu der Einsicht geführt werden, daß sie eine tiefgreifende moralische Erneuerung dringend nötig haben, damit sie stark werden. Gott ruft sie auf, sich zusammenzureißen. Nur so können sie, in der Kraft Christi ihre von Gott geschenkte Charakterstärke zurückerobern, die ihrer falschen Nachgiebigkeit zum Opfer fiel.

Er kann, er muß dem Bösen widerstehen!

So mancher Mensch erkennt die schreckliche Macht und den Sog der Sucht und schreit verzweifelt auf: „Ich kann dem Bösen nicht widerstehen!" Sagt ihm, daß er widerstehen kann, ja sogar muß! Vielleicht hat er sich immer wieder besiegen lassen, aber so muß es nicht bleiben. Er ist schwach, er hat kein „Rückgrat", er wird von seinen falschen, sündigen Gewohnheiten beherrscht.

Seine Versprechen und guten Vorsätze sind ein schwacher Halt. Und das Bewußtsein, daß er sie immer wieder gebrochen und preisgegeben hat, läßt ihn allmählich daran zweifeln, ob er es denn wirklich ernst meint. Er denkt, Gott könne ihn nicht mehr annehmen, nicht mehr mit ihm zusammenarbeiten. Doch er braucht nicht zu verzweifeln.

Wer sein Vertrauen auf Christus setzt, braucht nicht von irgendeiner ererbten oder selbst erworbenen Gewohnheit oder Sucht versklavt zu bleiben. Wir müssen nicht Gefangene unserer eigenen Triebhaftigkeit sein, sondern sollen unsere Wünsche zügeln und lernen, unsere Leidenschaften zu beherrschen. Gott läßt uns im Kampf gegen das Böse nicht mit unserer eigenen, begrenzten Kraft allein. Wir können überwinden – durch die Kraft, die er uns gerne schenken möchte, auch wenn wir noch so viele Neigungen zum Bösen geerbt oder erworben haben.

Die Macht des Willens

Der in Versuchung geratene Mensch muß lernen, die wahre Kraft des Willens richtig einzuschätzen. Der Wille ist die herrschende Kraft im Menschen, die Fähigkeit zur Entscheidung, zur Wahl. Alles hängt vom richtigen Einsatz des Willens ab. Die Sehnsucht nach dem Guten und nach Reinheit ist eine gute Sache, aber wenn wir uns damit zufriedengeben, erreichen wir gar nichts.

Viele steuern direkt in den Untergang, während sie immer noch hoffen und sich danach sehnen, ihre schlechten Eigenschaften zu überwinden. Aber sie liefern ihren Willen nicht an Gott aus. Sie entscheiden sich nicht dafür, ihm zu dienen.

Wir müssen uns bewußt dafür entscheiden

Gott hat uns die Fähigkeit gegeben, Entscheidungen zu treffen und zu wählen; es ist unsere Aufgabe, diese Fähigkeit auch einzusetzen. Wir können unser Herz nicht ändern, wir können unsere Gedanken, unsere Impulse und Vorlieben nicht beherrschen, und wir können uns nicht selbst reinigen und zubereiten für den Dienst Gottes. Aber wir können uns dafür entscheiden, Gott zu dienen. Wir können ihm unseren Willen ausliefern. Dann wird er in uns bewirken, daß wir das wollen und tun, was ihm gefällt. Dadurch wird unser ganzes Wesen unter die Herrschaft Christi gebracht.

Durch den richtigen Einsatz des Willens kann das ganze Leben verändert werden. Indem wir unseren Willen Christus hingeben, verbünden wir uns mit der Kraft Gottes. Wir empfangen Kraft von oben, die uns standhaft macht. Ein reines und edles Leben, ein Leben des Sieges über Genußsucht und negative Neigungen ist jedem möglich, der seinen schwachen, schwankenden Willen mit dem allmächtigen und unerschütterlichen Willen Gottes verbündet. („The Ministry of Healing", S. 174-176)

Wenn der Wille richtig eingesetzt wird

Der Wille ist die regierende Macht im Wesen des Menschen. Wenn er einen festen Willen hat, wird der ganze Mensch davon bestimmt. Der Wille hat nichts mit Geschmack oder Wunsch zu tun, sondern mit Entscheidungsfähigkeit, dieser königlichen Macht, mit deren Hilfe die Menschen selbst bestimmen, ob sie Gott gehorchen oder ihm ungehorsam sein wollen.

Du wirst ständig in Gefahr schweben, bis du die Macht des Willens wirklich begreifst. Du glaubst und versprichst alles Mögliche, doch deine Versprechen und dein Glaube haben nicht viel Sinn, so lange du deinen Willen nicht auf das Richtige ausrichtest. Wenn du im Kampf des Glaubens deine Willenskraft einsetzt, dann wirst du ohne Frage siegen.

Wenn wir unseren Willen für Christus einsetzen

Deine Aufgabe besteht darin, dich mit deinem Willen auf die Seite Christi zu stellen. Wenn du ihm deinen Willen übergibst, dann ergreift er sofort Besitz von dir und bewirkt in dir, das zu wollen und zu tun, was ihm gefällt. Dein ganzes Wesen wird unter die Herrschaft seines Geistes gestellt. Sogar deine Gedanken sind ihm dann untergeordnet.

Wenn du deine Impulse und deine Emotionen nicht so beherrschen kannst, wie du es dir wünschst, dann kannst du doch lernen, deinen Willen zu beherrschen, und dadurch wird sich dein ganzes Leben verändern.

Wenn du deinen Willen dem Willen Christi unterordnest, wird dein Leben mit Christus in Gott geborgen sein. Du erhältst Kraft von Gott, die dich festhält und stärkt, und ein neues Leben, ein Leben aus dem Glauben, kann dir gelingen.

Du wirst niemals Erfolg darin haben, dich selbst zu bessern, wenn du nicht ganz bewußt deinen Willen Christus unterstellst und bereit bist, mit dem Geist Gottes zusammenzuarbeiten. Glaube nicht, daß du das nicht könntest. Sag lieber: „Ich kann und ich will!" Gott hat dir zugesagt, daß dir sein Heiliger Geist in jeder entschiedenen Anstrengung beistehen wird.

Auch der schwächste Hilferuf wird erhört

Jeder darf wissen, daß es eine Kraft gibt, die mit unseren Bemühungen um den Sieg zusammenwirkt. Warum nehmen die Menschen die Hilfe, die bereitsteht, damit sie vorankommen und veredelt werden, nicht in Anspruch? Warum entwürdigen sie sich selbst, indem sie ihrem irregeleiteten Appetit nachgeben? Warum raffen sie sich nicht in der Kraft Jesu auf und siegen in seinem Namen?

Jesus hört auch das allerschwächste Gebet. Er hat Mitleid mit den Schwächen eines jeden Menschen und er hat die Macht, jedem zu helfen und jeden zu erretten. Ich verweise dich auf Jesus Christus, den Erlöser der Sünder, der dir allein die Kraft geben kann, in jedem Bereich zu überwinden.

Kronen für alle, die überwinden

Der Himmel ist für uns das Allerwichtigste. Wir sollten hier kein Risiko eingehen. Wir sollten nicht damit herumspielen. Wir müssen wissen, daß der Herr Jesus die Schritte zur Überwindung vorgezeichnet hat. Möge Gott uns bei dieser schwierigen Aufgabe helfen!

Er hat Kronen für alle Sieger und weiße Kleider für die Gerechten bereitgelegt. Er hat eine ewige Welt der Herrlichkeit vorbereitet für alle, die diese Herrlichkeit, Ehre und Unsterblichkeit anstreben. Jeder, der die Stadt Gottes betritt, wird dort als Sieger hineingehen. Er wird sich nicht als verurteilter Verbrecher hineinschleichen, sondern als Kind Gottes eintreten. Und jeder wird mit der Einladung begrüßt werden: „Kommt her, ihr Gesegneten meines Vaters, ererbt das Reich, das euch bereitet ist von Anbeginn der Welt!" (Mt 25,34)

Ich würde so gerne solche Worte sagen, die den schwankenden Menschen dazu dienen, im Glauben an den mächtigen Helfer fester zuzupacken, damit sie einen Charakter entwickeln, der Gott gefallen kann.

Der Himmel lädt sie alle ein und bietet ihnen seine größten Segnungen an, und sie bekommen alles, was sie brauchen, um ihr Wesen zur Reife und Vollkommenheit zu entwickeln, doch dies wird alles vergeblich bleiben, wenn sie nicht bereit sind, sich selbst zu helfen. Sie müssen ihre eigenen Kräfte mobilisieren, die ihnen

Gott gegeben hat. Sonst werden sie immer tiefer sinken und nicht mehr für etwas Gutes zu gebrauchen sein, weder in diesem Leben noch in der Ewigkeit. („Christian Temperance and Bible Hygiene", S. 147-149)

Dauerhafter Sieg

Die Bedeutung einer gesunden Lebensweise

Alle, die gegen die Macht der Eßlust kämpfen, sollten über die Prinzipien eines gesunden Lebensstils informiert werden. Man sollte ihnen zeigen, daß durch die Übertretung der Gesundheitsgesetze ungesunde Zustände und unnatürliche Gelüste hervorgerufen werden, die den Grund für die Trunksucht legen.

Nur wenn sie den Gesundheitsprinzipien gehorchen, können sie erwarten, von der Gier nach unnatürlichen Aufputschmitteln frei zu werden. Sie sind von Gottes Kraft abhängig, wenn es darum geht, die Bindungen der Eßlust zu zerreißen, und sie müssen mit ihm zusammenarbeiten, indem sie sich körperlich und seelisch nach seinen Geboten ausrichten.

Beschäftigung und Selbstversorgung

Alle, die sich darum bemühen, ihren Lebensstil zu ändern, sollten beschäftigt werden. Keiner, der arbeitsfähig ist, darf erwarten, kostenlos ernährt, gekleidet und untergebracht zu werden. Um ihretwillen und auch um der anderen willen sollte man überlegen, wie sie für das, was sie empfangen, eine Gegenleistung erbringen können. Das wird ihre Selbstachtung stärken und ihnen ein gutes Gefühl der Unabhängigkeit vermitteln.

Wenn Kopf und Hände mit nützlicher Arbeit beschäftigt sind, wirkt das als Schutz gegen Versuchungen.

Enttäuschungen und Gefahren

Wer sich für gefallene Menschen einsetzt, wird oft enttäuscht, denn viele versprechen alles mögliche, aber sie ändern sich nicht oder nur sehr oberflächlich. Sie lassen sich von Gefühlen leiten. Es mag eine kurze Zeit so aussehen, als hätten sie sich geändert, doch dieser Wandel kam nicht von innen heraus. Sie sind immer noch in sich selbst verliebt, sie hungern immer noch nach denselben unnützen Vergnügungen, haben die gleiche Sehnsucht, ihren Trieben einfach nachzugeben. Sie wissen nicht, was es heißt, an sich zu arbeiten; sie sind unzuverlässig, weil sie sich nicht von Prinzipien leiten lassen.

Geistig und geistlich sind sie kraftlos, weil sie ihrer Genußsucht und ihren Leidenschaften einfach nachgeben. Das macht sie schwach. Sie sind unausgeglichen und launisch. Sie neigen zur Triebhaftigkeit. Diese Menschen sind oft eine Gefahrenquelle für andere. Weil man meint, sie hätten ihren Lebensstil verändert, betraut man sie mit Verantwortung, und sie werden an Positionen gesetzt, wo ihr Einfluß die Unschuldigen verdirbt.

Totale Abhängigkeit von Christus ist die einzige Lösung

Auch solche, die aufrichtig nach Veränderung streben, sind nicht vor der Gefahr des Rückfalls gefeit. Sie müssen sehr besonnen und einfühlsam behandelt werden. So mancher geht daran zugrunde, daß man ihm schmeichelt und ihn als Star behandelt, weil er aus der Gosse gerettet wurde. Sowohl die Sprecher wie auch die Hörer geraten in Gefahr, wenn man solche ehemals gefallenen Männer und Frauen auffordert, öffentlich über ihre kriminelle Vergangenheit zu sprechen.

Der Geist und die Seele werden verdorben, wenn man sich ausführlich mit solch schlimmen Szenen beschäftigt. Das Scheinwerferlicht schadet diesen geretteten Menschen nur. Viele lassen sich dadurch zu dem Gedanken verführen, ihre sündige Vergangenheit mache sie zu etwas ganz Besonderem. Dadurch wachsen Geltungsdrang und Selbstzufriedenheit – Züge, die sich verhängnisvoll auswirken. Solche Menschen können nur dann standhaft bleiben, wenn sie sich selbst mißtrauen, sich aber statt dessen voll und ganz auf die Gnade Christi verlassen.

Wer befreit wurde, soll anderen helfen

Alle, bei denen eine echte Bekehrung erkennbar ist, sollten ermutigt werden, sich für andere einzusetzen. Man darf keinen Menschen zurückweisen, der Satans Dienste verläßt, um von jetzt an Christus zu dienen. Wenn jemand durch sein Leben zeigt, daß der Geist Gottes mit ihm zusammen kämpft, dann sollte er mit allen Mitteln dazu ermutigt werden, in den Dienst des Herrn zu treten. „Und erbarmt euch derer, die zweifeln." (Jud 22)

Wer von Gott dazu ausgerüstet wurde, der wird Menschen erkennen, die unbedingt Hilfe brauchen, weil sie zwar aufrichtig bereut haben, aber ohne Ermutigung und Beistand kaum zu hoffen wagen. Der Herr wird es seinen Dienern ans Herz legen, daß sie diese ängstlichen, reumütigen Menschen liebevoll in ihre Gemeinschaft aufnehmen.

Wenn sie zerknirscht zu Christus kommen, dann nimmt er sie an, was sie auch immer an Sünden begangen haben mögen, wie tief sie auch gefallen sind. Dann gebt ihnen etwas für Ihn zu tun. Wenn sie sich gerne dafür einsetzen möchten, andere aus dem schrecklichen Loch herauszuholen, aus dem auch sie gerettet wurden, dann gebt ihnen dazu Gelegenheit. Bringt sie mit erfahrenen Christen zusammen, damit sie geistlich gestärkt werden. Füllt ihre Herzen und ihre Hände mit Arbeit für den Meister.

Manche Menschen, von denen man meint, sie hätten sich völlig der Sünde ergeben, werden mit Erfolg auf andere einwirken, die die gleichen Sünder sind, wie sie es vorher waren, wenn das Licht des Glaubens in ihre Seele dringt.

Durch den Glauben an Christus werden einige hohe Stellungen im Dienste Gottes erlangen und man wird ihnen in der Arbeit der Seelenrettung große Verantwortung übertragen. Sie erkennen ihre eigene Schwäche, wissen um die Verdorbenheit ihres Wesens. Sie kennen die Kraft der Sünde und die Macht der Sucht. Sie sind sich bewußt, daß sie ohne die Hilfe Christi unfähig wären, zu überwinden, und ihr ständiger Hilfeschrei lautet: „Ich werfe meine hilflose Seele auf dich!"

Diese Menschen können anderen helfen. Wer versucht und angefochten wurde, wer schon keine Hoffnung mehr hatte und dann doch gerettet wurde, weil er eine Botschaft der Liebe hörte, kennt das Geheimnis der Seelenrettung. Sein Herz ist voller Liebe zu Christus, weil er selbst vom Heiland gesucht und zur Herde zurückgebracht wurde. Und er weiß, wie man Verlorene sucht. Er kann die Sünder auf das Lamm Gottes hinweisen. Er hat sich rückhaltlos Gott ergeben und wurde „in dem Geliebten", in Christus, angenommen. Die Hand, die er in seiner Schwachheit ausstreckte, wurde ergriffen.

Durch den Dienst solcher Menschen werden viele verlorene Söhne zum Vater zurückgebracht. („The Ministry of Healing", S. 176-179)

Wer anderen hilft, hilft dadurch auch sich selbst

Wenn jemand schwach geworden und durch sündhafte Nachgiebigkeit völlig heruntergekommen ist, so kann er doch ein Kind Gottes werden. Es liegt in seiner Macht, ständig anderen Gutes zu tun und ihnen zu helfen, Versuchungen zu überwinden. Davon wird er selbst den größten Gewinn haben.

Er kann als ein helles Licht in der Welt scheinen und darf schließlich aus dem Mund des Königs aller Herrlichkeit den Segensspruch hören: „Gut gemacht, du treuer und zuverlässiger Knecht." („Christian Temperance and Bible Hygiene", S. 149)

Vom Standpunkt des Christen dargestellt

In Australien traf ich einen Mann, von dem man annahm, daß er von aller Unmäßigkeit frei war – abgesehen von einer einzigen Gewohnheit. Er rauchte noch. Er kam zum Versammlungszelt, um uns zu hören. Eines Abends auf dem Heimweg, so erzählte er uns später, kämpfte er gegen die Gewohnheit des Rauchens und siegte tatsächlich. Jemand aus seiner Verwandtschaft hatte ihm vorher schon einmal 50 Pfund angeboten, wenn er seinen Tabak wegwerfen würde.

Er wollte es nicht. „Doch als ihr die Grundsätze der Mäßigkeit dargelegt hattet, konnte ich mich dem nicht entziehen", erzählte er. „Ihr habt uns die Selbstverleugnung des Einen vor Augen gemalt, der sein Leben für uns hingab. Ich kenne ihn noch nicht, aber ich möchte ihn gerne kennenlernen. Ich habe noch nie zu Hause gebetet. Ich habe meinen Tabak weggeworfen, aber weiter bin ich noch nicht gekommen."

Wir beteten mit ihm, und nach unserer Abreise schrieben wir ihm und besuchten ihn später noch einmal. Er kam schließlich dahin, sich ganz Gott zu übergeben. Inzwischen ist er an seinem Wohnort zu einer Säule der Gemeinde geworden. Er setzt sich von ganzem Herzen dafür ein, daß seine Verwandten die Wahrheit kennenlernen. („Evangelism", S. 531.532)

Ein Fischer erringt den Sieg

An diesem Ort hat sich kürzlich ein Fischer zur Wahrheit bekehrt. Obwohl er vorher vom Giftkraut Tabak regelrecht abhängig war, entschloß er sich – durch die Gnade Gottes motiviert –, es künftig zu lassen. Man fragte ihn: „Fiel es dir sehr schwer, das Rauchen aufzugeben?"

„Das kannst du mir glauben!" antwortete er. „Aber ich habe die Wahrheit erkannt, die mir vor Augen gestellt wurde. Ich erfuhr, daß Tabak ungesund ist. Ich bat den Herrn, er möge mir helfen, ihn aufzugeben, und er hat mir sehr deutlich dabei geholfen. Doch ich habe mich noch nicht dazu entschlossen, meine Tasse schwarzen Tee aufzugeben. Denn er belebt mich, und ich weiß, daß ich schlimme Kopfschmerzen bekomme, wenn ich ihn nicht trinke."

Schwester Sara McEnterfer klärte ihn über die Schädlichkeit des Teetrinkens auf. Sie ermutigte ihn, Rückgrat zu zeigen und selbst herauszufinden, was es ihm einbringen könnte, wenn er mit dem Teetrinken aufhörte. Er sagte: „Ja, ich werde es versuchen." Zwei Wochen später erzählte er in der Versammlung, was er erlebt hatte.

„Als ich sagte, ich würde mit dem Teetrinken aufhören, meinte ich es ernst", sagte er. „Ich trank keinen mehr, und als Folge davon bekam ich schlimme Kopfschmerzen. Aber ich dachte mir, soll ich weiterhin Tee trinken, um mich vor dem Kopfschmerz zu schützen? Muß ich mich davon so abhängig machen, daß ich immer in diesen Zustand gerate, wenn ich den Tee weglasse? Nun weiß ich, daß Tee schädlich wirkt. Ich will ihn nicht mehr trinken. Ich habe seither keinen mehr getrunken und fühle mich jeden Tag besser. Ich habe keine Probleme mehr mit Kopfschmerzen. Ich habe einen klareren Kopf als vorher. Ich kann die Bibel besser verstehen, wenn ich darin lese."

Ich dachte an diesen Mann, der mit so wenigen irdischen Gütern ausgestattet war, aber dafür mit so viel Entschlußkraft, als es darum ging, mit dem Rauchen und Teetrinken aufzuhören, was er sich schon als Junge angewöhnt hatte. Er bat nicht um Nachsicht, sondern er beschloß, daß ihm Tabak und Tee schadeten und daß er sich für das Richtige einsetzen müsse. Er zeigte dadurch, daß der Heilige Geist an seinem Gemüt, seinem Denken und seinem Charakter wirkte, um ihn zu einem Gefäß umzuformen, das Gott Ehre bereitet. (Manuskript 86, 1897)

Standhaft durch seine Kraft

Der Herr hat ein Heilmittel für jeden Menschen, der dem Verlangen nach Alkohol oder Tabak kaum widerstehen kann oder von anderen schädlichen Stoffen abhängig ist, die das Gehirn zerstören und den Körper verschmutzen. Er bittet uns alle, von diesen Abhängigkeiten Abstand zu nehmen, uns davon zu trennen und nichts Unreines zu berühren. Wir sollen ein Vorbild sein und zeigen, daß Christen selbstbeherrscht und mäßig leben. Wir sollen alles tun, was an Selbstverleugnung und Verzicht nötig ist, um unseren Appetit zu beherrschen. Und wenn wir uns darum bemühen, bittet er uns, standhaft zu bleiben, standhaft durch seine Kraft.

Er möchte, daß wir in jeder Auseinandersetzung mit dem Feind unserer Seelen siegen. Er möchte, daß wir überlegt handeln, wie weise Generäle eines Heeres, als Menschen, die sich vollkommen beherrschen können und sich im Griff haben. (Manuskript 38 ½, 1905)

Hilfe für alle, die versucht werden

„Nehmt auf euch mein Joch!"

Jesus sah die elenden und belasteten Menschen, denen keine Hoffnung geblieben war, und die nun krampfhaft versuchten, den Hunger ihrer Seele durch vergängliche Freuden zu stillen, und er lud sie alle ein, bei ihm Ruhe zu finden.

Freundlich bat er die Leute, die unter ihrer Last stöhnten: „Nehmt auf euch mein Joch und lernt von mir, denn ich bin sanftmütig und von Herzen demütig; so werdet ihr Ruhe finden für eure Seelen." (Mt 11,29)

Mit diesen Worten spricht Christus jeden Menschen persönlich an. Sie sind alle müde und schwer beladen, ob sie es spüren oder nicht. Alle werden von Lasten niedergedrückt, die nur Christus ihnen abnehmen kann. Unsere schwerste Last ist das Gewicht unserer Sünde. Bliebe es uns überlassen, diese Last zu tragen, dann würde sie uns zermalmen. Doch der Sündlose trägt sie an unserer Statt. „Ihm aber hat der Herr unsere ganze Schuld aufgeladen." (Jes 53,6 GN)

Er hat die Last unserer Schuld getragen. Er wird das Gewicht von unseren müden Schultern nehmen. Er wird uns Ruhe geben. Auch die Last der Sorge um andere Menschen will er für uns tragen. Er lädt uns ein, alle unsere Sorgen auf ihn zu werfen, denn er trägt uns auf seinem Herzen.

Christus kennt die Schwächen der Menschheit

Der ältere Bruder der Menschheit steht neben dem Thron des Ewigen. Er schaut auf jeden Menschen, der sich ihm zuwendet und ihn als Erlöser annimmt. Er weiß aus Erfahrung, wo die Schwachpunkte der Menschen liegen, kennt unsere Bedürfnisse und weiß, worin die Macht unserer Versuchungen liegt, denn er wurde ja in allen Bereichen genauso versucht wie wir, aber er sündigte nicht (vgl. Hebräer 4,15).

Er wacht über jedes Kind Gottes, das in Not ist. Wirst du gerade versucht? Er wird dich befreien. Bist du schwach? Er wird dich stärken. Weißt du zu wenig? Er wird dich erleuchten. Bist du verwundet? Er wird dich heilen. Der Herr weiß, wieviel Sterne es gibt, und kümmert sich um jeden einzelnen Menschen. „Er heilt, die zerbrochenen Herzens sind, und verbindet ihre Wunden." (Ps 147,3.4)

Was immer dich bedrückt und bekümmert, bringe es vor den Herrn! Du kannst die geistliche Kraft zum Durchhalten bekommen. Es gibt die Möglichkeit, dich von deinen beschämenden Nöten und Problemen zu befreien. Je schwächer und hilfloser du dich fühlst, um so stärker kannst du durch seine Kraft werden. Je schwerer dich deine Lasten drücken, um so mehr wirst du die Ruhe genießen, nachdem du sie auf deinen Lastenträger geworfen hast. („The Ministry of Healing", S. 71.72)

Kraft, um jede Versuchung zu meistern

Wer wirklich an Christus glaubt, wird Teilhaber der göttlichen Natur und hat Kraft, um mit jeder Versuchung fertig zu werden. („Review and Herald", 14. Januar 1909)

Da der gefallene Mensch Satan nicht aus eigener Kraft überwinden kann, kam Christus aus dem himmlischen Königreich herab, um ihm zu helfen, indem er seine göttliche Kraft mit der menschlichen Kraft verband.

Christus wußte, daß Adam durch seine günstige Position im Paradies den Versuchungen Satans sehr wohl hätte widerstehen können. Aber er wußte auch, daß es dem Menschen, der aus dem Paradies vertrieben wurde und der seit dem Sündenfall von Gottes Licht und Liebe getrennt lebt, unmöglich ist, Satan aus eigener Kraft zu widerstehen.

Um den Menschen Hoffnung zu bringen und um sie vor dem völligen Ruin zu bewahren, demütigte er sich und nahm die menschliche Natur auf sich. Er wollte seine göttliche Kraft mit der menschlichen verbinden und den Menschen dort erreichen, wo er sich befand.

Er gewann für die gefallenen Söhne und Töchter Adams jene Kraft, die sie aus eigener Kraft nicht erreichen können, damit sie in seinem Namen die Versuchungen Satans überwinden können. („Redemption; or the Temptation of Christ", S. 44)

Hilfe bei Krankheiten, die man selbst verursacht hat

Viele, die Christus um Hilfe baten, hatten ihre Krankheiten selbst verursacht, und doch verweigerte er ihnen die Heilung nicht.

Durch die Güte, die er ihnen zukommen ließ, wurden sie sich ihrer Sünden bewußt, und viele wurden sowohl von ihren geistlichen Krankheiten als auch von ihren körperlichen Leiden geheilt. („The Ministry of Healing", S. 73)

Kraft, die Gefangenen zu befreien

Christus zeigte, daß er nicht nur Wind und Wellen beherrscht, sondern auch die uneingeschränkte Macht über von Dämonen besessene Menschen besitzt. Er stillte den Sturm, er beruhigte die aufgewühlte See, und er sprach Menschen Frieden zu, die von Satan durcheinandergebracht und überwältigt worden waren.

In der Synagoge von Kapernaum sprach Jesus über seinen Auftrag: Die Befreiung aller, die von der Sünde versklavt waren. Dabei wurde er von einem schrecklichen Kreischen unterbrochen. Ein Wahnsinniger drängte sich durch die Menge, stürzte nach vorne und schrie: „Was hast du mit uns vor, Jesus von Nazareth? Willst du uns zugrunde richten? Ich kenne dich genau, du bist der, den Gott gesandt hat!" Jesus befahl dem bösen Geist: ‚Sei still und verlaß den Mann!' Da zerrte der Geist den Mann nach vorn, warf ihn zu Boden und verließ ihn, ohne ihm einen Schaden zuzufügen." (Mk 1,24; Lk 4,35 GN)

Dieser Mann hatte sein Leiden durch seinen Lebenswandel selbst verursacht. Er war von sündhaften Vergnügungen fasziniert und hatte gemeint, er könne sein Leben wie ein großartiges Karnevalsfest gestalten. Unmäßigkeit und Frivolität verdarben seine edlen Eigenschaften, bis ihn Satan völlig unter Kontrolle hatte. Die Reue kam zu spät. Der Mann hätte so gerne seinen Reichtum und alle Vergnügungen hingegeben, wenn er damit seine verlorene Menschenwürde hätte wiedergewinnen können, doch nun hing er hilflos im Netz des Bösen.

In der Gegenwart des Erlösers wurde er aufgerüttelt. Er sehnte sich nach Befreiung, doch der Dämon in seinem Innern widersetzte sich der Macht Christi. Als der Mann versuchte, Jesus um Hilfe zu bitten, legte ihm der böse Geist die Worte in den Mund. So schrie er auf in furchtbarer Qual. Der Besessene begriff schemenhaft, daß da Einer war, der ihn befreien konnte. Doch als er versuchte, sich dieser mächtigen Hand zu nähern, hielt ihn ein anderer zurück, und fremde Worte wurden ihm aufgedrängt, die er dann aussprechen mußte.

Ein furchtbarer Kampf tobte zwischen der Macht Satans und der Sehnsucht nach Befreiung. Es sah so aus, als würde dieser gequälte

Mann sein Leben verlieren, als er mit dem Feind kämpfte, der seine Würde und Willenskraft zerstört hatte. Doch der Heiland sprach mit Vollmacht und befreite den Gefangenen. Der Mann, der vorher besessen war, stand nun vor den staunenden Menschen und war wieder frei – sein eigener Herr.

Mit freudiger Stimme dankte er Gott für seine Befreiung. Die Augen, in denen vor kurzem noch das Feuer des Wahnsinns gelodert hatte, strahlten nun vor Klugheit und flossen über von Tränen der Dankbarkeit. Den Leuten hatte es die Sprache verschlagen. Sobald sie sich wieder erholt hatten, rief einer dem anderen zu: „Was hat das zu bedeuten? Er hat eine ganz neue Art zu lehren – wie einer, der Vollmacht von Gott hat! Er befiehlt sogar den bösen Geistern, und sie gehorchen ihm." (Mk 1,27 GN)

Auch heute noch werden Menschen befreit

Unzählige Menschen stehen heute unter der Gewalt böser Geister, so wie damals der Besessene in Kapernaum. Alle, die sich bewußt von Gottes Geboten abwenden, stellen sich unter die Herrschaft Satans. So mancher spielt ein bißchen mit dem Bösen herum und meint, er könnte jederzeit wieder „umsteigen". Doch wird er immer weiter verblendet und verführt, bis er plötzlich merkt, daß er von einem Willen beherrscht wird, der stärker ist als sein eigener. Er kann dieser geheimnisvollen Macht nicht entkommen. Die heimliche Sünde oder die Sucht kann ihn gefangenhalten, so daß er genauso hilflos ist wie der Besessene in Kapernaum.

Und doch ist seine Lage nicht hoffnungslos. Gott beherrscht unser Denken nicht ohne unsere Zustimmung. Aber jeder Mensch kann frei entscheiden, von welcher Macht er beherrscht werden möchte. Keiner ist so tief gefallen, keiner ist so lasterhaft, daß er von Christus nicht befreit werden könnte. Der Besessene konnte statt eines Gebetes nur die Worte aussprechen, die Satan ihm eingab, und doch wurde das unausgesprochene Flehen seines Herzens erhört. Gott kennt jede Notlage, hört jeden Hilferuf, auch wenn er nicht in Worte gekleidet ist. Wer damit einverstanden ist, in den Bund mit Gott einzutreten, wird weder der Macht Satans noch seiner eigenen Schwäche und Fehlerhaftigkeit überlassen.

„Kann man einem Starken die Beute wegnehmen?'" fragst du. „Kann man die Opfer eines Tyrannen aus dem Kerker befreien?'" Der Herr sagt: „Genau das wird geschehen: Die Gefangenen des Tyrannen werden befreit, und dem Starken wird seine Beute entrissen. Ich selbst kämpfe gegen deine Feinde, ich selbst werde deine Kinder befreien.'" (Jes 49,24.25 GN)

Wunderbar wird die Veränderung sein, die in jedem geschieht, der im Glauben seine Herzenstür öffnet und den Erlöser hereinbittet. („The Ministry of Healing", S. 91-93)

Die Liebe des Heilands zu gefangenen Menschen

Jesus kennt die Lebensumstände eines jeden Menschen. Je größer die Schuld eines Sünders ist, um so dringender braucht er den Erlöser. Sein Herz ist voll göttlicher Liebe und Mitgefühl und er fühlt sich am stärksten zu dem Menschen hingezogen, der hoffnungslos im Netz des Feindes zappelt: Er hat ja mit seinem eigenen Blut die Befreiungsurkunde der Menschheit unterschrieben.

Jesus möchte nicht, daß jemand, der so teuer losgekauft wurde, nun zur Zielscheibe des Feindes wird. Er möchte nicht, daß wir überwunden werden und umkommen. Er, der damals bei Daniel die Löwen in Schach hielt, der mit seinen treuen Zeugen durch die Flammen des Feuerofens ging, ist heute genauso bereit, sich für uns einzusetzen, damit alles Böse in unserem Wesen unterdrückt und beherrscht wird. Heute steht er am Gnadenstuhl und bringt die Gebete all derer zu Gott, die seine Hilfe wünschen.

Er weist keinen ab, der vor Reue weint. Er vergibt gerne einem jeden, der ihn um Vergebung und Heilung bittet. Er sagt niemanden, was er alles über diesen Menschen weiß, sondern hilft der zitternden Seele, erst einmal Mut zu fassen. Wer will, der kann die Kraft Gottes für sich in Anspruch nehmen, mit ihm Frieden schließen, und Gott wird sich mit ihm versöhnen.

Wer auch immer bei Jesus Zuflucht sucht, den wird er gegen Vorwürfe und Anschuldigungen anderer abschirmen. Kein Mensch und kein böser Engel kann diese Menschen anklagen. Christus nimmt sie unter den Schutz seines göttlich-menschlichen Wesens. („The Ministry of Healing", S. 89.90)

Kostbare Verheißungen

Diese kostbaren Worte kann jeder, der in Christus bleibt, zu seinen eigenen machen. Er darf sagen:

„Ich aber schaue aus nach dem Herrn,
ich warte auf den Gott, der mir hilft.
Mein Gott wird mein Rufen hören.
Seid nicht so schadenfroh, ihr Feinde meines Volkes.
Wir liegen am Boden, aber wir stehen wieder auf;
wir sitzen im Dunkeln, aber der Herr ist unser Licht.
Du wirst mit uns Erbarmen haben
und alle unsere Schuld wegschaffen,
du wirst sie in das Meer werfen,
dort, wo es am tiefsten ist." (Micha 7,7.8.19 GN)

„Gott hat versprochen, daß ein Mann kostbarer sein soll als feinstes Gold und ein Mensch wertvoller sein Goldstücke aus Ofir" (Jes 13,12). „Wenn ihr zu Felde liegt, glänzt es wie Flügel der Tauben, die wie Silber und Gold schimmern." (Psalm 68,14)

Die Menschen, denen Christus am meisten vergeben hat, werden ihn auch am meisten lieben. Sie werden am Jüngsten Tag seinem Thron am nächsten stehen. Sie „werden sein Angesicht sehen, und sein Name wird an ihren Stirnen sein" (Offb 22,4). („The Ministry of Healing", S. 182)

Kapitel 7

Wie man Abhängigen helfen kann

Ratschläge für die Durchführung dieser Arbeit

Diese Arbeit ist etwas Lebendiges

Jede echte Lebensreform ist ein Teil der Evangeliumsarbeit und dient dazu, dem Menschen zu einem neuen, besseren Leben zu verhelfen. Besonders die Mäßigkeitsarbeit bedarf der Unterstützung unserer evangelistischen Mitarbeiter. Sie sollten überall auf dieses Anliegen aufmerksam machen und das Interesse daran lebendig erhalten.

Die Menschen müssen von den Grundsätzen einer maßvollen, gesunden Lebensweise erfahren, und dann sollten sie dazu aufgerufen werden, schriftlich zu versprechen, daß sie in Zukunft abstinent und gesund leben wollen. Man sollte sich intensiv für Menschen einsetzen, die durch ihre schlechten Gewohnheiten abhängig geworden sind.

Überall gibt es Arbeit an Menschen, die durch ihre unbeherrschte Lebensweise gefallen sind. In den Kirchen, in religiösen Institutionen und in angeblich christlichen Elternhäusern wählen viele der jungen Leute den Weg der Selbstzerstörung. Durch ihre ungesunde und unbeherrschte Lebensweise geraten sie in Abhängigkeiten und machen sich krank. Wenn sie dann dringend Geld brauchen, um ihre Süchte zu finanzieren, gleiten sie in die Beschaffungskriminalität ab. Gesundheit und Charakter werden ruiniert. Gott entfremdet und gesellschaftlich geächtet, glauben diese armen Menschenkinder, daß sie weder in diesem Leben noch im kommenden eine Zukunft haben.

Den Eltern bricht das Herz. Die Allgemeinheit betrachtet solche verlorenen Jugendlichen als hoffnungslose Fälle, doch Gott sieht sie mit anderen Augen. Er kennt die Umstände, die sie zu dem gemacht haben, was sie geworden sind, und er hat Verständnis und Mitgefühl. Diese Menschengruppe braucht Hilfe. Niemand soll sagen können: „Keiner kümmert sich um mich!"

Zuerst auf den körperlichen Zustand achten

Unter den Opfern der Unmäßigkeit befinden sich Menschen aller Klassen und Berufsgruppen. Äußerst begabte Männer, die sich in hohen Positionen befanden, haben ihren Gelüsten nachgegeben, bis sie jetzt ihren Süchten hilflos ausgeliefert sind.

Manche, die früher reich waren, sind obdachlos geworden. Sie haben keine Freunde mehr. Sie leiden, fühlen sich elend und krank und sind völlig heruntergekommen. Sie haben ihre Selbstbeherrschung verloren. Wenn sich ihnen keine helfende Hand entgegenstreckt, werden sie immer tiefer sinken. In ihrem Fall ist die Nachgiebigkeit gegenüber der Sucht nicht nur eine moralische Sünde, sondern eine körperliche Krankheit.

Wenn wir diesen Süchtigen helfen wollen, dann müssen wir – wie Christus es häufig tat – zuerst einmal ihren körperlichen Zustand beachten. Sie brauchen gesunde Nahrung und Getränke, die frei von Reizstoffen sind, sie brauchen saubere Kleidung und einen Ort, an dem sie sich regelmäßig waschen können. Sie müssen in eine Umgebung gebracht werden, wo eine hilfsbereite, aufbauend christliche Atmosphäre herrscht. In jeder Stadt sollte es ein Zentrum geben, in dem Süchtigen geholfen werden kann, die Ketten zu zerreißen, die sie binden. Viele greifen in ausweglosen Situationen zu alkoholischen Getränken, weil sie meinen, das sei ihr einziger Trost. Das kann anders werden, wenn bekennende Christen nicht mehr die Rolle des Priesters und des Leviten spielen, sondern dem Beispiel des barmherzigen Samariters folgen.

Im Umgang mit Süchtigen braucht man viel Geduld

Wenn man mit Opfern der Unmäßigkeit zu tun hat, muß man daran denken, daß man es nicht mit geistig gesunden Menschen zu tun hat, sondern mit solchen, die zeitweise unter der Gewalt eines Dämonen stehen. Seid geduldig und barmherzig.

Laßt euch nicht durch das Äußere abschrecken, sondern denkt an das kostbare Leben, das Christus durch seinen Tod erlöst hat. Wenn dem Trinker bewußt wird, wie tief er gesunken ist, dann zeigt ihm mit allen Mitteln, daß ihr ihm wohlgesonnen seid. Sprecht kein Wort der Kritik und bringt auf keinen Fall durch Gesten oder Blikke Abscheu oder Zurückweisung zum Ausdruck. Wahrscheinlich verflucht sich der arme Kerl selbst schon genug. Helft ihm auf die Beine.

Redet in einer Weise mit ihm, die ihn zum Glauben ermutigt. Versucht, jeden guten Charakterzug in ihm zu stärken. Helft ihm, sich Gott zuzuwenden, und zeigt ihm, daß er durchaus ein Leben führen kann, das ihm den Respekt seiner Mitmenschen einbringt. Helft ihm, den Wert der Talente zu erkennen, die Gott ihm gab, die er selbst aber bisher nicht entwickelt und gefördert hat.

Obwohl er willensschwach und verdorben ist, gibt es in Christus Hoffnung für ihn. Christus wird in seinem Herzen edlere Impulse und heiligere Wünsche wecken. Ermutigt ihn, die Hoffnung zu ergreifen, die ihm im Evangelium angeboten wird. Öffnet gemeinsam mit dem versuchten und kämpfenden Menschen die Bibel und lest ihm immer wieder die Verheißungen Gottes vor.

Diese Verheißungen werden ihm wie Blätter vom Lebensbaum vorkommen. Setzt eure Bemühungen geduldig fort, bis die zitternde Hand endlich mit dankbarer Freude die Hoffnung auf Erlösung durch Christus ergreift.

Ständiger Einsatz ist nötig

Wenn ihr helfen wollt, müßt ihr alles tun, um die Leute festzuhalten, sonst könnt ihr nicht gewinnen. Sie werden ständig zum Bösen versucht. Immer wieder werden sie von ihrer Gier nach Alkohol beinahe überwältigt, und immer wieder werden sie versagen. Aber hört deshalb nicht auf, euch um sie zu bemühen.

Sie haben sich entschlossen, für Christus zu leben, und strengen sich auch an, aber ihre Willenskraft ist geschwächt, und Menschen, die sich für sie verantwortlich fühlen, müssen gut auf sie achten und sie vor sich selbst schützen. Sie haben ihre Menschenwürde eingebüßt und müssen sie erst wieder zurückgewinnen. Viele müssen gegen mächtige ererbte Neigungen zum Bösen ankämpfen. Unnatürliche Begierden, sinnliche Impulse waren schon vor der Geburt in ihnen angelegt. Man muß ihnen helfen, sich davor zu schützen. Von innen und von außen kämpfen das Gute und das Böse um die Herrschaft.

Wer so etwas nie erlebt hat, kann die fast überwältigende Macht der Genußsucht nicht verstehen, kann nicht nachfühlen, wie heftig der Konflikt zwischen der Sucht und dem Entschluß, in allen Dingen mäßig zu sein, toben kann. Immer wieder neu muß diese Schlacht ausgetragen werden.

Laßt euch durch Rückfälle nicht entmutigen

Viele, die zu Christus gezogen werden, haben nicht die moralische Kraft, den Kampf gegen die Genußsucht und ihre Leidenschaften durchzuhalten. Davon darf sich der Mitarbeiter aber nicht entmutigen lassen. Jeder kann rückfällig werden, nicht nur die, die aus der Gosse gerettet wurden!

Denkt daran, daß ihr nicht allein an ihnen arbeitet. Helfende Engel vereinen sich im Dienst mit jedem aufrichtigen Gotteskind. Und Christus ist derjenige, der alles wieder gut machen kann. Der große Arzt steht seinem treuen Mitarbeiter zur Seite und sagt zu dem reumütigen Menschen: „Kind, deine Sünden sind dir vergeben." (Markus 2,5)

Viele werden in den Himmel kommen

Viele sind gesellschaftlich geächtet und werden trotzdem die Hoffnung ergreifen, die ihnen im Evangelium angeboten wird. Sie werden das himmlische Königreich betreten, während andere, die große Chancen und viel Erkenntnis hatten, aber nichts daraus machten, draußen im Dunkeln zurückbleiben. („The Ministry of Healing", S. 171-174)

Positive Regungen trotz des abstoßenden Äußeren

Wir lassen uns zu leicht entmutigen, wenn Menschen nicht sofort auf unsere Bemühungen reagieren. Niemals sollten wir aufhören, für einen Menschen zu arbeiten, wenn es noch einen Hoffnungsschimmer gibt. Diese wertvollen Menschen haben unseren Erlöser zu viel gekostet, als daß man sie einfach aufgeben und der Macht des Versuchers überlassen könnte.

Wir müssen uns in diese versuchten Menschen einmal hineinversetzen. Bedenkt, wie stark die Macht der Vererbung ist, der Einfluß schlechter Kameraden und einer ungünstigen Umgebung, die Kraft schlechter Gewohnheiten! Ist es da verwunderlich, daß unter solchen Einflüssen viele in der Gosse landen? Wundern wir uns darüber, daß sie nur zögernd auf alle Anstrengungen reagieren, sie aufzurichten?

Dabei sind oft gerade diejenigen am treusten und einsatzfreudigsten, die vorher grob und ungehobelt wirkten, und von denen man nichts erwartete, wenn sie erst einmal für das Evangelium gewonnen wurden. Sie sind nicht durch und durch verdorben. Unter dem abstoßenden Äußeren verbergen sich viele positive Regungen, die man wecken kann.

Ohne eine helfende Hand würden sich viele nie wieder erholen, doch wenn man sich geduldig und ausdauernd um sie bemüht, können sie wieder auf die Beine kommen. Sie brauchen freundliche Worte, Einfühlsamkeit und konkrete Hilfe. Sie brauchen eine Beratung, die den schwachen Hoffnungsschimmer in der Seele anfacht und nicht auslöscht. Alle Mitarbeiter, die mit solchen Menschen in Kontakt kommen, sollten das bedenken.

Was das Wunder der Gnade bewirkt

Es werden sich einige finden, die schon so lange in der Gosse gelebt haben, daß sie in diesem Leben nie mehr das erreichen werden, was sie unter günstigeren Umständen hätten erreichen können. Doch die hellen Strahlen der Sonne der Gerechtigkeit scheinen in ihre Seelen hinein.

Sie bekommen das Vorrecht, ein Leben zu führen, das vor Gott bestehen kann. Prägt ihnen aufbauende, gute Gedanken ein. Zeigt ihnen durch euer Leben, worin sich das Laster von der Reinheit und die Dunkelheit vom Licht unterscheiden. Sie sollen von eurem Vorbild ablesen, was Christsein bedeutet. Christus kann auch die sündigsten Menschen wieder auf die Beine bringen und sie dorthin versetzen, wo sie als Kinder Gottes anerkannt sind und als Miterben Christi das unvergängliche Erbe bekommen.

Durch das Wunder der Gnade Gottes können viele für ein nützliches Leben tauglich werden. Vorher wurden sie verachtet und ignoriert und waren deshalb total entmutigt; deshalb mögen sie gleichgültig und stur wirken. Doch unter dem Einfluß des Heiligen Geistes wird die Trägheit, die sie als hoffnungslose Fälle erscheinen ließ, verschwinden. Ihr betäubter, abgestumpfter Geist wird wieder erwachen.

Der Sklave der Sünde wird befreit werden. Das Bösartige wird verschwinden und die Unwissenheit überwunden werden. Durch den Glauben, der durch die Liebe tätig wird, wird das Herz gereinigt und das Denken erleuchtet. („The Ministry of Healing", S. 168.169)

Der Suchthelfer und Gesundheitsberater

Persönlicher Einsatz ist nötig

Missionsarbeit besteht nicht nur aus Verkündigung, sondern es gehört auch persönlicher Einsatz für Menschen dazu, die ihre Gesundheit mißachten und keine Kraft mehr haben, ihre Triebe und Gelüste zu beherrschen.

Für diese Menschen soll man sich genauso einsetzen wie für andere, die sich in einer besseren Lage befinden. Unsere Welt ist voll von Leidenden. („Evangelism", S. 265)

Ein Beispiel an Selbstbeherrschung

Wer sich selbst beherrschen kann, der ist auch tauglich, für schwache und irregeführte Menschen zu arbeiten. Er wird freundlich und geduldig mit ihnen umgehen. Durch sein Beispiel wird er zeigen, was recht ist. Er wird versuchen, die irrenden Menschen dorthin zu bringen, wo sie guten Einflüssen ausgesetzt sind.

„Ihr seid von eurer Väter Zeit an immerdar abgewichen von meinen Geboten und habt sie nicht gehalten. So bekehrt euch nun zu mir, so will ich mich auch zu euch kehren, spricht der Herr Zebaoth. Ihr aber sprecht: ‚Worin sollen wir uns bekehren?'" (Mal 3,7) Wenn ihr auf Menschen stoßt, die nicht genau wissen, was sie tun sollen, dann zeigt es ihnen. Jeder sollte sich für die Rettung anderer einsetzen. Jeder sollte den Erlösungsplan so gut kennen, daß er ihn anderen erklären kann. (Manuskript 38 ½, 1905)

Seid barmherzig und habt Mitleid

Wir sollten darüber nachdenken, wie man die anderen erreichen kann. Dazu gibt es keinen besseren Weg als Barmherzigkeit und Mitleid. Wenn du Menschen kennst, die krank sind und Hilfe brauchen, dann hilf ihnen.

Versuche ihnen die schwere Lage zu erleichtern. Während du praktische Hilfe leistest, wird der Herr dadurch den Menschen ansprechen. („General Conference Bulletin", 23. April 1901)

Gewinne sie durch Sympathie und Liebe

Jeder wird von Sympathie und Liebe angezogen. Dadurch können viele für Christus und einen veränderten Lebensstil gewonnen werden, aber man kann sie nicht zwingen und bedrängen. Wenn wir zu allen, die die Wahrheit noch nicht so sehen wie wir, so nachsichtig sind, wie Christus es war, wenn wir offen, besonnen und höflich mit ihnen umgehen, dann wird das viel Gutes bewirken und sie positiv beeinflussen.

Wir müssen lernen, nicht zu schnell voranzugehen. Wir dürfen nicht zu viel von Menschen erwarten, die sich gerade erst der Wahrheit zugewandt haben. (Manuskript 1, 1878)

Ermutigung durch kleine Aufmerksamkeiten

Wenn wir mit anderen zusammenkommen, dann dürfen wir nie vergessen, daß es in ihren Lebenserfahrungen Kapitel gibt, die sterblichen Augen versiegelt sind. Im Buch der Erinnerung gibt es traurige Seiten, die man lieber vor der Neugier anderer verbergen möchte. Da stehen lange und schwere Kämpfe gegen Versuchungen verzeichnet, vielleicht familiäre Probleme, die sich täglich wiederholen, den Lebensmut verringern, die Zuversicht und den Glauben schwächen.

Wer in der Schlacht des Lebens gegen große Widerstände zu kämpfen hat, kann durch kleine Aufmerksamkeiten gestärkt und ermutigt werden. Diese Dinge kosten nur ein wenig Überlegung. Der starke, stützende Griff einer Hand, die ihnen ein echter Freund entgegenstreckt, ist ihnen kostbarer als Silber und Gold. Freundliche Worte werden wie das Lächeln eines Engels empfunden. („The Ministry of Healing", S. 158)

Nicht angreifen, sondern etwas Besseres anbieten

Es bringt wenig, wenn wir andere zur Veränderung motivieren wollen, indem wir das angreifen, was wir für eine schlechte Angewohnheit halten. Das schadet oft mehr als es nützt.

Als Jesus mit der Samariterin sprach, setzte er den Jakobsbrunnen nicht herab, sondern bot ihr etwas Besseres an. „Wenn du wüßtest, was Gott schenken will und wer dich jetzt um Wasser bittet, dann hättest du *ihn* um Wasser gebeten, und er hätte dir lebendiges Wasser gegeben." (Jo 4,10 GN)

Er lenkte das Gespräch auf den Schatz, den er zu geben hatte. Er bot der Frau etwas Wertvolleres an, als sie besaß, nämlich lebendiges Wasser – die Freude und Hoffnung des Evangeliums. Dieses Gespräch macht uns deutlich, wie wir vorgehen sollten. Wir müssen den Menschen etwas Besseres anbieten als sie haben, nämlich den Frieden Christi, der über unsere intellektuellen Fähigkeiten weit hinausreicht.

Wir müssen ihnen vom heiligen Gesetz Gottes erzählen, das seinen Charakter umschreibt und das Ziel schildert, zu dem er die Menschen gerne führen möchte.

Zeigt ihnen, daß die unvergängliche Herrlichkeit des Himmels den flüchtigen Freuden und Vergnügungen der Welt unendlich überlegen ist. Erzählt ihnen von der Freiheit und der Ruhe, die man im Heiland finden kann. „Wer von dem Wasser trinkt, das ich ihm schenke, wird niemals mehr Durst haben", sagte Jesus. (Jo 4,14 GN)

Weist sie auf Jesus hin: „Siehe, das ist Gottes Lamm, das der Welt Sünde trägt!" (Jo 1,29) Er allein kann den Hunger des Herzens stillen und der Seele Frieden schenken.

Selbstlos, freundlich, höflich sein

Wenn wir andere zur Lebensänderung motivieren wollen, dann sollten wir selbstloser, freundlicher und höflicher sein als alle anderen. In unserem Leben sollte sich echte Güte durch uneigennütziges Handeln zeigen. Wer aber unhöflich ist, auf die Unwissenheit oder den Eigensinn anderer ungeduldig reagiert, wer unbedacht oder gedankenlos daherredet, schlägt sich selbst die Tür zu und erreicht den anderen möglicherweise nie mehr.

Wie der Tau und der sanfte Regen auf die ausgedörrten Pflanzen fallen, so sollen freundliche Worte fallen, wenn wir Menschen von ihrem Irrweg abbringen und gewinnen wollen. Gottes Plan sieht vor, daß wir zuerst ihr Herz gewinnen. Wir sollen ihnen liebevoll von der Wahrheit erzählen und darauf vertrauen, daß Gott ihr die nötige Kraft verleiht, damit andere ihr Leben ändern. Der Heilige Geist wird das Wort, das in Liebe gesprochen wurde, dem Menschen nahe bringen, so daß er es auf sich persönlich bezieht.

Von Natur aus sind wir selbstsüchtig und voreingenommen. Doch wenn wir lernen, was Christus uns gerne lehren möchte, bekommen wir Anteil an seinem Wesen und leben fortan sein Leben. Das wunderbare Beispiel Christi, die unvergleichliche Freundlichkeit, mit der er sich in die Empfindungen anderer hineinversetzte, mit den Weinenden weinte und mit den Fröhlichen froh war, muß einen tiefen Einfluß auf all seine aufrichtigen Nachfolger ausüben und ihren Charakter prägen. Durch freundliche Worte und Taten werden sie den Müden und Entmutigten den Weg ebnen. („The Ministry of Healing", S. 156-158)

Die verlorene Münze ist immer noch wertvoll

Die verlorene Münze, von der der Heiland im Gleichnis erzählte, lag beim Abfall auf dem schmutzigen Boden, doch sie war immer noch ein Stück Silber. Ihr Eigentümer suchte nach ihr, weil sie wertvoll war. So ist auch jeder Mensch in den Augen Gottes kostbar, auch wenn er durch Sünde heruntergekommen ist. Wie die Münze das Bild und die Inschrift der Regierung trug, so trug der Mensch bei der Schöpfung das Bild und den Stempel Gottes. Obwohl diese Inschrift durch den Einfluß der Sünde verwischt und verzerrt worden ist, sind Spuren davon in jedem Menschen verblieben. Gott möchte, daß sich die Seele wieder erholt und durch Rechtfertigung und Heiligung wieder zu seinem Ebenbild wird.

Wie selten identifizieren wir uns mit Christus in dem, was uns eigentlich am stärksten mit ihm verbinden sollte – im Mitgefühl mit Menschen, die heruntergekommen und schuldig geworden sind, die leiden oder in ihren Sünden und Vergehen völlig abgestumpft sind! Die Unmenschlichkeit im Umgang mit anderen ist unsere größte Sünde. Viele meinen, sie seien ein Beispiel für die Gerechtigkeit Gottes, obwohl sie total versäumen, seine Freundlichkeit und seine große Liebe auszuleben.

Oft stehen die Menschen, denen sie mit unerbittlicher Strenge begegnen, unter einem großen Streß, weil sie schweren Versuchungen ausgesetzt sind. Satan kämpft um diese Menschen; harte und erbarmungslose Worte entmutigen sie, so daß sie schließlich der Macht des Versuchers zum Opfer fallen. („The Ministry of Healing", S. 163)

Verirrte Schafe sollten nicht getadelt werden

Das Gleichnis vom verirrten Schaf zeigt in einem beeindruckenden Bild, wie sehr der Heiland auch die Menschen liebt, die vom rechten Weg abgekommen sind. Der Hirte läßt 99 Schafe im sicheren Pferch zurück, während er geht, um das eine verlorene, verirrte Schaf zu suchen. Wenn er es gefunden hat, trägt er es auf seiner Schulter nach Hause und freut sich, daß er es wiedergefunden hat.

Er suchte nicht nach seinen Fehlern und er sagte auch nicht: „Laßt es doch laufen, wenn es unbedingt will." Er ging hinaus in die Kälte und den Sturm, um das eine verlorene Schaf zu retten. Und er gab nicht auf, bis er mit seiner einsamen Suche Erfolg hatte.

Genauso sollen wir Menschen behandeln, die sich verlaufen und verirrt haben. Wir sollten bereit sein, auf unsere Bequemlichkeit zu verzichten, wenn ein Mensch, für den Christus gestorben ist, sich in Gefahr befindet. Jesus sagte: „Ich sage euch: So wird auch Freude im Himmel sein über *einen* Sünder, der Buße tut, mehr als über neunundneunzig Gerechte, die der Buße nicht bedürfen." (Lk 15,7)

So wie sich im Gleichnis die Freude über das wiedergefundene Schaf deutlich zeigte, so werden echte Diener Christi auch ihre große Freude und Dankbarkeit zum Ausdruck bringen, wenn ein Mensch vom Tod errettet wird. (Manuskript 1, 1878)

Christus zeigt uns, wie es geht

Wir sind dazu aufgerufen, nicht nur mit unserer menschlichen Kraft zu arbeiten, sondern mit der Kraft, die in Jesus Christus ist. Der Eine, der herabstieg, um die menschliche Natur auf sich zu nehmen, wird uns auch zeigen, wie man erfolgreich kämpft.

Christus hat sein Werk in unsere Hände gelegt, und wir sollen Gott Tag und Nacht darum bitten, daß er uns mit dieser unsichtbaren Kraft ausrüstet. Wenn wir uns dabei mit der Hilfe Jesu fest an Gott halten, werden wir den Sieg erringen. („Testimonies", Bd. 6, S. 111)

Dankbarkeit der Erlösten

Den Wert einer geretteten Seele können wir mit unserer begrenzten Denkfähigkeit kaum ermessen. Wie dankbar werden die erlösten, geheiligten Menschen an jene denken, die die Werkzeuge ihrer Rettung waren!

Keiner von uns wird dann seine aufopfernden Bemühungen bedauern oder seine ausdauernde Arbeit, seine Geduld, seine Barmherzigkeit und seinen intensiven Einsatz für diese Menschen bereuen, die verloren gewesen wären, wenn er seine Pflicht vernachlässigt und versäumt hätte, ihnen Gutes zu tun. (Manuskript 1, 1878)

Schutzschild für die Mitarbeiter

Die Versuchungen, denen wir täglich ausgesetzt sind, machen das Gebet zu einer Lebensnotwendigkeit. Jeder Weg ist von Gefahren gesäumt. Wer versucht, andere vor Verderben und Ruin zu retten, ist diesen Versuchungen besonders stark ausgesetzt.

Wer ständig im Kontakt mit dem Bösen ist, braucht einen festen Halt in Gott, damit er nicht selbst verdorben wird. Es sind nur wenige Schritte, die den Menschen von einem festen, geheiligten Boden in die Tiefe führen. In einem einzigen Augenblick können Entscheidungen gefällt werden, die das ewige Schicksal bestimmen.

Ein Sieg, der nicht errungen wurde, ein einziges Versagen läßt die Seele ohne Schutz zurück. Eine schlechte Gewohnheit, der man nicht fest widersteht, kann sich in stählerne Ketten verwandeln, die den ganzen Menschen binden.

Der Grund dafür, daß so viele in der Versuchung sich selbst überlassen bleiben, besteht darin, daß sie den Herrn nicht ständig vor Augen haben. Wenn wir die Verbindung zu Gott abreißen lassen, dann haben wir keinen Schutz mehr. Unsere guten Vorsätze und unsere edlen Absichten allein werden uns nicht dazu befähigen, dem Bösen zu widerstehen. Wir müssen Männer und Frauen des Gebets sein.

Wenn wir beten, dann sollte das niemals allgemein und gleichgültig geschehen, auch nicht nur dann, wenn es uns gerade einmal paßt und wir etwas brauchen, sondern ernst, ausdauernd und beständig. Es ist nicht immer nötig, sich zum Beten niederzuknien. Gewöhnt euch an, immer mit dem Heiland zu sprechen, ob ihr allein seid, ob unterwegs oder mitten in eurer täglichen Arbeit. Laßt euer Herz beständig im stillen Gebet Gott um Hilfe bitten, um Licht und Kraft und um Erkenntnis. Jeder Atemzug soll ein Gebet sein.

Schutz für alle, die auf Gott vertrauen

Als Gottes Mitarbeiter müssen wir die Menschen dort erreichen, wo sie sind, mitten in ihrer Dunkelheit, versunken in ihren Lastern und von Verdorbenheit beschmutzt. Aber wenn wir unsere Gedanken fest auf Gott richten, der unsere Sonne und unser Schutzschild ist, kann uns das Böse, das uns umgibt, in keiner Weise beflecken.

Wir werden in unserer Arbeit an Menschen, die kurz vor dem Verderben stehen, nicht scheitern, wenn wir auf Gott vertrauen. Mit Christus im Herzen und Christus in unserem ganzen Leben sind wir sicher und geschützt. Seine Gegenwart wird die Seele mit Abscheu vor allem Bösen erfüllen. Unser Geist kann so mit ihm eins werden, daß wir seine Gedanken denken und seine Zielen verfolgen. („The Ministry of Healing", S. 509-511)

Kapitel 8

Unser umfassendes Gesundheitsprogramm

Was wahre Mäßigkeit umfaßt

Den höchsten Grad der Vollkommenheit erreichen

„Ob ihr nun eßt oder trinkt oder was ihr auch tut, das tut alles zu Gottes Ehre!"

Wir haben nur ein einziges Leben zur Verfügung. Deshalb sollte sich jeder fragen: Wie kann ich mein Leben so einsetzen, daß am meisten Gewinn herauskommt? Wie kann ich Gott am wirkungsvollsten ehren und meinen Mitmenschen Gutes tun? Denn das Leben ist nur dann wertvoll, wenn es für solche Ziele eingesetzt wird.

Unsere erste Pflicht gegenüber Gott und unseren Mitmenschen ist unsere persönliche Weiterentwicklung. Jede Fähigkeit, mit der der Schöpfer uns ausgestattet hat, sollte bis zum höchsten Grad der Vollkommenheit ausgebildet werden, damit wir möglichst viel Gutes bewirken können. Deshalb ist Zeit gut eingesetzt, die der Förderung und Erhaltung der körperlichen und geistigen Gesundheit dient.

Wir können es uns nicht leisten, auch nur eine einzige Funktion des Körpers oder des Geistes zu ignorieren oder gar verkümmern zu lassen, indem wir uns überlasten oder ungesund leben. Sobald wir das tun, müssen wir unter den Konsequenzen leiden.

Unmäßigkeit im wörtlichen Sinne ist die Grundlage der meisten Krankheiten; jährlich gehen Zehntausende daran zugrunde. Denn die Unmäßigkeit ist nicht auf den Konsum von Alkoholika beschränkt, sondern hat eine viel umfangreichere Bedeutung. Alle schädliche Genußsucht und jede ungesunde Leidenschaft gehört dazu. („Signs of the Times", 17. November 1890)

Exzesse im Essen, Trinken, Schlafen oder Sehen

Wer zuviel ißt, zuviel trinkt, zu lange schläft oder zu viel anschaut, versündigt sich. Nur ein harmonisches und gesundes Zusammenwirken aller körperlichen und geistigen Kräfte macht glücklich. Je mehr die Fähigkeiten verbessert und veredelt werden, um so reiner und ungetrübter ist das Glück. („Testimonies", Bd. 4, S. 417)

Mäßigkeit beim Essen

Die Grundsätze der Mäßigkeit dürfen aber nicht nur angewendet werden, was den Genuß alkoholischer Getränke betrifft. Aufreizende, unverdauliche Nahrung ist der Gesundheit ebenso unzuträglich und führt in vielen Fällen zur Trunksucht. Wahre Mäßigkeit lehrt uns, Schädliches zu meiden und wohlüberlegt nur das zu verwenden, was der Gesundheit förderlich ist.

Nur wenige sind sich darüber klar, in welchem Umfang die Nahrung mit ihrer Gesundheit, ihrem Charakter, ihrer Leistungsfähigkeit und letztlich ihrem ewigen Schicksal zu tun hat. Die sittlichen und geistigen Kräfte sollten die Eßlust jederzeit beherrschen. Der Körper diene dem Geist und nicht umgekehrt. („Patriarchen und Propheten", S. 544)

Zu oft und zu viel essen

Wer unmäßig und unvernünftig ißt oder arbeitet, wird auch unvernünftig reden und handeln. Man muß nicht unbedingt Alkohol trinken, um unmäßig zu sein. Die Sünde des unmäßigen Essens – zu oft, zu viel und dazu noch üppige und ungesunde Nahrung – zerstört die gesunde Tätigkeit der Verdauungsorgane, schwächt die Urteilsfähigkeit und verhindert sachliches, ruhiges und vernünftiges Nachdenken und Handeln. („Christian Temperance and Bible Hygiene", S. 155)

Wer sich beim Essen und Trinken nicht von Grundsätzen leiten lassen will, die er erkannt und begriffen hat, sondern sich weiterhin von seiner Eßlust und seinem Appetit treiben läßt, wird auch keine Lust haben, sich in anderen Dingen von bestimmten Prinzipien leiten zu lassen. („Health Reformer", August 1866)

Besonnenheit auch in der Kleidung

Gottes Kinder müssen lernen, was es heißt, in allem maßvoll zu sein. Sie sollen im Essen, Trinken und in der Kleidung Besonnenheit praktizieren. Die Haltung, sich selbst zu verwöhnen und zu verzärteln, sollte aus ihrem Leben verschwinden.

Bevor sie erfassen, was echte Heiligung wirklich bedeutet, was es heißt, mit dem Willen Christi eins zu werden, müssen sie mit Gott zusammenarbeiten und schlechte Gewohnheiten ablegen. („Medical Ministry", S. 275)

Besonnenheit in der Arbeit

Wir sollten beim Arbeiten maßvoll bleiben. Wir sind nicht dazu verpflichtet, uns zu überarbeiten. Manche haben einen Arbeitsplatz, der so etwas ab und zu nötig macht, aber es sollte die Ausnahme bleiben und nicht zur Regel werden. Wir sollen in allen Dingen mäßig bleiben. Wenn wir den Herrn ehren, indem wir unser Teil dazu beitragen, dann wird er auch seinen Teil erfüllen und uns gesund erhalten.

Wir sollten auf alle unsere Organe achten, und wenn wir ausgewogen essen und trinken, uns vernünftig kleiden und auch in unserer Arbeit und allem anderen Mäßigkeit praktizieren, nützt uns das mehr als jeder Arzt. (Manuskript 41, 1908)

Leben von geliehenem Kapital

Überall sieht man Unmäßigkeit. Wer sich überanstrengt, weil er unbedingt in einer bestimmten Zeit so viel wie nur möglich schaffen möchte, und wer weiterarbeitet, wenn ihm seine Vernunft sagt, er solle sich ausruhen, hat davon keinen Gewinn. Er lebt von den Reserven und gibt jetzt die Lebenskraft aus, die er in der Zukunft benötigen würde. Und wenn dann die Energiereserven, die er so leichtsinnig verbraucht hat, notwendig sind, hat er keine mehr. Die körperliche Kraft ist dahin, die geistigen Fähigkeiten versagen.

Dann wird solchen Menschen bewußt, daß ihnen etwas fehlt, aber sie erkennen nicht, woher dieser Mangel kommt. Wenn dann Notsituationen eintreten, haben sie plötzlich keine körperlichen Reserven mehr.

Jeder, der die Gesundheitsgesetze übertritt, muß mehr oder weniger irgendwann einmal dafür bezahlen. Gott hat uns mit einem gewissen Maß an Lebenskraft ausgestattet, die in verschiedenen Lebensphasen benötigt wird.

Wenn wir diese Kraft durch ständige Überlastung leichtsinnig verschleudern, werden wir letztlich die Verlierer sein. Wir werden dadurch immer weniger brauchbar und einsatzfähig. Das kann uns sogar das Leben kosten. („Fundamentals of Christian Education", S. 153.154)

Arbeit am Feierabend

In der Regel soll man die Tagesarbeit nicht bis in den späten Abend ausdehnen ...

Mir wurde gezeigt, daß Menschen, die das tun, dabei oft mehr verlieren als gewinnen, denn ihre Energiereserven erschöpfen sich, und ihre Nerven werden durch die Arbeit überreizt. Vielleicht spüren sie im Augenblick noch keinen Schaden, doch sie unterhöhlen damit ganz sicher ihre Konstitution. („Counsels on Health", S. 99)

Ausgewogenheit im Studium

Maßloses Studieren kann auch eine Art Betäubung sein. Wer sich dieser „Droge" ergibt, ähnelt einem süchtigen Trinker und kann ebenfalls vom sicheren Weg abkommen, stolpern und in Dunkelheit geraten.

Der Herr möchte, daß sich jeder Student bewußt macht, worauf es ankommt: nur auf die Ehre Gottes. Er soll seine körperlichen und geistigen Kräfte nicht erschöpfen, indem er versucht, alle nur möglichen wissenschaftlichen Erkenntnisse zu erwerben. Er soll vielmehr all seine Kraft frisch und lebendig erhalten, damit er fähig ist, die Aufgaben zu erfüllen, die der Herr für ihn vorgesehen hat, nämlich Menschen zu helfen, den Weg zur Gerechtigkeit zu finden. („Counsels to Parents, Teachers and Students", S. 405.406)

Unmäßigkeit im Streben nach Reichtum

Der häufigste Grund dafür, daß Menschen bereitwillig ihre Gesundheit ruinieren, ist der Wunsch, viel Geld zu verdienen, die Gier nach Reichtum. Dabei konzentriert sich das ganze Leben nur noch auf dieses eine Ziel. Dem opfert man Ruhe, Schlaf und Lebensqualität. Die ursprünglich gute Konstitution bricht zusammen, man wird krank, weil man die körperlichen Kräfte zu sehr ausgebeutet hat, und schließlich beendet ein früher Tod dieses verdorbene Leben.

Dabei kann der Mensch nicht eine einzige Mark von dem Reichtum mitnehmen, den er zu einem so schrecklichen Preis erworben hat. Sein Geld, seine Paläste, seine teuren Kleider nützen ihm jetzt nichts mehr; und sein ganzes Leben war eigentlich nutzlos. („Health Reformer", April 1877)

Jede Faser des Seins bewahren

Jedes Organ, jede Faser des Seins muß vor schädlichen Gewohnheiten geschützt werden, wenn wir nicht zu denen zählen wollen, denen Christus vorwirft, daß sie genau so unanständig leben wie die Bewohner der vorsintflutlichen Welt. Wer zu dieser Menschengruppe gehört, ist für den Untergang bestimmt, weil er Gewohnheiten, die eigentlich richtig wären, ständig bis ins Extrem treibt und andere unnatürliche Gewohnheiten entwickelt und pflegt, die zu seelenzerstörenden Süchten werden ...

Die meisten Menschen zerstören sich selbst die Grundlage für die wichtigsten Dinge dieser Welt. Sie zerstören ihre Selbstbeherrschung und werden dadurch unfähig, ewige Werte richtig zu schätzen. Sie verzichten ganz bewußt darauf etwas über körperliche Zusammenhänge zu erfahren, und sie verführen ihre Kinder, ebenfalls nach dem Lustprinzip zu leben, so daß sie schließlich die Strafe für die Übertretung der Naturgesetze erleiden müssen ...

Unsere Eß- und Trinkgewohnheiten zeigen, ob wir Menschen sind, die sich der Welt angepaßt haben, oder ob wir zu denen gehören, die der Herr durch sein scharfes Schwert der Wahrheit von der Welt getrennt hat. Sein besonderes Volk, das danach strebt, das Richtige und Gute zu tun. (Manuskript 86, 1897)

Ausgewogenheit in allen Dingen

Um unsere Gesundheit zu erhalten, müssen wir uns in allen Lebensbereichen maßvoll verhalten, sowohl im Essen und Trinken als auch hinsichtlich unserer Arbeit.

Unser himmlischer Vater sandte uns das Licht der Gesundheitsreform, um uns vor den üblen Folgen der Genußsucht zu bewahren und, damit die Menschen, die auf Reinheit und Heiligung Wert legen, erkennen, wie sie die guten Dinge, die er uns gegeben hat, zu ihrem Vorteil nutzen können. Er gibt ihnen was sie brauchen, und zwar mit dem Ziel, daß sie sich durch eine maßvolle Lebensweise durch und durch heiligen lassen. („Christian Temperance and Bible Hygiene", S. 52)

Alle, die sich für Mäßigkeit einsetzen, sollten dabei ein umfangreiches Spektrum im Auge haben und so zu Mitarbeitern Gottes werden. Sie sollten ihren ganzen Einfluß aufbieten, um die Verbreitung der Gesundheitsprinzipien zu fördern. (Manuskript 86, S. 189)

Der Körper – ein Tempel

Die Verantwortung des Christen

„Wißt ihr nicht, daß ihr Gottes Tempel seid und der Geist Gottes in euch wohnt? Wenn jemand den Tempel Gottes verdirbt, den wird Gott verderben, denn der Tempel Gottes ist heilig; der seid ihr." (1 Ko 3,16.17) Der Mensch ist Gottes Werkstück und wurde als sein Meisterstück für ein hohes und heiliges Ziel geschaffen. Gott möchte auf jeden Teil dieses menschlichen Tempels sein Gesetz schreiben. Jeder Nerv und jeder Muskel, jede geistige und körperliche Fähigkeit soll rein erhalten werden.

Gott hat vorgesehen, daß der Körper ein Tempel seines Geistes sein soll. Deshalb trägt jeder Mensch eine große Verantwortung für seinen Körper ... Viele sind zwar mit Vernunft und Verstand gesegnet und haben Talente, die sie zur Ehre Gottes einsetzen könnten, aber sie erniedrigen ganz bewußt ihre Seele und ihren Körper. Ihr Leben ist ein Karussell von aufregenden Erlebnissen. Kricket, Fußballspiele und Pferderennen nehmen die Aufmerksamkeit völlig gefangen. Und der Fluch des Alkohols mit seinem ganzen Elend verunreinigt den Tempel Gottes ...

Durch Trinken und Rauchen erniedrigen sich Menschen und verschwenden das Leben, mit dem sie hohe und heilige Ziele erreichen könnten. Ihr Lebensstil wird in der Bibel mit Holz, Stroh und Spreu verglichen. Ihre von Gott verliehenen Fähigkeiten sind pervertiert, ihre Sinne erniedrigt, weil sie nur noch ihrer Genußsucht dienen.

Der Trinker verkauft sich für einen Becher Gift. Satan übernimmt die Kontrolle über seine Vernunft, seine Gefühle, sein Gewissen. Ein solcher Mensch zerstört den Tempel Gottes. Schwarzer Tee fördert diesen Prozeß. Und doch stellen viele diese Mittel der Zerstörung auf ihren Tisch.

Wir haben kein Recht, auch nur eine unserer geistigen oder körperlichen Funktionen verkümmern zu lassen

Kein Mann und keine Frau hat das Recht, sich etwas anzugewöhnen, was die gesunde Funktion geistiger Fähigkeiten oder körperlicher Organe vermindert. Wer seine Kräfte mißbraucht, der beschmutzt den Tempel des Heiligen Geistes.

Der Herr wird kein Wunder tun, damit Menschen wieder gesund werden, die nicht damit aufhören, Drogen zu nehmen, die Seele, Geist und Körper so beeinträchtigen, daß sie für geistliche Dinge kein Verständnis mehr haben. Wer sich dem Genuß von Tabak und Alkohol hingibt, vergeudet seinen Verstand. und begreift nicht, wie wertvoll die Fähigkeiten sind, die Gott ihm gegeben hat. Er läßt zu, daß seine Kräfte abnehmen und verkümmern.

Gott möchte, daß alle, die an ihn glauben, die Notwendigkeit einer stetigen Besserung erkennen. Jede ihnen anvertraute Fähigkeit soll verbessert, und nicht eine darf vernachlässigt werden. Als Gottes Haushalter und als sein Tempel ist der Mensch im wahrsten Sinne des Wortes von Gott abhängig und bedarf seiner Anleitung. Je besser er seinen Schöpfer kennenlernt, um so mehr wird er sein Leben wertschätzen ...

Gott fordert seine Kinder dazu auf, ein reines und heiliges Leben zu führen. Er hat seinen Sohn hingegeben, damit sie dies erreichen können. Er hat alles Notwendige veranlaßt, damit der Mensch nicht in Abhängigkeit von seinen Trieben leben muß, sondern für Gott und für den Himmel leben kann.

Gott führt Buch

Die Übertretung der Naturgesetze rächt sich durch Krankheit, eine ruinierte Konstitution und letztlich durch einen vorzeitigen Tod. Aber man ist auch Gott gegenüber verantwortlich, denn er führt Buch über unser Verhalten, sei es gut oder böse, und am Tag des Gerichts wird jeder Mensch seinen Taten entsprechend gerichtet. Jede Übertretung der Naturgesetze ist ein Verstoß gegen Gottes Gesetze, und die Strafe muß zwangsläufig einer jeden Übertretung folgen.

Auf den menschlichen Körper, Gottes Tempel, muß man sorgfältig achten ... Auch in unserem körperlichen Lebensbereich müssen wir erzogen werden, müssen lernen, uns zu pflegen und die gesunde Entwicklung zu fördern, damit durch uns Menschen das Wesen Gottes in seiner ganzen Fülle offenbar werden kann.

Gott erwartet, daß Menschen den Verstand, den er ihnen gegeben hat, gebrauchen. Er möchte, daß sie jede ihrer geistigen Fähigkeiten für ihn einsetzen. Sie sollen sich wieder vorrangig von ihrem Gewissen leiten lassen. Leib, Seele und Geist müssen so gesund erhalten werden, daß sie die größtmögliche Effektivität erreichen. („Review and Herald", 6. November 1900)

Von einem erleuchteten Gewissen geleitet

Der Apostel Paulus schreibt: „Ihr wißt doch, daß an einem Wettlauf viele Läufer teilnehmen; aber nur einer bekommt den Preis. Jeder, der an einem Wettlauf teilnehmen will, nimmt harte Einschränkungen auf sich. Er tut das für einen Siegeskranz der verwelkt. Aber auf uns wartet ein Siegeskranz, der niemals verwelkt." (1 Ko 9,24 GN) („Signs of the Times", 2. Oktober 1907)

Hier erwähnt der Apostel Paulus Wettläufe, die den Korinthern vertraut waren. Die Teilnehmer an diesen Wettbewerben mußten sich einer strengen Disziplin unterwerfen, damit sie für diese Kraftprobe fit waren. Sie ernährten sich sehr einfach. Üppiges Essen und Wein waren verboten. Ihre Nahrung wurde sorgfältig ausgewählt und sie wurden darin unterwiesen, welche Nahrung für sie am gesündesten war und was ihnen körperliche Kraft und Ausdauer verlieh, damit sie möglichst viel Stärke beweisen konnten. Jede „Diätsünde", die ihre körperlichen Kräfte schwächen konnte, war untersagt. („Signs of the Times", 27. Januar 1909)

Wenn ungläubige Menschen, die nicht durch ein erleuchtetes Gewissen geleitet wurden und Gott nicht ernst nahmen, zu solchem Verzicht bereit waren, ein hartes Training auf sich nahmen und sich alles versagten, was sie hätte schwächen können, nur um einen Lorbeerkranz, der sehr schnell verwelkte, zu gewinnen und den Applaus der Massen zu hören, wieviel mehr müßten Menschen, die am christlichen Wettkampf um die Hoffnung auf Unsterblichkeit und die Anerkennung des Höchsten des Himmels teilnehmen, zum Verzicht auf alle ungesunden Aufputsch- und Genußmittel bereit sein. Genußmittel, die das Gewissen abstumpfen, den Verstand beeinträchtigen und sie abhängig werde lassen von ihren Trieben und Leidenschaften.

Unzählige Menschen in der Welt beobachten dieses Spiel des Lebens, den Wettkampf des Christen. Und nicht nur sie, sondern auch der König des Universums und Myriaden himmlischer Engel sind Zuschauer bei diesem Wettlauf. Sie beobachten voll Anteilnahme, wer siegt und überwindet und den unvergänglichen Siegeskranz der Herrlichkeit erringt.

Gott und die himmlischen Engel bemerken mit großem Interesse, wie sich die Teilnehmer an diesem Wettlauf einiges versagen, wie sie sich selbst aufopfern und bis zum Letzten anstrengen. Der Lohn, der jedem Menschen gegeben wird, entspricht der Ausdauer, dem Einsatz und der Zuverlässigkeit, die er in diesem großen Wettkampf beweist.

Bei den in der Bibel erwähnten Wettspielen konnte nur einer den Siegespreis gewinnen. Über den christlichen Wettlauf sagt der Apostel Paulus: „Ich laufe nicht ins Ungewisse." Auch wir sollen am Ende des Rennens nicht enttäuscht werden. Für Menschen, die sich mit den Spielregeln des Wortes Gottes einverstanden erklären, und verantwortlich mit ihrem Körper und ihren Kräften umgehen, so daß sie vernünftig denken können und gesunde Wertmaßstäbe haben, geht das Rennen nicht unentschieden aus. Sie alle können den Preis gewinnen, die Krone der unvergänglichen Herrlichkeit erringen und einen Siegeskranz tragen, der nie verwelkt ...

Verheißungen für den Überwinder

Wir dürfen uns nicht an der Welt orientieren. Es gilt als fein, möglichst üppig oder luxuriös zu essen und Anregungsmittel aller Art zu verwenden. Dadurch werden die niederen Triebe angeregt und die positive Entwicklung der geistlichen, geistigen und moralischen Eigenschaften behindert.

Es besteht wenig Aussicht, daß die Söhne und Töchter Adams im christlichen Glaubenskampf siegen und überwinden werden, wenn sie nicht in allen Dingen Mäßigkeit praktizieren. Wenn sie hier aber einen klaren Standpunkt einnehmen, werden sie nicht wie Schattenboxer kämpfen, die nur in die Luft schlagen.

Wenn Christen ihren Körper beherrschen und ihre Vorlieben und Leidenschaften dem erleuchteten Gewissen unterordnen, weil sie es Gott und ihrem Nächsten gegenüber als ihre Pflicht ansehen, die Naturgesetze zu beachten, die Gesundheit und Leben regieren, werden sie mit körperlicher und geistiger Kraft gesegnet. Dann haben sie auch die sittliche Kraft, um im Kampf gegen Satan zu bestehen. Im Namen dessen, der um ihretwillen die Eßlust besiegte, können sie zu ihrem eigenen Vorteil auf der ganzen Linie siegen. Allen, die in diese Auseinandersetzung eintreten wollen, steht diese Möglichkeit offen. („Signs of the Times", 2. Oktober 1907)

Mäßigkeit und geistliche Einstellung

Dem Satan hingegeben

Wenn der Mensch den Versuchungen Satans zur Unmäßigkeit nachgibt, unterwirft er seine positiven Eigenschaften seinen Trieben und Leidenschaften. Wenn sie die Oberhand bekommen, dann begibt sich der Mensch in die Hand Satans, obwohl er nur um weniges niedriger geschaffen wurde als die Engel und über Talente verfügt, die bis zur Vollkommenheit ausgebildet werden könnten. Satan findet leichten Zugang zu allen, die sich dem Lustprinzip verschrieben haben und dem Appetit versklavt sind. Durch Unmäßigkeit opfern einige die Hälfte, andere sogar zwei Drittel ihrer körperlichen, geistigen und sittlichen Kräfte und werden so zum Spielball des Feindes.

Wer einen klaren Kopf behalten und die Tricks Satans durchschauen möchte, muß seine körperlichen Gelüste unter der Kontrolle der Vernunft und des Gewissens halten. Für die Reifung des christlichen Charakters ist es notwendig, daß die positiven Eigenschaften unseres Wesens stark sind und der Verstand gut funktioniert. Diese Stärken oder Schwächen haben sehr viel damit zu tun, wie brauchbar wir für diese Welt sind, und letztlich auch mit unserer Erlösung.

Die Unwissenheit, die in bezug auf die physiologischen Gesetze Gottes herrscht, ist beklagenswert. Durch Unmäßigkeit aller Art übertritt man die Gesetze des Lebens. Geistige Behinderungen nehmen in erschreckendem Maße zu. Die Sünde erscheint attraktiv durch das Lichtkleid, das Satan darüber breitet, und es gefällt ihm gut, wenn er die christliche Welt durch alltägliche Gewohnheiten unter der Tyrannei der allgemeinen Gepflogenheiten halten kann wie die Heiden, die sich von Gelüsten und Augenblickslaunen beherrschen lassen.

Die Kraft des Körpers und des Intellekts wird geopfert

Wenn intelligente Männer und Frauen ihre sittlichen Kräfte durch Unmäßigkeit aller Art betäuben, dann sind sie in ihren Lebensgewohnheiten kaum besser als die Heiden. Satan lenkt die Menschen durch Moden und Gepflogenheiten, die in keiner Weise die körperliche, geistige und geistliche Gesundheit berücksichtigen, ständig vom rettenden Licht ab.

Der mächtige Feind weiß, daß die körperliche Gesundheit und die Verstandeskraft auf dem Altar der Genußsucht geopfert werden und daß der Mensch sehr schnell ruiniert ist, wenn Triebe und Leidenschaften alles beherrschen. Sobald aber der erleuchtete Verstand die Zügel in der Hand hält, die negativen Eigenschaften be-

EIN TEMPEL DES HEILIGEN GEISTES

herrscht und sie den sittlichen Kräften unterwirft, weiß Satan, daß er wenig Chancen hat, den Menschen mit seinen Versuchungen zu überwältigen.

Wie begegnet man den Forderungen der Mode?

Heutzutage sprechen die Leute über das „finstere" Mittelalter und prahlen mit dem Fortschritt. Doch trotz dieses Fortschrittes haben Boshaftigkeit und Verbrechen nicht abgenommen. Wir beklagen den Verlust eines einfachen, natürlichen Lebens und die Zunahme des Künstlichen und Vordergründigen. Gesundheit, Kraft, Schönheit und ein langes Leben, was in diesem sogenannten „dunklen Zeitalter" noch normal war, sind heute selten geworden. Die Lebensqualität wird fast vollständig geopfert, um den Forderungen eines Lebensstils zu entsprechen, der gerade Mode ist.

Viele Christen haben gar kein Recht, sich so zu nennen. Durch ihre Gewohnheiten, ihre Extravaganz und ihren Mißbrauch des eigenen Körpers verstoßen sie gegen die Naturgesetze, und das widerspricht der Bibel. Durch ihren Lebensstil verursachen sie sich selbst körperliche Leiden sowie geistige und psychische Schwächen.

Durch seine Strategie hat Satan das häusliche Leben in vieler Hinsicht mühsam, kompliziert und zur Last gemacht, weil unbedingt die Forderungen der Mode erfüllt werden müssen. Er beabsichtigt dadurch, das Denken so stark mit Alltagslasten zu beschäftigen, daß man den wichtigsten Dingen nur noch wenig Aufmerksamkeit widmen kann. Unmäßigkeit im Essen und Trinken sowie in der Kleidung fesselt das Denken und Fühlen der Christen dermaßen, daß sie sich keine Zeit nehmen, die physiologischen Gesetzmäßigkeiten des Lebens näher zu erforschen, um sich richtig verhalten zu können. Es nützt wenig, den Namen Christi zu bekennen, wenn das Leben nicht mit dem Willen Gottes, der uns in seinem Wort offenbart ist, übereinstimmt ...

Wenn Heiligung nicht möglich ist

Ein Großteil aller Schwächen, von denen die Menschheit heimgesucht wird, geht auf das Konto falscher Lebensgewohnheiten zurück, weil Menschen gewollt unwissend bleiben oder die Erkenntnis zurückweisen, die Gott über die Naturgesetze gegeben hat. Man kann Gott nicht verherrlichen, während man die Gesetzmäßigkeiten des Lebens ignoriert. Das Herz kann Gott nicht geweiht sein, wenn man gleichzeitig nach dem Lustprinzip lebt und seinen Trieben nachgibt.

Ein kranker Körper und ein chaotischer Verstand sind beides Konsequenzen der ständigen Nachgiebigkeit gegenüber schädlichen Gelüsten und machen die Heiligung des Körpers und Geistes unmöglich.

Der Apostel begriff, wie wichtig ein gesunder Körper zur Vervollkommnung des christlichen Charakters ist. Er sagt: „Ich bezwinge meinen Leib und zähme ihn, damit ich nicht andern predige und selbst verwerflich werde." (1 Ko 9,27) („Redemption; or the Temptation of Christ", S. 57-62)

Gewohnheiten, Geschmack und Gelüste können durchaus erzogen werden

Nichts kann Gott stärker beleidigen, als wenn wir die Gaben verkümmern lassen oder mißbrauchen, die er uns zum Dienst für ihn verliehen hat. Es steht geschrieben: „Ob ihr nun eßt oder trinkt oder was ihr auch tut, das tut alles zu Gottes Ehre."

Bei jedem wichtigen Werk gibt es Krisenzeiten, in denen es besonders darauf ankommt, daß die, die damit befaßt sind, einen klaren Kopf haben. Da braucht man Menschen, die wie der Apostel Paulus wissen, wie wichtig es ist, in allen Dingen maßvoll zu leben. Wir haben einiges zu tun und müssen diese Aufgaben für unseren Meister ernst nehmen.

Unsere Gewohnheiten, unser Geschmack, unsere Wünsche müssen erzogen werden, damit sie mit den Gesetzen des Lebens und der Gesundheit übereinstimmen. Dadurch wird es uns möglich sein, eine gute körperliche Konstitution zu haben und die geistige Klarheit, um zwischen Gut und Böse zu unterscheiden.

Unmäßigkeit aller Art betäubt die Wahrnehmungsorgane und schwächt die Nervenkraft des Gehirns. Ewige Dinge werden nicht mehr richtig eingeordnet und geschätzt, sondern auf eine alltägliche Ebene herabgezogen. Die positiven Eigenschaften des Verstandes und der Seele, die für edle Ziele eingesetzt werden sollten, werden dann den niederen Leidenschaften unterworfen. Wenn man sich einen falschen Lebensstil angewöhnt hat, können die geistigen und sittlichen Kräfte nicht stark sein, denn Körper und Gewissen sind eng miteinander verflochten. Der Apostel Petrus wußte das. Deshalb warnte er: „Meine Freunde, denkt daran, daß ihr Gäste und Fremde in dieser Welt seid! Darum gebt den Leidenschaften nicht nach, die ständig mit eurem guten Willen im Streit liegen und euch zerstören wollen." (1 Pt 2,11 GN)

Höhere Interessen sind gefährdet

Das Wort Gottes warnt uns ganz deutlich davor, daß unser Körper in Konflikt mit dem geistlichen Leben gerät, wenn wir nicht von fleischlichen Lüsten Abstand nehmen. Das uneingeschränkte Lustprinzip wirkt gegen Gesundheit und Seelenfrieden. Die positiven und negativen Eigenschaften des Menschen befinden sich im ständigen Kampf miteinander. Die negativen Neigungen sind lebendig und stark und bedrängen die Seele. Die wichtigsten Dinge des Lebens sind gefährdet, wenn man ungeheiligten Gelüsten einfach nachgibt. („Signs of the Times", 27. Januar 1909)

Ein Lehrbeispiel für Siebenten-Tags-Adventisten

Der Fall von Aarons Söhnen wurde niedergeschrieben zum Nutzen des Volkes Gottes. Er soll besonders denen zu denken geben, die sich auf die Wiederkunft Christi vorbereiten: Wenn man einer entarteten Lust nachgibt, dann werden dadurch die feinen Empfindungen der Seele zerstört.

Das wiederum beeinflußt die Vernunft, die Gott dem Menschen gegeben hat derart, daß heilige Dinge nicht mehr als heilig wahrgenommen werden. Ungehorsam wirkt dann attraktiv, und nicht überaus sündig. („Signs of the Times", 8. Juli 1880)

Alle schädlichen Gewohnheiten überwinden

Mäßigkeit umfaßt sehr weitreichende Grundsätze und es besteht die Gefahr, daß dieses Licht gar nicht richtig geschätzt wird. Gott möchte, daß sein Endzeitvolk alle schädlichen Gewohnheiten überwindet und daß jeder seinen Körper als lebendiges, Gott wohlgefälliges

Opfer darbringt, damit sie einmal zur „Rechten Gottes" sitzen können. Es ist unsere Pflicht, uns selbst im Griff zu haben und danach
zu streben, unser Denken, Fühlen und Wollen sowie unseren Geschmack in Übereinstimmung mit unserem Schöpfer zu bringen.

Das können wir nur durch die Gnade Gottes, und nur durch
ihre Kraft werden wir befähigt, unser Leben mit den richtigen
Grundsätzen in Einklang zu bringen. Wir werden ernten, was wir
säen, und nur diejenigen sind wirklich weise, die sich dem Willen
Gottes unterordnen. (Brief 69, 1896)

Von einem guten Gewissen geleitet

Wenn sich Christen in ihren Neigungen und Leidenschaften von
einem guten Gewissen leiten ließen, weil sie sich vor Gott und ihren
Mitmenschen dazu verpflichtet fühlen, den Gesetzen zu gehorchen,
die unser Leben und unsere Gesundheit bestimmen, würden sie mit
körperlicher und geistiger Kraft gesegnet und wären fähig, im
Kampf gegen Satan zu bestehen.

Im Namen dessen, der um ihretwillen überwand, könnten sie zu
ihrem eigenen Besten zu Überwindern werden. („Christian Temperance and Bible Hygiene", S. 39.40)

Warum viele versagen

Wir wünschten uns, daß unsere Schwestern, die sich jetzt noch
durch falsche Gewohnheiten selbst schädigen, diese ablegten und
zu Mitarbeiterinnen in der vordersten Front der Lebensreformbewegung würden. In Verfolgungszeiten werden viele von uns nur
deshalb versagen, weil sie die Fragen der Mäßigkeit nicht ernst
nehmen und immer noch ihrer Genußsucht nachgeben.

Mose predigte oft über dieses Thema. Die Israeliten kamen
nicht ins verheißene Land, weil sie ihre Eßlust immer wieder so
wichtig nahmen. Neun Zehntel der Erziehungsschwierigkeiten mit
den heutigen Kindern haben ihre Ursache in unmäßigen Eß- und
Trinkgewohnheiten. Wegen ihrer Eßlust verloren Adam und Eva
ihre Heimat in Eden, und wir können das Paradies nur dann wiedergewinnen, wenn wir lernen, unseren Appetit zu beherrschen.
(„Review and Herald", 21. Oktober 1884)

Lauft so, daß ihr gewinnt!
Es gilt, kostbare Siege zu erringen. Die Gewinner in diesem Kampf gegen die Eßlust und andere weltliche Begierden werden die Krone des unvergänglichen Lebens empfangen und eine Heimat finden in der Stadt, deren Tore aus Perlen und deren Fundamente aus Edelsteinen erbaut sind. Lohnt es sich nicht, dafür zu kämpfen? Ist das nicht jede unserer Anstrengungen wert? Dann laßt uns doch so laufen, daß wir auch siegen! („Signs of the Times", 1. September 1887)

Daniels Beispiel

Eine beeindruckende Illustration
Wir können das Thema Abstinenz erst dann richtig verstehen, wenn wir es vom Standpunkt der Bibel her betrachten. Und nirgends finden wir eine ausführlichere und beeindruckendere Illustration für Abstinenz und Mäßigkeit und die daraus folgenden Vorteile, als in der Geschichte des Propheten Daniel und seiner Freunde am Königshof von Babylon. („Signs of the Times", 6. Dezember 1910)

Als das Volk Israel mit ihrem König, den Adeligen und Priestern in die Gefangenschaft verschleppt wurde, wählte man vier von ihnen für den Dienst am Königshof von Babylon aus. Einer dieser Männer war Daniel, bei dem jene Fähigkeiten, die er später entwickelte, schon früh erkennbar waren. Diese jungen Leute stammten alle aus Fürstenhäusern und wurden beschrieben als „gesund, gut aussehend, klug und verständig, umfassend gebildet, damit sie zum Dienst im Palast geeignet wären" (vgl. Da 1,4 GN).

König Nebukadnezar nahm die außergewöhnlichen Talente dieser jungen Gefangenen wahr und beschloß, ihnen in seinem Reich wichtige Positionen einzuräumen. Damit sie für das Leben am Hof, wie es im Orient Sitte war, voll und ganz qualifiziert waren, mußten sie die Sprache der Chaldäer erlernen und sich drei Jahre lang einer gründliche Schulung in körperlichen und geistigen Disziplinen unterziehen.

Die jungen Leute, die an dieser Ausbildung teilnahmen, wurden nicht nur im Königspalast untergebracht, sondern sie sollten auch von den Fleischgerichten essen und von den Weinen trinken, die von der Tafel des Königs kamen. Dadurch meinte der König, ihnen eine große Ehre zu erweisen. Gleichzeitig wollte er sicherstellen, daß sie sich körperlich und geistig optimal entwickeln konnten.

Die Prüfung bestanden

Unter den Gerichten, die man dem König vorsetzte, war Schweinefleisch und anderes, was nach dem Gesetz Moses als unrein galt, und dessen Genuß den Hebräern ausdrücklich verboten war. Das stellte Daniel auf eine harte Probe. Sollte er an den Lehren seiner Vorväter bezüglich Fleisch und Getränken festhalten und den König dadurch beleidigen? Das konnte ihn nicht nur seine Stellung, sondern sogar sein Leben kosten. Oder sollte er das Gebot Gottes mißachten und dafür die Gunst des Königs erringen? Davon konnte er sich große Vorteile für seine Ausbildung erhoffen und vielleicht eine großartige weltliche Karriere sichern.

Daniel zögerte nicht lange. Er beschloß, fest zu bleiben, sich selber treu, was immer dabei herauskommen würde. Er „nahm sich in seinem Herzen vor, daß er sich mit des Königs Speisen und mit seinem Wein nicht verunreinigen wollte" (Da 1,8).

Nicht eng oder fanatisch

Viele unter den sogenannten Christen von heute würden meinen, daß Daniel es hier zu genau genommen habe und würden sein Verhalten als eng oder fanatisch bezeichnen. Sie meinen, daß man dem Thema Essen und Trinken nicht so viel Bedeutung beizumessen braucht, um einen solch entschiedenen Standpunkt zu vertreten, der einen letztlich alle irdischen Vorteile kosten könnte. Doch wer so argumentiert, wird am Gerichtstag feststellen, daß er seine eigene Meinung zum Maßstab genommen und sich von Gottes ausdrücklichen Forderungen abgewandt hat.

Er wird entdecken, daß das, was ihm so unwichtig erschien, in den Augen Gottes anders gewertet wird. Seine Forderungen sollten mit heiligem Ernst erfüllt werden. Wer seine Lebensregeln nur dann akzeptiert und befolgt, wenn sie ihm angenehm sind, andere aber übertritt, weil ihre Beachtung ein Opfer erfordern würde, verringert dadurch das Verständnis für Recht und Unrecht und verführt durch sein Beispiel andere dazu, das heilige Gesetz Gottes auf die leichte Schulter zu nehmen.

Unsere Regel in allen Dingen sollte heißen: „So spricht der Herr!"

Ein fehlerloser Charakter

Daniel war den schwersten Versuchungen ausgesetzt, die auch unsere heutige Jugend bedrängen können. Doch blieb er den religiösen Anweisungen, die er im Laufe seiner frühen Lebensjahre erhalten hatte, treu. Er war von Einflüssen umgeben, die darauf ausgerichtet waren, Wankelmütige, die sich zwischen Grundsatz und Neigung nicht entscheiden konnten, von Gott abzuwenden.

Das Wort Gottes schildert Daniel jedoch als einen tadellosen Menschen. Daniel vertraute nicht auf seine eigene Charakterstärke. Das Gebet war lebenswichtig für ihn. Gott war seine Stärke, und alle Entscheidungen seines Lebens traf er in der Furcht Gottes.

Daniel besaß die Gabe der echten Bescheidenheit. Er war treu und fest und hatte ein vornehmes Wesen. Er bemühte sich darum, mit allen gut auszukommen, blieb aber unbeugsam wie eine Zeder, wenn es um seine Grundsätze ging.

In allen Angelegenheiten, die nicht im Widerspruch zu seiner Treue gegenüber Gott standen, verhielt er sich respektvoll und gehorsam gegenüber seinen Vorgesetzten. Aber die Forderungen Gottes waren ihm so wichtig, daß er ihnen die Gesetze irdischer Herrscher in jedem Fall unterordnete, und keine egoistische Überlegung konnte ihn von seiner Pflicht abhalten.

Der Charakter Daniels ist ein beeindruckendes Beispiel dafür, was Gottes Gnade aus gefallenen Menschen, die durch die Sünde verdorben sind, machen kann. Die Geschichte seines wertvollen und selbstlosen Lebens ist eine Ermutigung für uns in all unserer Menschlichkeit.

Wir können daraus Kraft schöpfen, um der Versuchung tapfer und fest zu widerstehen und mit Gottes Gnade in Demut und Bescheidenheit auch unter den schwersten Prüfungen für das Recht einzutreten.

Gottes Wohlwollen war ihm wertvoller als sein Leben

Daniel hätte einleuchtende Entschuldigungen finden können, um von seinem disziplinierten Lebensstil abzuweichen, aber das Wohlwollen Gottes war ihm wertvoller als die Gunst des damals mächtigsten Herrschers auf Erden, ja, sogar wertvoller als sein Leben.

Durch seine Höflichkeit hatte er die Sympathie des Hofbeamten Melzar gewonnen, der für die hebräischen Jugendlichen verantwortlich war. Nun bat Daniel darum, daß sie das Fleisch von der königlichen Tafel nicht essen und den Wein nicht trinken mußten. Melzar fürchtete, er könne, wenn er dieser Bitte nachgab, beim König in Ungnade fallen. Das hätte ihn sein Leben kosten können.

Wie viele Menschen von heute dachte er, daß junge Leute bei so bescheidener Kost blaß und krank aussehen würden und schlaffe Muskeln bekämen, während das üppige Essen von der Tafel des Königs sie gesund und schön aussehen lassen sowie ihre körperliche und geistige Aktivität steigern würde.

Daniel bat darum, daß diese Angelegenheit nach einer Probezeit von zehn Tagen entschieden werden sollte. In dieser Zeit sollten die jungen Hebräer einfache Nahrung essen dürfen, während ihre Gefährten mit den Leckerbissen des Königs ernährt wurden. Diese Bitte wurde ihm schließlich gewährt, und Daniel war zuversichtlich, daß er seinen Fall gewonnen hatte. Obwohl er noch so jung war, hatte er doch schon beobachtet, wie schädlich sich Wein und eine zu üppige Ernährungsweise auf die körperliche und geistige Gesundheit auswirken.

Gott rechtfertigt seine Diener

Am Ende der zehn Tage war genau das Gegenteil von dem eingetreten, was Melzar befürchtet hatte. Die vier jungen Menschen, die maßvolle Essensgewohnheiten beibehalten hatten, sahen nicht nur besser aus als die anderen, die ihrer Eßlust nachgegeben hatten; sie waren auch körperlich und geistig stärker – ihren Kameraden deutlich überlegen.

Als Ergebnis dieses Tests durften Daniel und seine Freunde während ihrer gesamten Ausbildungszeit für den Hofdienst ihre einfache Kost beibehalten.

Der Herr beobachtete die Konsequenz und Selbstverleugnung dieser jungen Hebräer mit Freude. Sein Segen begleitete sie. Er gab ihnen „Klugheit und Verstand, daß sie alles begriffen und sich bald in jedem Wissensgebiet auskannten. Daniel besaß darüber hinaus die Fähigkeit, Träume und Visionen zu verstehen und zu deuten" (Da 1,17 GN).

Nach dem Abschluß ihrer dreijährigen Ausbildung wurden sie vom König auf ihre Leistungen und Fähigkeiten geprüft. Und in allen Wissens- und Verständnisfragen befand er sie zehnmal klüger als sämtliche Magier und Astrologen in seinem Land.

Selbstbeherrschung, eine Frage der Heiligung

Die Lebensgeschichte Daniels ist eine inspirierte Illustration eines geheiligten Lebens. Alle können daraus lernen, und ganz besonders junge Leute. Ein konsequenter Umgang mit den Forderungen Gottes kann für die körperliche und geistige Gesundheit nur von Vorteil sein. Um seelisch und intellektuell die größtmögliche Reife zu erreichen, muß man von Gott Weisheit und Kraft erbitten und gleichzeitig konsequent, maßvoll und ausgewogen leben.

Die Erfahrung Daniels und seiner Gefährten ist ein Beispiel für den Sieg der Grundsatztreue über die Versuchung durch die Genußsucht. Das zeigt uns, daß junge Leute durch ihr Festhalten an religiösen Prinzipien über die „Lust des Fleisches" siegen und den Forderungen Gottes treu bleiben können, auch wenn dies große Opfer kostet.

Was wäre geschehen, wenn Daniel und seine Freunde einen Kompromiß mit dem heidnischen Beamten geschlossen, dem Druck der Situation nachgegeben und gegessen und getrunken hätten, was bei den Babyloniern üblich war? Dieses einmalige Abweichen von ihren Grundsätzen hätte ihr Bewußtsein für das Richtige und ihren Abscheu vor dem Unrechten verringert. Ihre Nachgiebigkeit gegenüber der Eßlust hätte sie körperlich geschwächt, ihren klaren Verstand getrübt und ihre geistliche Kraft beeinträchtigt. Ein falscher Schritt hätte wahrscheinlich andere nach sich gezogen, ihre Verbindung mit dem Himmel wäre immer schwächer geworden, und irgendwann hätte die Versuchung sie mit sich fortgerissen.

Gott hat gesagt: „Ich werde alle ehren, die mich ehren." Während Daniel mit unwandelbarem Vertrauen an seinem Gott festhielt, kam der Geist der Prophetie über ihn. Er wurde von Menschen in die Pflichten des Hoflebens eingeführt, doch gleichzeitig wurde er von Gott gelehrt, die Geheimnisse der Zukunft zu lesen und den kommenden Generationen durch Symbole und Bilder die wunderbaren Ereignisse zu schildern, die in den letzten Tagen geschehen sollten. („The Sanctified Life", S. 15-19)

Die jugendlichen Hebräer ... handelten nicht vermessen, sondern in festem Vertrauen auf Gott. Sie wollten keine Sonderlinge sein, aber lieber als solche gelten, als Gott zu entehren. („Propheten und Könige", S. 338)

Auch für uns lohnt es sich, maßvoll und ausgewogen zu leben

Die hebräischen Gefangenen hatten die gleichen menschlichen Schwächen wie wir, und doch blieben sie inmitten der verführerischen Einflüsse des luxuriösen babylonischen Hofes standhaft.

Die heutige Jugend lebt ebenfalls in einer Umwelt, die sie dazu verlockt, den eigenen Wünschen den Vorrang zu geben. Besonders in den großen Städten wird jede Form der Sinnbefriedigung, jede Art von Lustgewinn an sie herangetragen und scheint sehr leicht erreichbar und attraktiv. Doch wer sich wie Daniel weigert, sich durch diese Dinge verunreinigen zu lassen, wird die Früchte seiner Selbstbeherrschung ernten. Er besitzt mehr Körperkraft und Ausdauer und verfügt dadurch über ein Reservekonto, von dem er im Notfall abheben kann.

Richtige Lebensgewohnheiten fördern die geistige Überlegenheit. Verstandeskraft, körperliche Ausdauer und ein verlängertes Leben sind von unveränderlichen Gesetzen abhängig. Der Gott der Natur wird nicht eingreifen, um den Menschen die Konsequenzen zu ersparen, die sie durch die Übertretung der Naturgesetze selbst auf sich gezogen haben.

Wer hervorragende Leistungen erreichen will, muß sich zuerst selbst beherrschen können und in allem maßvoll sein. Daniels klarer Verstand, seine Entschlossenheit, sein Forscherdrang und seine

Kraft, den Versuchungen zu widerstehen, waren zum großen Teil auf seine einfache Kost zurückzuführen, verbunden mit seinem Leben des Gebets.

Es liegt viel Weisheit in dem Sprichwort „Jeder ist seines Glückes Schmied". Eltern sind zwar weitgehend für die Prägung des Charakters sowie für ihre Erziehung und Ausbildung ihrer Kinder verantwortlich, aber trotzdem hängt es weitgehend von unseren ganz persönlichen Entscheidungen ab, welchen Platz wir in dieser Welt einnehmen und wie brauchbar wir sind. Daniel und seine Freunde genossen die Vorzüge einer richtigen Erziehung und guten Ausbildung in ihrer Kindheit. Doch dieser Vorteil allein hätte sie noch nicht zu dem gemacht, was sie schließlich waren.

Die Zeit kam, wo sie selbständig handeln mußten und ihre Zukunft von ihren eigenen Entscheidungen abhing. Und sie entschieden sich, treu zu dem zu stehen, was sie in der Kindheit gelernt hatten. Die Achtung vor Gott – der Anfang aller Weisheit – war die Grundlage ihrer Größe. („The Youth's Instructor", 9. Juli 1903)

Das Essen auf unserem Tisch

Unmäßigkeit läßt sich bis auf den eigenen Eßtisch zurückverfolgen

Viele Mütter, die über die Unmäßigkeit nachgrübeln, die überall herrscht, forschen nicht gründlich genug nach deren Ursachen. Zu oft kann man diese Unbeherrschtheit bis auf den heimischen Eßtisch zurückverfolgen. So manche Mutter, auch unter den bekennenden Christen, setzt ihrer Familie zu üppiges und stark gewürztes Essen vor, das den Appetit in Versuchung führt und zum Überessen ermutigt. („Christian Temperance and Bible Hygiene", S. 75.76)

Die Unmäßigkeit beginnt bereits mit dem Verzehren unzuträglicher Speisen. Die Verdauungsorgane werden durch fortgesetzten Genuß nach einiger Zeit geschwächt, und die aufgenommene Nahrung stillt nicht mehr den Hunger. Krankhafte Zustände treten auf und wir verlangen immer heftiger nach anreizender Kost. Tee, Kaffee und Fleischspeisen wirken augenblicklich. Unter dem Einfluß der Giftstoffe dieser Nahrungsmittel ist das Nervensystem angeregt,

172

und in manchen Fällen scheinen der Verstand gekräftigt und die Vorstellungskraft lebendiger zu sein. Weil diese Reizmittel für einen Augenblick ein angenehmes Gefühl hervorrufen, folgern manche, daß sie diese Mittel tatsächlich benötigen; und sie verwenden sie weiterhin.

Das Verlangen nach einem etwas stärkeren Reizmittel, das hilft, uns aufrechtzuerhalten und das dabei empfundene angenehme Gefühl zu steigern, wird so lange genährt, bis wir gewöhnt sind, es zu befriedigen. Schließlich wird unser Verlangen nach Tabak und alkoholischen Getränken immer maßloser. („Schatzkammer der Zeugnisse", Bd. 1, S. 381)

Gesunde Nahrung, einfach zubereitet

Jede Mutter sollte sorgfältig darauf achten, daß nichts auf ihren Tisch kommt, was unmäßige Gewohnheiten auch nur geringfügig fördern oder schaffen könnte. Die Nahrung sollte so einfach wie möglich zubereitet werden, frei von scharfen Gewürzen und ungesunden Zutaten sein und auch nicht unnötig viel Salz enthalten.

Da dir das Wohl deiner Kinder am Herzen liegt und du möchtest, daß ihr Geschmackssinn und ihre Neigungen unverdorben bleiben, mußt du dich ganz bewußt gegenüber populären Einflüssen und Gewohnheiten abgrenzen.

Möchtest du, daß sie auf der Erde nützlich sind und den ewigen Lohn im Reich Gottes erhalten, dann bring ihnen bei, den Gesetzen Gottes zu gehorchen – sowohl seinen Naturgesetzen als auch dem, was in seinem Wort offenbart ist, anstatt die Gepflogenheiten der Welt nachzuahmen.

Ausdauernde Bemühungen, Gebet und Gottvertrauen in Verbindung mit einem guten Vorbild, werden nicht ohne Frucht bleiben. Bringt eure Kinder im Glauben vor Gott und bemüht euch, ihren empfänglichen Gemütern einzuprägen, daß sie ihrem himmlischen Vater verpflichtet sind.

Man wird immer wieder darüber sprechen müssen und kann ihnen nur einen Grundsatz nach dem anderen vermitteln, immer schrittweise, hier ein wenig und dort ein wenig. („Review and Herald", 6. November 1883)

Jede zweite Mutter hat keine Ahnung

Nicht einmal die Hälfte aller Mütter wissen, wie man für Kinder kocht und was man ihnen vorsetzen kann. Sie servieren ihren kleinen nervösen Kindern üppige Speisen, die auf dem Weg durch die Kehle in den Magen wie Flammenwerfer wirken und die zarte Magenschleimhaut wie einen verbrannten Stiefel zusammenschrumpeln lassen, so daß gesunde Nahrung nicht mehr als solche wahrgenommen wird. Die Kleinen kommen dann an den Tisch und können dies und jenes nicht vertragen. Sie haben das Sagen und bekommen, was sie wollen, ob es ihnen gut tut oder nicht.

Ich würde raten, daß man solchen Kindern erst einmal drei Tage lang nichts zu essen gibt, bis sie so hungrig sind, daß sie gutes und nahrhaftes Essen wieder schätzen. Ich würde riskieren, daß sie ein bißchen Hunger leiden. Ich habe noch nie etwas auf meinen Tisch gebracht, was meine Kinder nicht essen durften. Ich habe ihnen immer das vorgesetzt, was ich auch selbst aß. Die Kinder aßen es und fragten gar nicht nach anderem, das nicht auf dem Tisch stand. Wir sollten die Eßlust unserer Kinder nicht verwöhnen, indem wir zu üppige Speisen auf den Tisch bringen. (Manuskript 3, 1888)

Der Unmäßigkeit wird der Weg geebnet

Die Eßtische unseres amerikanischen Volkes sind im allgemeinen so gedeckt, daß sie Menschen zu Trinkern erziehen. („Testimonies", Bd. 3, S. 563)

Wer an das glaubt, was Gott heute seinem Volk offenbart hat, sollte sich weigern, schwarzen Tee oder Bohnenkaffee zu trinken, denn sie wecken den Wunsch nach stärkeren Anregungsmitteln. Sie sollten sich weigern, Fleisch zu essen, denn auch das erregt den Wunsch nach starken Getränken. Unsere Kost sollte jetzt aus vollwertiger Nahrung bestehen, die geschickt und wohlschmeckend zubereitet ist. („Evangelism", S. 265)

Fleisch stimuliert

Unmittelbar nach dem Genuß von Fleisch kann durchaus der Eindruck entstehen, daß es dem Körper Kraft vermittelt, aber deshalb ist es trotzdem nicht eines unserer gesündesten Nahrungsmittel. Der mäßige Konsum von Branntwein kann für eine kurze Zeit eine ähnliche Wirkung zeigen, doch wenn sein erregender Einfluß verflogen ist, folgt ein Gefühl der Trägheit und Schwäche.

Wer sich einfach und vollwertig mit einer Kost ernährt, die verhältnismäßig wenig Reizstoffe enthält, kann langfristig – im Laufe von Monaten und Jahren – viel mehr leisten als jemand, der Fleisch ißt und Alkohol trinkt. Wer an der frischen Luft arbeitet, wird durch Fleisch weniger geschädigt als Menschen, die viel sitzen, denn Sonne und Luft sind großartige Verdauungshelfer und mildern die Folgen falscher Eß- und Trinkgewohnheiten sehr.

Die Wirkung von Anregungsmitteln

Alle Anregungsmittel beschleunigen die Funktionen des Körpers zu stark; und obwohl man kurzzeitig ein Gefühl gesteigerter Aktivität und Kraft hat, entsteht eine unmittelbare Reaktion, deren Intensität von der Menge der zugeführten Reizstoffe abhängt. Entsprechend dem Ausmaß der künstlich hervorgerufenen Erregung folgen Schwäche und Abgeschlagenheit.

Wenn diese Schwäche eintritt, braucht man erneut ein Reizmittel, damit die Körperfunktionen wieder angekurbelt werden und diese unangenehme Trägheit wieder verschwindet. Der Körper wird langsam daran gewöhnt, künstlich angeregt zu werden, aber diese häufige unnatürliche Aktivität zehrt an der Energiesubstanz. Alle Menschen sollten sich mit den Gesetzen der Physiologie vertraut machen. Und ein wichtiger Teil des Unterrichts sollte darin bestehen, zu lehren, wie man gesund lebt, wie man sich die Arbeit einteilt, wie man vernünftig ißt und trinkt.

Je einfacher und naturgemäßer wir leben, um so besser können wir Krankheiten und Epidemien abwehren. Wenn wir gute Lebensgewohnheiten pflegen und den Organismus nicht durch unnatürliche Aktivität schwächen, wird die Natur schon für alle Anreize sorgen, die wir benötigen ...

Der Appetit ist ein unzuverlässiger Führer

Häufig wird empfohlen, immer dann zu essen, wenn man Hunger verspürt, und zwar so viel, bis man satt ist. Das aber macht krank und verursacht eine Menge von Beschwerden. Der Appetit ist heutzutage nicht mehr natürlich, deshalb kann er nicht zuverlässig anzeigen, was der Organismus braucht. Er wurde so verwöhnt und irregeleitet, daß er falsch orientiert ist und kein verläßlicher Maßstab mehr sein kann. Durch falsche Gewohnheiten und sündiges Luxusstreben sind die natürlichen Funktionen verkümmert, und der Geschmack und der Appetit sind verdorben.

Das Verlangen nach Fleisch war nicht von Anfang an im Menschen angelegt und ist nicht natürlich. Es wurde von den Menschen selbst geschaffen und anerzogen. Unser Schöpfer gibt uns in Gemüse, Getreide und Obst alle Nährstoffe, die wir brauchen, um gesund und kräftig zu sein. Fleisch gehörte vor dem Sündenfall noch nicht zum Speiseplan von Adam und Eva. Würden Obst, Gemüse und Getreide für die Ernährung des Menschen nicht ausreichen, dann hätte der Schöpfer ja einen Fehler gemacht, als er Adam nur mit diesen Nahrungsmitteln versorgte ...

Das Volk Israel sollte physisch und psychisch stark sein

Gott entzog den Hebräern in der Wüste das Fleisch nicht etwa aus Willkür, sondern zu ihrem Besten. Er wollte, daß sie körperlich und auf moralischem Gebiet stark blieben. Er wußte, daß Fleisch die niederen Triebe stärkt und den Intellekt schwächt. Er wußte, daß die Hebräer psychisch geschwächt würden, wenn ihre Lust auf Fleisch befriedigt wurde.

Dieses riesige Heer von Menschen wäre dermaßen gereizt und launisch geworden, daß es nicht mehr zu bändigen gewesen wäre. Sie hätten das Bewußtsein ihrer hohen Bestimmung eingebüßt und sich nicht mehr von den weisen Gesetzen Jahwes leiten lassen. Im Volk wären Gewalt und Rebellion entstanden, und das hätte es ihnen unmöglich gemacht, im Land Kanaan als reines und glückliches Volk zu leben. Gott wußte, was für das Volk Israel am besten war, und deshalb gab er ihnen keine großen Mengen an Fleisch.

Satan wollte ihnen einreden, daß dies ungerecht und grausam sei. Er brachte sie dazu, nach verbotenen Dingen zu verlangen, weil er wußte, daß sie verrohen würden, wenn sie ihrer falsch orientierten Eßlust nachgeben konnten. So würde es für ihn einfacher sein, sie seinem Willen zu unterwerfen. Die niederen Triebe würden gestärkt, während die intellektuellen und sittlichen Fähigkeiten abnahmen.

Satan ist kein Neuling im Zerstören von Menschen. Er weiß genau, daß er bereits zum großen Teil die Kontrolle über das Denken und Fühlen und über die Triebe der Menschen errungen hat, wenn er sie zu falschen Eß- und Trinkgewohnheiten verführen kann. Am Anfang aß der Mensch die Früchte, die die Erde hervorbrachte, doch durch die Sünde bürgerte sich der Verzehr von geschlachteten Tieren ein. Diese Kost wirkt dem Geist der echten Wesensverbesserung und seelischen Reinheit direkt entgegen. Alle Nährstoffe, die wir durch den Magen aufnehmen, gelangen in den Kreislauf und werden in Fleisch und Blut umgewandelt ...

Gott möchte, daß sein Volk sich in allen Dingen maßvoll verhält. Während seiner langen Fastenzeit in der Wüste gab Christus ein Beispiel für seine Nachfolger, damit sie von ihm lernen, wie sie Satan widerstehen können, wenn er sie durch die Eßlust versucht. Dann können sie auch anderen, die durch ihre Nachgiebigkeit vom Weg abgekommen sind und nicht mehr die Kraft haben, ihre Schwächen und Sünden zu überwinden, helfen.

Durch ein reines, ordentliches Leben und einen klaren Geist vor Gott können Christen gesund und glücklich sein. („Signs of the Times", 6. Januar 1876)

Eine Reform, wie sie Neubekehrte sehen

Wenn Menschen, die die Wahrheit für diese Zeit noch nie gehört haben, die Botschaft annehmen, dann erkennen sie auch, daß sie ihre Ernährung vollkommen umstellen müssen. Ihnen wird klar, daß sie das Fleisch weglassen müssen, weil es die Lust auf alkoholische Getränke weckt und krank macht.

Durch Fleischgenuß werden die körperlichen, geistigen und sittlichen Kräfte geschwächt. Der menschliche Organismus wird durch das, was er zu essen bekommt, aufgebaut. Wenn man Fleisch ißt, Tabak konsumiert und Alkohol trinkt, dann übernehmen als Folge davon die niederen Triebe die Zügel. („Counsels on Diet and Foods", S. 268.269)

Maßlosigkeit in der Vielfalt der Gerichte

Ich gehe noch weiter. Man sollte beim Kochen und auch in der Vielfalt der Gerichte maßvoll bleiben, damit der Mutter soviel Arbeit wie möglich erspart wird.

Viele verschiedene Speisen zu einer Mahlzeit sind nicht notwendig, um sich gut zu ernähren. Eine zu große Vielfalt schädigt sogar die Verdauungsorgane, denn sie führt zu einem Kleinkrieg im Magen. Einfache, naturbelassene Nahrung erhält das Leben und ist, unter dem Segen Gottes genossen, das Beste für den Menschen.

Nur wenige machen sich klar, daß meistens viel mehr Nahrung in den Magen aufgenommen wird, als es nötig wäre. Dieses Zuviel an Nahrung belastet den Magen und schädigt den ganzen Organismus. (Manuskript 50, 1893)

Zu viel essen ist Unmäßigkeit

Unmäßigkeit zeigt sich sowohl in der Menge als auch in der Qualität der verzehrten Nahrung. („Counsels on Health", S. 576)

Der Begriff „Unmäßigkeit" umfaßt viele Bereiche. Bei einigen zeigt sich Unmäßigkeit darin, daß sie zu viel von solchen Nahrungsmitteln konsumieren, die in der richtigen Menge durchaus positiv zu bewerten wären.

Alles was dem Magen zuviel aufgebürdet wird, ist gefährlich. Es verdirbt im Magen und kann Verdauungsstörungen verursachen. Ständiges Überessen verbraucht unnötig Lebenskräfte und beeinträchtigt die Gehirnfunktionen. (Manuskript 155, 1899)

Wer sich ständig überißt und seine Verdauungsorgane überlastet, so daß sie die verzehrte Nahrung nicht mehr richtig verarbeiten können, ist ein unbeherrschter, maßloser Mensch. Er wird feststellen müssen, daß er geistliche Dinge nicht mehr klar begreifen kann. (Manuskript 41, 1908)

Unser himmlischer Vater möchte, daß wir die guten Dinge, die er für uns bereitet hat, vernünftig und besonnen genießen. („Signs of the Times", 27. Januar 1909)

Unsere Ernährung ist von Bedeutung für unsere Erlösung

Wer seine Ernährungsgewohnheiten nicht umstellen will, handelt unvernünftig und unrecht gegen sich selbst. Durch die Genußsucht fügt man sich selbst den größten Schaden zu. Einige denken vielleicht, die Frage der Ernährung sei nicht wichtig genug, um mit Religion in Verbindung gebracht zu werden. Doch sie machen einen großen Fehler.

Gottes Wort erklärt: „Ob ihr nun eßt oder trinkt oder was ihr auch tut, das tut alles zu Gottes Ehre." (1 Ko 10,31) Das Thema Mäßigkeit mit allem, was dazugehört, ist nicht ohne Bedeutung für unsere Erlösung. („Evangelism", S. 265)

Wenn Männer und Frauen konsequent in Übereinstimmung mit den Lebens- und Gesundheitsgesetzen leben, dann werden sie die guten Ergebnisse einer umfassenden Gesundheitsreform selbst sehen. („Signs of the Times", 6. Januar 1876)

Alle werden auf die Probe gestellt

Es ist sehr wichtig, daß jeder einzelne seinen Teil erfüllt und gut darüber Bescheid weiß, was wir essen und trinken sollen und wie wir durch unseren Lebensstil gesund bleiben können. Alle werden auf die Probe gestellt, um zu prüfen, ob sie die Prinzipien der Gesundheitsreform annehmen oder ob sie weiterhin nur nach dem Lustprinzip leben wollen. („Counsels on Diet and Foods", S. 34)

Unser Standpunkt: totale Abstinenz

Der einzig sichere Weg

Der einzig sichere Weg heißt: Hände weg von schwarzem Tee, von Bohnenkaffee, Wein, Tabak, Opium und Alkohol; nicht berühren, nicht probieren, einfach gar nichts damit zu tun haben!

Es ist außerordentlich nötig, daß die Menschen dieser Generation mit Hilfe der Gnade Gottes ihre ganze Willenskraft einsetzten, damit sie den Versuchungen Satans und auch schon den geringsten Neigungen zur Genußsucht widerstehen können, denn heute ist eine solche Konsequenz doppelt so wichtig wie in früheren Generationen. Doch die jetzige Generation hat viel weniger Kraft zur Selbstbeherrschung wie die Menschen damals. („Testimonies", Bd. 3, S. 488)

Wir sollten niemals Alkohol trinken. Hände weg davon! (Manuskript 38 ½, 1905)

Die Konsequenz des totalen Verzichts

Wenn alle wachsam wären und sich gegen die kleinen Schlupflöcher wappneten, die durch den mäßigen Genuß der sogenannten harmlosen Weine und Moste entstehen, würde die Straße zur Trunksucht geschlossen. Was man an jedem Ort benötigte, wäre ein klarer Standpunkt und der feste Wille, völlig auf Alkohol zu verzichten, ihn nicht zu berühren und nicht zu probieren, nichts damit zu tun zu haben. Dann wäre die Veränderung zur Mäßigkeit dauerhaft und tiefgreifend. („Review and Herald", 25. März 1884)

Verzichtet konsequent auf alle stimulierenden Nahrungsmittel oder Getränke. Ihr seid Gottes Eigentum. Ihr dürft kein Organ eures Körpers mißbrauchen. Ihr sollt vernünftig für euren Körper sorgen, damit der ganze Mensch sich ausgewogen und vollkommen entwickeln kann. Ist es nicht undankbar, wenn ihr eure Lebenskraft durch irgend etwas schwächt, so daß ihr Christus nicht mehr richtig repräsentieren könnt und unfähig seid, die Arbeit zu verrichten, die er für euch vorgesehen hat? (Brief 236, 1903)

Die Grundsätze der Mäßigkeit stammen aus dem Gesetz Gottes

Wenn sich die Menschen konsequent und gewissenhaft an Gottes Gebote halten würden, gäbe es keine Trinker, keine Raucher, kein Elend, keine Armut und kein Verbrechen. Die Kneipen würden geschlossen, weil keiner mehr eine haben wollte. Neun Zehntel aller Not in dieser Welt wäre damit zu Ende. Junge Männer könnten immer in gerader Haltung daherkommen, mit freien und elastischen Schritten, klaren Augen, würden sich gut benehmen und gesund aussehen.

Wenn sich sogar Geistliche von der Kanzel herab mit denen verbünden, die das Gesetz Gottes abtun, wenn sie sich mit der Welt vereinen und das Gesetz altmodisch nennen, wenn diese Lehrer des Volkes sich ein „Gläschen in Ehren" gönnen und den schmutzigen narkotisierenden Tabak konsumieren, welche Abgründe an Laster muß man dann von den Jugendlichen dieser Generation erwarten? ...

Ihr habt über die Autorität und Heiligkeit der Zehn Gebote viel gehört. Dieses Gesetz stammt von Gott und ist die Grundlage seiner Regierung im Himmel und auf Erden.

Alle Völker, die sich von Gott erleuchten ließen, haben ihre Gesetzgebung auf dem Fundament der wunderbaren Gesetze Gottes aufgebaut. Und doch leben die Gesetzgeber und Geistlichen, die als Führer und Lehrer des Volkes anerkannt sind, in offenem Widerspruch zu den Grundsätzen, die in diesen heiligen Regeln enthalten sind.

Viele Prediger verkünden Christus von der Kanzel und zögern doch nicht, ihre Sinne durch Weintrinken oder sogar mit Brandy oder anderen scharfen alkoholischen Getränken zu betäuben. Der Grundsatz des Christen sollte lauten: Hände weg davon! Die physiologischen Gesetze wiederholen diese ernste Mahnung mit Nachdruck. Jeder christliche Prediger sollte seinen Gemeindegliedern diese Wahrheit deutlich durch Wort und Tat vermitteln ...

Die christliche Gemeinde soll das Salz der Erde sein, das Licht der Welt. Können wir das auf die Kirchen von heute anwenden, deren Mitglieder zum großen Teil nicht nur den narkotisierenden Tabak konsumieren, sondern auch Wein und Schnaps, und die sogar ihre Nächsten zum Mittrinken verführen?

Die Gemeinde Christi sollte eine Schule sein, in der die unerfahrene Jugend dazu erzogen wird, ihre Wünsche und Gelüste vom sittlichen und religiösen Standpunkt her zu beherrschen. Hier sollten sie lernen, wie gefährlich es ist, mit Versuchungen zu spielen, der Sünde ein bißchen nachzugeben. Sie sollten begreifen, daß es so etwas wie einen mäßigen und selbstbeherrschten Trinker nicht gibt und daß der Weg dessen, der zunächst nur ein bißchen trinkt, immer weiter abwärts führt.

Sie sollten dazu ermahnt werden, „den Wein nicht anzuschauen, der so schön rot im Glas funkelt und danach wie eine Schlange zubeißt, wie eine Otter sticht." („Signs of the Times", 29. August 1878)

Wir vertreten den Standpunkt der totalen Abstinenz

Wenn Mäßigkeit und Selbstbeherrschung als zum Evangelium gehörig dargestellt werden, werden viele einsehen, daß sie sich umstellen müssen. Sie werden begreifen, wie schädlich berauschende Getränke sind, und daß totale Abstinenz die einzige Plattform ist, auf der Gottes Volk mit gutem Gewissen stehen kann. („Testimonies", Bd. 7, S. 75)

Die Beziehung zwischen Abstinenz und Gemeindezugehörigkeit

Eine lebendiges, aktives Element in der Gemeinde

Im Familienkreis und in der Gemeinde sollten wir der christlichen Mäßigkeit einen besonderen Platz einräumen. Sie sollte ein lebendiges, aktives Element sein, das Gewohnheiten, Einstellungen und Charaktere verändert. Die Wurzel alles Bösen in unserer Welt ist die Unmäßigkeit. (Manuskript 50, 1893)

Können wir sie in die Gemeinde aufnehmen?

Gott gebe, daß wir dieses furchtbare Übel wachsam beobachten. Möge er uns helfen, mit aller Kraft zu arbeiten, um Männer, Frauen und Jugendliche aus dieser Falle des Feindes zu retten. Wir nehmen niemanden in die Gemeinde auf, der Alkohol oder Tabak konsumiert. Das können wir uns nicht leisten. Aber wir können ihnen helfen, damit fertigzuwerden. Wir können ihnen erklären, daß sie sich und ihre Familien glücklicher machen, wenn sie diese schädlichen Gewohnheiten aufgeben.

Wenn Menschen im Herzen vom Geist Gottes erfüllt sind, dann brauchen sie keine starken Reizmittel. („Review and Herald", 15. Juni 1905)

Ein wirklich bekehrter Mensch gibt alle entwürdigenden Gewohnheiten und Gelüste auf

Viele Männer und Frauen haben Gewohnheiten, die den Prinzipien der Bibel widersprechen. Wer vom Alkohol oder Tabak abhängig ist, ist an Körper, Seele und Geist verdorben. Solche Menschen sollten nicht in die Gemeinde aufgenommen werden, bis sie durch ihren Lebenswandel zeigen, daß sie wirklich bekehrt sind und spüren, daß sie einen Glauben brauchen, der durch die Liebe tätig ist und die Seele reinigt.

Die Wahrheit Gottes wird den wahren Gläubigen reinigen. Wer ernsthaft bekehrt ist, wird jede entwürdigende Gewohnheit und schädliche Neigung aufgeben. Durch völlige Abstinenz kann er seine gesundheitsschädlichen Bedürfnisse überwinden. („Evangelism", S. 264)

Geistliche Leiter der Siebenten-Tags-Adventisten

Erhaltet euch die geistige Kraft und Ausdauer

Alle, die die Wahrheit lehren, vor allem jedoch Prediger, tragen eine große Verantwortung: Sie müssen lernen, ihre Gelüste zu beherrschen! Die Diener Christi könnten viel effektiver arbeiten, wenn sie ihre Eßlust und ihre Leidenschaften besser im Griff hätten, und wenn sie körperliche Arbeit mit geistiger Anstrengung kombinieren würden, wären sie physisch und psychisch stärker.

Wären sie konsequent in ihrer Lebensweise und würden sie geistige und körperliche Arbeit miteinander verbinden, könnten sie viel mehr leisten und hätten einen klareren Kopf. Wenn sie sich so verhalten würden, könnten sie besser denken und freier sprechen. Ihr persönliches Glaubensleben wäre lebendiger, und sie könnten ihre Hörer stärker beeindrucken.

Durch Unmäßigkeit im Essen – selbst wenn man die richtige Nahrung zu sich nimmt – wird der Körper kraftlos, aller Eifer erlahmt und alle heiligen Gefühle stumpfen ab. Konsequente Mäßigkeit im Essen und Trinken ist äußerst wichtig für die Gesundheit und für alle Funktionen des Körpers. Wenn man sich maßvoll verhält und körperliche Arbeit sowie geistige Aktivität sich vernünftig die Waage halten, hat man die Kraft und die Ausdauer, die man als Prediger, Verlagsmitarbeiter und überhaupt als jemand, der in seinem Beruf viel sitzen muß, benötigt. („Health Reformer", August 1875)

Dem Vorbild Christi folgen

Diener Christi, die sich öffentlich zu ihm bekennen, sollten auch seinem Vorbild folgen und mehr als alle anderen konsequent in der Mäßigkeit sein. Sie sollten den Menschen das Leben und das Vorbild Christi vor Augen führen, indem sie selbst zum Verzicht und Opfer bereit sind und anderen Gutes tun. Christus überwand die Eßlust um des Menschen willen, und an seiner Statt sollen sie anderen ein Vorbild geben, das zur Nachahmung anregt.

Wer die Notwendigkeit nicht spürt, auf dem Gebiet der Eßlust und der Triebwünsche zu überwinden, läßt sich wertvolle Siege, die er in seinem Glaubensleben erringen könnte, entgehen. Er wird zum Sklaven seiner Eß- und Genußsucht, genau wie alle anderen auf der Welt, die mit ihrer Bosheit das Faß zum Überlaufen bringen. („Testimonies", Bd. 3, S. 490)

Die geistliche Vision verwischt

Ich wurde angewiesen, meinen Brüdern im Predigtamt folgendes zu sagen: Durch unmäßiges Essen disqualifiziert ihr euch dafür, den Unterschied zwischen dem „heiligen" und dem „gewöhnlichen Feuer" zu erkennen. Und durch diese Maßlosigkeit zeigt ihr auch, daß ihr die Warnungen des Herrn mißachtet.

Sein Wort an euch lautet: „Wer von euch fragt nach dem Herrn, wer hört auf seinen Beauftragten? Er darf wissen: Auch wenn sein Weg durchs Dunkel führt und er nirgends ein Licht sieht – auf den Herrn kann er sich verlassen, sein Gott hält und führt ihn. Ihr aber schürt das Feuer und bereitet Brandpfeile vor. Deshalb müßt ihr in eurem eigenen Feuer umkommen und werdet selbst von den Pfeilen getroffen, die ihr angezündet habt. Der Herr wird dafür sorgen, daß ihr in Qualen endet." (Jes 50,10.11 GN) („Testimonies", Bd. 7, S. 258)

Eine Hilfe zum klaren Denken

Wir haben kein Recht, uns körperlich oder geistig derart zu überarbeiten, daß wir uns leicht aufregen und dann Worte sagen, die Gott Schande bereiten. Der Herr möchte, daß wir immer ruhig und geduldig sind. Was andere auch tun mögen – wir sollen so leben, wie es Christus unter ähnlichen Umständen auch getan hätte.

Wer eine Vertrauensstellung hat, muß täglich Entscheidungen treffen, die große Konsequenzen nach sich ziehen. Er muß oft blitzschnell überlegen, und das kann nur gelingen, wenn jemand konsequent maßvoll lebt. Das Denken wird gestärkt, wenn man die körperlichen und geistigen Fähigkeiten richtig trainiert. Wenn der Druck nicht zu stark ist, wird man durch jede Belastung stärker. („Testimonies", Bd. 7, S. 199)

Qualifikationen für Menschen in verantwortlichen Positionen

Es gehört viel dazu, Gott treu zu sein. Er hat Anspruch auf alle, die sich in seinem Dienst befinden. Er möchte, daß Geist und Körper möglichst gesund bleiben, daß jede Fähigkeit und jede Gabe ihm unterstellt wird und so gut entwickelt ist, wie es durch einen konsequent maßvollen Lebensstil möglich ist.

Wir sind vor Gott verpflichtet, uns ihm uneingeschränkt hinzugeben – mit dem Körper, der Seele und allen unseren Fähigkeiten. Er hat sie uns anvertraut, damit wir sie in seinem Dienst einsetzen. Unsere Kräfte und Begabungen sollten ständig weiterentwickelt und verbessert werden, solange wir hier auf Erden leben. In unserem Werk sollten nur solche Personen in verantwortliche Stellungen berufen werden, die diese Prinzipien hochhalten und gelernt haben, mit ihrem Körper vernünftig umzugehen, weil sie Gott ernst nehmen.

Menschen, die schon lange „in der Wahrheit" sind, aber noch nicht zwischen den wahren Grundsätzen der Gerechtigkeit und den Prinzipien des Bösen unterscheiden können, und deren Verständnis in bezug auf Fairneß, Vergebungsbereitschaft und die Liebe Gottes unklar ist, sollten aus solchen verantwortlichen Positionen entfernt werden. Unsere Gemeinden brauchen eine klare und unmißverständliche Verkündigung. Die Trompete muß ein deutliches Signal geben! („Signs of the Times", 2. Oktober 1907)

Mitarbeiter auf dem Gebiet der Gesundheit müssen selbst maßvoll leben

Der Arzt sorgt dafür, daß alle Teilnehmer am Krankenpflege-Kurs eine gründliche Ausbildung in den Grundsätzen der Gesundheitsreform bekommen. Sie müssen lernen, in allen Dingen konsequent, mäßig und beherrscht zu sein, denn wer dazu ausersehen wurde, anderen eine gesunde Lebensweise zu vermitteln, begeht einen unverzeihlichen Fehler, wenn er persönlich die Gesundheitsgesetze auf die leichte Schulter nimmt. („Testimonies", Bd. 7, S. 74)

Informieren, ausbilden, trainieren

Da die Grundsätze der Gesundheit und Mäßigkeit so wichtig sind und da sie so oft mißverstanden oder ignoriert werden oder überhaupt unbekannt sind, sollten wir uns dazu ausbilden lassen, diese Grundsätze nicht nur in unserem eigenen Leben verwirklichen zu können, sondern auch andere darin zu unterrichten. Die Menschen müssen informiert werden, und zwar schrittweise. Man muß ihnen diese Anliegen immer wieder aktuell darstellen. Fast jede Familie müßte aufgerüttelt werden. Sie müssen umdenken, ihr Gewissen muß dafür sensibilisiert werden, die Grundsätze einer echten Reform auch auszuleben.

Besonders die Prediger sollten auf diesem Gebiet gut Bescheid wissen. Als Hirten der Herde werden sie zur Verantwortung gezogen werden, wenn sie die Naturgesetze bewußt ignorieren oder mißachten. Sie sollen entdecken, worin eine echte Reform des Lebensstils besteht. Und dann sollen sie diese Grundsätze durch Information und ihr stilles, konsequentes Vorleben weitervermitteln. Sie sollten ihre Pflicht auf diesem Gebiet nicht vernachlässigen und sich nicht davon abbringen lassen, auch wenn sie von einigen deshalb als extrem bezeichnet werden.

Bei Konferenzen und großen Versammlungen sowie in allen unseren Institutionen sollte über Gesundheit und Mäßigkeit gesprochen werden. Bringt in diesen Dienst all eure Fähigkeiten ein und arbeitet auch mit schriftlichem Material. All dies sollte unter dem Motto stehen: „Informieren, ausbilden, trainieren." (Undatiertes Manuskript 9)

Kapitel 9

Die Ursachen der Unmäßigkeit

Vorgeburtliche Einflüsse

Wo sollte die Lebensstiländerung beginnen?

Die Bemühungen unserer Mitarbeiter auf dem Gebiet der Mäßigkeit reichen bei weitem nicht aus, um den Fluch der Unmäßigkeit aus unserem Land zu verbannen. Eingefahrene Gewohnheiten sind nur schwer zu überwinden.

Die Veränderungen müssen bereits bei den Müttern beginnen, bevor ihre Kinder geboren werden. Wenn man die Anweisungen Gottes sorgfältig beachten würde, dann gäbe es überhaupt keine Unmäßigkeit und keine Sucht.

Jede Mutter sollte sich ständig darum bemühen, ihre Gewohnheiten dem Willen Gottes unterzuordnen, damit sie in Zusammenarbeit mit ihm ihre Kinder vor den Lastern der heutigen Zeit, die Gesundheit und Leben zerstören, bewahren kann.

Die Mütter sollten nicht lange zögern, sondern sich so schnell wie möglich um eine gute Beziehung zu ihrem Schöpfer bemühen, damit sie mit seiner Hilfe um ihre Kinder ein Bollwerk gegen Ausschweifungen und Unmäßigkeit aufbauen können. („Counsels on Diet and Foods", S. 225.226)

Die Gewohnheiten der Eltern

In der Regel übertragen unbeherrschte Männer ihre negativen Veranlagungen und Neigungen auf ihre Nachkommen. („Review and Herald", 21. November 1882)

Das Kind wird durch die Gewohnheiten der Mutter entweder zum Guten oder zum Bösen geprägt. Sie muß sich von Grundsätzen leiten lassen, sich selbst beherrschen und auch einmal verzichten, wenn es ihr um das Wohl ihres Kindes geht. („Counsels on Diet and Foods", S. 218)

Schlechte Neigungen vererben sich

Die Gedanken und Gefühle der Mutter haben einen starken Einfluß auf das Erbe, das sie ihrem Kind mitgibt. Wenn sie duldet, daß ihre Gedanken ständig um ihre eigenen Gefühle kreisen, wenn sie ihrem Egoismus nachgibt, wenn sie launisch ist und herumnörgelt, dann wird ihr Kind genau so werden.

Viele Menschen haben ein schlimmes Erbe mitbekommen: ihre Neigungen zum Bösen sind kaum zu überwinden. Der Feind aller Menschen weiß über diese Tatsache viel besser Bescheid als die meisten Eltern. Er wird die Mutter mit seinen Versuchungen überfallen, denn er weiß, daß er durch sie das Kind beeinflussen kann, wenn sie ihm nicht widersteht. Die Mutter hat nur eine Hoffnung, und das ist Gott. Sie darf bei ihm Zuflucht suchen und um Kraft und Gnade bitten, und sie wird nicht abgewiesen. („Signs of the Times", 13. September 1910)

Gottes Botschaft an alle Mütter

Mit welcher Sorgfalt Mütter ihre Lebensgewohnheiten überwachen sollten, lehrt uns die Bibel. Als der Herr Simson zum Befreier Israels auserwählte, erschien der Engel des Herrn bei der Mutter und gab ihr genaue Anweisungen über ihre Lebensgewohnheiten und über den Umgang mit ihrem Kind. Er sagte: „So trinke nun keinen Wein oder starkes Getränk und iß nichts Unreines." (Ri 13,7)

Vorgeburtliche Einflüsse werden von vielen Eltern als Nebensache betrachtet, doch der Himmel sieht das anders. Daß ein Engel Gottes diese Botschaft überbrachte und den Eltern sogar zweimal einschärfte, zeigt doch, daß man darüber sorgfältig nachdenken sollte.

Mit den Worten, die er damals an die hebräische Mutter richtete, spricht Gott die Mütter aller Zeitalter an: „Hüte dich", so sagte der Engel, „daß du alles beachtest, was ich dir befohlen habe." Das

Wohlergehen des Kindes wird von den Gewohnheiten der Mutter beeinflußt. Sie muß ihre Gelüste und Leidenschaften im Griff haben und sich von Grundsätzen leiten lassen. Wahrscheinlich muß sie einiges aufgeben, vielleicht muß sie sogar gegen manches ankämpfen, damit das erreicht wird, was Gott für ihr Kind geplant hat.

Wenn sie vor der Geburt des Kindes jedem Wunsch nachgibt, wenn sie egoistisch, ungeduldig und launisch ist, werden sich solche Charakterzüge im Wesen des Kindes widerspiegeln. So müssen sich viele Kinder mit einem ererbten, fast unüberwindlichen Drang zum Bösen abmühen. Doch wenn die Mutter unerschütterlich an richtigen Grundsätzen festhält, wenn sie gesund lebt und sich beherrscht und bereit ist, zu verzichten; wenn sie freundlich, sanft und selbstlos ist, dann kann sie ihrem Kind auch diese Charakterzüge übertragen.

Das Gebot, die Mutter solle keinen Wein trinken, ist sehr eindeutig formuliert. Jeder Tropfen eines alkoholischen Getränks, das sie trinkt, weil sie gerade Lust darauf hat, gefährdet die körperliche, geistige und sittliche Gesundheit ihres Kindes. Dadurch versündigt sie sich gegen ihren Schöpfer. („The Ministry of Healing", S. 372.373)

Verantwortlich für das Wohlergehen zukünftiger Generationen

Hätten sich die Frauen früherer Generationen von vernünftigen, wohlüberlegten Gedanken leiten lassen und wären sie sich bewußt gewesen, daß sich ihr Verhalten für zukünftige Generationen zum Positiven oder Negativen auswirken würde, hätten sie sicher einen festen Standpunkt vertreten und klargestellt, daß sie unmöglich eine lebenslange Verbindung mit Männern eingehen können, die bedenkenlos ihren unnatürlichen Gelüsten nach Alkohol und Tabak nachgeben.

Tabak ist ein langsam wirkendes, aber letztendlich tödliches Gift, das unser Nervensystem schwächt und die feineren Gefühle abstumpft. Wenn die Männer unbedingt mit diesen üblen Gewohnheiten verheiratet bleiben wollen, dann sollten die Frauen sie ihrem Junggesellenglück überlassen, damit sie die „Gefährten" ihrer Wahl genießen können. Eine Frau sollte von sich nicht so minderwertig denken, daß sie ihre Zukunft mit einem Mann verknüpft, der seine Triebe nicht beherrschen kann und dessen Glück hauptsächlich aus Essen und Trinken und aus der Befriedigung seiner Leidenschaften besteht.

Frauen lassen sich nicht immer von vernünftigen Überlegungen leiten, sondern reagieren impulsiv. Sie sind sich nicht bewußt, welch große Verantwortung auf ihnen ruht. Andernfalls würden sie niemals lebenslange Bindungen eingehen, aus denen Kinder hervorgehen, die ein schwach entwickeltes Gewissen haben und ohne Rücksicht auf ihre Gesundheit, oder sogar das Leben, genußsüchtig sind.

Gott wird sie einmal zur Rechenschaft ziehen, denn sie sind mitverantwortlich für die Gesundheit und die Charakterstärke, die sie späteren Generationen vererben und übermitteln. („How to Live", Nr. 2, S. 27.28)

Das neugeborene Kind

Alle Väter und Mütter sollten fragen: „Wie sollen wir mit dem Kind, das wie erwarten, umgehen?" Wir haben dem Leser vorgestellt, was Gott über das Verhalten der Mütter während der Schwangerschaft sagte. Aber das ist noch nicht alles. Der Engel Gabriel wurde extra aus den himmlischen Höfen zur Erde gesandt, um den Eltern Anweisungen für die Betreuung ihrer Kinder zu geben. Gott möchte, daß Eltern ihre Pflichten kennen und verstehen.

Als die Zeit der Menschwerdung Christi gekommen war, kam der Engel Gabriel zu Zacharias und brachte ihm eine ähnliche Botschaft wie damals dem Manoah. Der alte Priester erfuhr, daß seine Frau einen Sohn gebären würde, den man Johannes nennen sollte.

' Der Engel sagte: „Dann wirst du voll Freude und Jubel sein, und viele werden sich mit dir über seine Geburt freuen. Denn er ist vom Herrn zu großen Taten berufen. Er wird weder Wein noch andere starke Getränke trinken. Schon im Mutterleib wird der Geist Gottes ihn erfüllen." (Lk 1,14.15 GN)

Dieses von Gott verheißene Kind sollte von klein auf zu einem konsequent maßvollen Lebensstil erzogen werden, denn ihm wurde ein wichtiges Reformationswerk aufgetragen: Er sollte Christus den Weg ebnen.

Im Volk Israel herrschte damals auf allen Gebieten eine zügellose Lebensweise. Die Hingabe an Wein und ungesunde Schwelgerei schwächte die Körperkraft und untergrub die Moral derart, daß auch empörende Verbrechen nicht mehr als Sünde betrachtet wurden.

Die Stimme des Johannes sollte aus der Wüste erschallen und die Leute wegen ihres sündigen Lebenswandels zurechtweisen. Auch sein abstinenter Lebensstil sollte die Auswüchse seiner Zeit kritisieren. („Counsels on Diet and Foods", S. 225)

Die Macht ererbter Neigungen

Unersättliche Gier wird vererbt

Beide Eltern vererben ihre geistigen und körperlichen Anlagen und Neigungen. Infolge elterlicher Unmäßigkeit sind die Kinder oft hinfällig, es fehlt ihnen an geistiger und sittlicher Kraft.

Trinker und Raucher können und werden ihr unersättliches Verlangen und ihre reizbaren Nerven auf ihre Kinder übertragen, die Zügellosen oft unreine Begierden, und sogar Abscheu erregende Krankheiten. Und da die Kinder weniger Kraft haben, den Versuchungen zu widerstehen als die Eltern, geht es mit jeder Generation weiter abwärts. („Patriarchen und Propheten", S. 543)

Bis in die dritte und vierte Generation

Unsere Vorfahren haben uns Gewohnheiten und Neigungen vererbt, die die Welt mit Krankheit erfüllen. Die Sünden der Eltern, die von irregeleiteten Gelüsten stammen, werden an den Kindern bis in die dritte und vierte Generation mit beängstigender Macht heimgesucht.

Die ungesunden Eßgewohnheiten vieler Generationen, die Schwelgereien und die Genußsucht der Menschen füllen unsere Armenhäuser, unsere Gefängnisse und unsere Nervenheilanstalten. Unmäßigkeit, die sich im Konsum von schwarzem Tee, Kaffee, Wein, Bier, Rum und Weinbrand zeigt, sowie der Gebrauch von

Tabak, Opium und anderen Narkotika, haben zu geistiger und körperlicher Degeneration geführt, und diese Degeneration nimmt ständig zu. („Review and Herald", 29. Juli 1884)

Eine Last für künftige Generationen

Wenn die Gewohnheiten der Eltern den Naturgesetzen widersprechen, dann wird sich der Schaden, den sie sich dadurch selbst zufügen, in zukünftigen Generationen wiederholen. (Manuskript 3, 1897)

Die Menschheit stöhnt unter der Last des wachsenden Elends, an dem die Sünden früherer Generationen schuld sind. Und doch denken die Männer und Frauen der jetzigen Generation kaum darüber nach, während sie schwelgen und sich betrinken und dadurch der nächsten Generation ein schweres Erbe an Krankheit, geschwächtem Geist und verdorbener Moral weitergeben. („Testimonies", Bd. 4, S. 31)

Ererbten Neigungen entgegenwirken

Möglicherweise haben die Eltern ihren Kindern gerade die Neigung zur Zügellosigkeit vererbt, die es ihnen schwer macht, diese Kinder dazu zu erziehen, konsequent abstinent zu leben und gute und reine Gewohnheiten zu entwickeln.

Wenn sie ihren Kindern die Lust auf ungesunde Nahrung und auf Reizmittel und Drogen vererben, dann haben diese Eltern die schwierige und ernst zu nehmende Verantwortung, diesen ererbten Neigungen gegenzusteuern – schließlich haben sie ihnen diese Last aufgebürdet! Solche Eltern müssen sich intensiv für ihre benachteiligten Nachkommen einsetzen. Dazu sind sie verpflichtet, aber sie dürfen glauben und hoffen. („Testimonies", Bd. 567.568)

Sich der Flut des Bösen entgegenstemmen

Viele leiden aufgrund der Übertretungen ihrer Eltern, und obwohl sie dafür nicht verantwortlich sind, haben sie die Pflicht, sich selbst über die Gesundheitsgesetze zu informieren. Sie sollten die schlechten Gewohnheiten ihrer Eltern meiden und sich durch eine gute Lebensweise günstigere Umstände schaffen. („The Ministry of Healing", S. 234)

Heute braucht man mehr Rückgrat

Die Menschen dieser Generation müssen mit Hilfe der Gnade Gottes Willenskraft entwickeln, damit sie den Versuchungen Satans und falschen Gelüsten widerstehen können, auch dann, wenn es sich nur um Kleinigkeiten handelt.

Für die Menschen von heute ist das viel wichtiger als für frühere Generationen, weil sie noch weniger Kraft zur Selbstbeherrschung haben. Die Neigung zu Reizmitteln und einer ungesunden Lebensweise wurde an die Kinder weitervererbt und man braucht jetzt mehr Rückgrat, um der Unmäßigkeit in all ihren Formen widerstehen zu können.

Der einzig sichere Kurs besteht darin, fest zu bleiben, in allen Dingen konsequent maßvoll zu leben und sich niemals der Gefahr auszusetzen. („Christian Temperance and Bible Hygiene", S. 37)

Wie Verhaltensmuster enstehen

Beim Baby beginnen

Die Eltern müssen in der eigenen Familie, am eigenen Herd mit dem Kreuzzug gegen die Unmäßigkeit beginnen, indem sie ihren Kindern von klein auf die richtigen Grundsätze beibringen. Dann haben sie Hoffnung auf Erfolg. („Testimonies", Bd. 3, S. 567)

Gewissenhaft unterrichten

Bringt euren Kindern von klein auf bei, zu verzichten und sich selbst zu beherrschen ...

Prägt ihren zarten Gemütern die Wahrheit ein, daß wir nach Gottes Plan hier nicht nur für die Befriedigung unserer eigenen Wünsche zu sorgen haben, sondern auch für unser ewiges Wohlergehen.

Lehrt sie, daß es schwach und schlecht ist, der Versuchung nachzugeben, und daß es edel und stark ist, ihr zu widerstehen. Sie so anzuleiten, heißt Samen in gute Erde säen, und das wird Früchte tragen, an denen ihr euch später freuen könnt. („The Ministry of Healing", S. 386)

Wichtig: frühzeitig beginnen

Man kann gar nicht genug betonen, wie wichtig die frühkindliche Erziehung ist. Die Lektionen, die sie lernen, die Gewohnheiten, die sie während der Babyzeit und der Kleinkindjahre entwickeln, haben mehr Einfluß auf die Charakterbildung und die Ausrichtung des Lebens, als alle Anweisungen und Erziehung der späteren Jahre. („The Ministry of Healing", S. 380)

Weitreichender Einfluß der frühen Gewohnheiten

Der Charakter wird hauptsächlich in den frühen Jahren gebildet. Die Gewohnheiten, die in dieser Zeit entstehen, beeinflussen die Entwicklung wesentlich mehr, als alle natürlichen Begabungen. Davon hängt es letztlich ab, ob jemand ein geistiger Riese wird oder ein Zwerg, denn auch die besten Talente können durch schlechte Gewohnheiten geschwächt werden und verkümmern.

Je früher man schädliche Gewohnheiten entwickelt, desto stärkere Abhängigkeiten entstehen, und durch sie wird die Empfänglichkeit und das Verständnis für geistliche Werte mit Sicherheit geringer. („Counsels on Health", S. 112.113)

Es ist schwer, sich eingeschliffene Gewohnheiten wieder abzugewöhnen

Es ist sehr schwierig, Gewohnheiten wieder abzulegen, die man lebenslang gepflegt hat. Der Dämon der Unmäßigkeit hat Riesenkräfte und läßt sich nicht so einfach überwinden ...

Es wird sich für euch lohnen, ihr Mütter, wenn ihr die kostbaren Stunden nutzt, die euch Gott geschenkt hat, und den Charakter eurer Kinder formt, indem ihr ihnen beibringt, sich beim Essen und Trinken konsequent an die Grundsätze der Mäßigkeit zu halten. („Christian Temperance and Bible Hygiene", S. 79)

Die Lust auf Alkohol wird früh geweckt

Lehrt eure Kinder, alle Reizmittel zu verabscheuen. Wie viele Eltern fördern aber unwissentlich die Lust auf solche Dinge. In Europa habe ich gesehen, wie Kinderpflegerinnen unschuldige Kleinkinder am Weinglas nippen ließen. Dadurch kultivieren sie bei ihnen den Geschmack für diese und andere Drogen. Wenn die Kinder älter werden, geraten sie immer mehr in die Abhängigkeit, verfallen total der Sucht und enden schließlich in einem Säufergrab. („Counsels on Diet and Foods", S. 235)

Die ersten drei Jahre

Wenn man während der ersten drei Lebensjahre des Kindes dem Egoismus, dem Zorn und dem Eigenwillen freien Lauf läßt, wird sich dieses Kind nur sehr schwer einer vernünftigen Erziehung unterordnen. Es ist von Grund auf mürrisch geworden und nur dann glücklich, wenn alles nach seinem Kopf geht. Die Erziehungsmaßnahmen der Eltern passen ihm nicht mehr.

Wenn es älter wird, nehmen auch diese negativen Neigungen zu, und aus dem egoistischen Kind wird ein überaus egoistischer Erwachsener, der nie gelernt hat, sich zu beherrschen. Das macht ihn zum Spielball des Bösen, das in unserem Land ungebremst wuchert. („Health Reformer", April 1877)

Schwere Verantwortung für Eltern

Es ist sehr schwer, eingefahrene Eß- oder Trinkgewohnheiten zu überwinden! Deshalb ist es sehr wichtig, daß Eltern ihren Kindern einen guten, unverdorbenen Geschmack anerziehen. Sie sollten immer daran denken, daß sie dafür verantwortlich sind, ihren Kindern Selbstbeherrschung zu lehren, damit sie das notwendige moralische Rückgrat entwickeln können, um dem Bösen zu widerstehen, mit dem sie überall konfrontiert werden, wenn sie in die Welt hinausziehen.

Christus bat seinen Vater nicht, die Jünger aus der Welt zu nehmen. Er bat darum, daß sie vor dem Bösen in der Welt bewahrt würden und darum, daß sie den Versuchungen, die ihnen überall begegnen würden, widerstehen könnten. Dieses Gebet sollten Väter und Mütter auch für ihre Kinder sprechen. Können sie aber Gott anflehen und gleichzeitig den Kindern ihren Willen lassen?

Gott kann Kinder nicht vor dem Bösen bewahren, wenn ihre Eltern nicht mit ihm zusammenarbeiten. Freudig und tapfer sollten Eltern ihre Aufgabe aufnehmen und unermüdlich weiterarbeiten. („Review and Herald", 9. Juli 1901)

Wer jeder Laune seines Kindes nachgibt und ihm keine Selbstbeherrschung beibringt, wird später erkennen müssen, welch schrecklichen Fehler er begangen hat. Wenn nämlich das Kind dem Tabak und dem Alkohol verfallen ist und seine Sinne betäubt sind, ja, wenn es nur noch Lügen und Gemeinheiten ausspricht. („Counsels on Health", S. 114)

Den Charakter formen, so daß man Versuchungen widerstehen kann

Der erste Schritt zur Unmäßigkeit wird gewöhnlich bereits in der Kindheit oder in der frühen Jugendzeit getan.

Das Kind bekommt stimulierende Nahrung, und dadurch werden unnatürliche Begierden geweckt, denen ständig Vorschub geleistet wird. Und während es heranwächst, entwickelt es einen immer abartigeren Geschmack, verlangt nach immer stärkeren Reizmitteln und wird zum Sklaven seiner Genußsucht, der alle Hemmungen verliert.

Das Übel begann in den frühen Lebensjahren und hätte von den Eltern verhindert werden können. Wir können beobachten, daß man sich in unserem Land redlich darum bemüht, die Unmäßigkeit einzudämmen, aber es ist sehr schwer, einen starken und voll ausgewachsenen Löwen zu überwältigen und an die Kette zu legen.

Man hätte tausendmal mehr Gutes erreichen können, wenn man nur die Hälfte aller Bemühungen darauf ausgerichtet hätte, den Eltern zu vermitteln, daß es in ihrer Verantwortung liegt, die Gewohnheiten und den Charakter ihrer Kinder richtig zu formen, anstatt sich erst jetzt mit den übergroß gewordenen Problemen herumzuschlagen. Der Appetit auf Alkohol wird im Elternhaus anerzogen; in vielen Fällen sogar an den Eßtischen derer, die sich am eifrigsten für Mäßigkeitsprojekte einsetzen ...

Die Eltern dürfen ihre Erziehungsaufgabe nicht leicht nehmen. Sie sollten viel Zeit darauf verwenden, die Gesetze zu studieren, die unsere Lebensweise betreffen. Der richtige Umgang mit ihren Kindern muß Vorrang vor allem anderen haben, damit diese einen gesunden Geist in einem gesunden Körper entwickeln können. Zu viele Eltern lassen sich von Sitten und Gebräuchen leiten, anstatt von ihrem gesunden Menschenverstand und den Forderungen Gottes. Viele, die angeblich Nachfolger Christi sind, vernachlässigen ihre familiären Pflichten. Sie machen sich nicht bewußt, daß Gott ihnen in ihren Kindern ein heiliges Vermächtnis übergeben hat, indem sie ihren Charakter so formen sollen, daß sie genügend Rückgrat entwickeln können, um den vielen Versuchungen zu widerstehen, denen junge Menschen ausgesetzt sind. („Signs of the Times", 17. November 1890)

Es beginnt in der Wiege

Hätten die Eltern ihre Pflicht erfüllt und gesunde Nahrung auf den Tisch gebracht, hätten sie magenreizende und stimulierende Nahrungsmittel vermieden und gleichzeitig ihren Kindern Selbstbeherrschung beigebracht, hätten sie sie charakterlich dazu erzogen, Rückgrat zu haben, dann bräuchten wir uns jetzt nicht mit dem Löwen der Unmäßigkeit auseinanderzusetzen.

Wenn schlechte Gewohnheiten erst einmal entwickelt sind und stetig an Größe und Kraft zunehmen, so wie auch die Kinder wachsen und stärker werden, fällt es solchen schlecht erzogenen Menschen sehr schwer, sich in den Griff zu bekommen und ihre fehlgeleiteten Gelüste zu zügeln.

Es ist nicht einfach, diese Menschen im Erwachsenenalter von der Notwendigkeit zu überzeugen, daß Christen selbstbeherrscht und maßvoll leben sollen. Bereits in der Wiege muß man damit beginnen, das Kind mit einer maßvollen Lebensweise vertraut zu machen. („Review and Herald", 11. Mai, 1876)

Die letzte Abrechnung

Wenn Eltern und Kinder schließlich Rechenschaft ablegen müssen, wird sich uns ein trauriges Bild darbieten! Unzählige Kinder, die zu Sklaven ihrer Genußsucht wurden, erniedrigenden Lastern verfallen sind und im Leben Schiffbruch erlitten haben, werden ihren Eltern gegenüberstehen, die dies verursacht haben. Wer außer den Eltern ist dafür verantwortlich zu machen? Hat der Herr diese Jugendlichen verdorben? Natürlich nicht! Er schuf sie zu seinem Ebenbild – nur wenig niedriger als die Engel. („Testimonies", Bd. 3, S. 568)

Vorbild der Eltern und Anleitung

Für den Charakter verantwortlich

Nur wenige Eltern machen sich bewußt, daß ihre Kinder durch ihr Vorbild und ihre Anleitung zu dem wurden, was sie sind. Sie sind verantwortlich für den Charakter, den ihre Kinder entwickeln. („Health Reformer", Dezember 1872)

Es ist die Aufgabe der Mütter, ihren Kindern zu helfen, richtige Gewohnheiten und einen gesunden, natürlichen Geschmack zu entwickeln. Erzieht ihren Appetit, bringt den Kindern bei, Aufputschmittel und alle Arten von Drogen zu verabscheuen. Vermittelt euren Kindern moralische Standfestigkeit damit sie dem Bösen, das sie umgibt, widerstehen können. Lehrt sie, sich nicht von anderen beeinflussen und verführen zu lassen, sondern vielmehr auf andere einen guten Einfluß auszuüben. („The Ministry of Healing", S. 334.335)

Die Mutter als Vorbild

Die Frau hat in der Familie eine wichtigere Position und eine größere Verantwortung als ein regierender König. Ihre große Aufgabe besteht darin, ein Leben zu führen, das sich ihre Kinder zum Vorbild nehmen können. („Testimonies", Bd. 3, S. 566)

Mäßigkeit in allen Einzelheiten des Familienlebens

Die Eltern sollten sich so verhalten, daß ihr Leben für ihren ganzen Haushalt eine tägliche Anleitung zu Selbstbeherrschung und Mitgefühl ist ... Wir dringen darauf, daß die Grundsätze der Mäßigkeit in jedem Bereich des Familienlebens praktiziert werden. Am Beispiel der Eltern sollen die Kinder lernen, was maßvoll leben bedeutet. („Signs of the Times", 20. April 1882)

Gott wird die Bemühungen der Eltern ergänzen

Wenn du deine Pflicht als Vater oder Mutter mit der Hilfe Gottes wahrnimmst, wenn du fest entschlossen bist, nie aufzugeben und deinen Posten nie zu verlassen, wenn es darum geht, deine Kinder zu dem zu machen, was Gott aus ihnen machen möchte, dann schaut Gott mit Freude auf dich. Er weiß, daß du dein Bestes gibst, und er wird dir Kraft schenken. Er wird den Teil übernehmen, den Eltern nicht allein bewältigen können. Er wird die klugen, geduldigen und zielstrebigen Bemühungen einer gottesfürchtigen Mutter unterstützen.

Ihr Eltern, Gott wird euch aber nicht die Aufgaben abnehmen, die er für euch vorgesehen hat! Ihr dürft nicht nachlässig werden, dürft keine trägen Diener sein, wenn ihr wollt, daß eure Kinder vor den Gefahren bewahrt bleiben, von denen sie in der Welt umgeben sind. („Review and Herald", 10. Juli 1888)

Verzicht und Selbstbeherrschung lehren

Beginnt beim Säugling

Die Fähigkeit zum Verzicht und zur Selbstbeherrschung sollte den Kindern, soweit es möglich ist, von klein auf eingeprägt werden. Zuerst müssen die Kleinen lernen, daß man ißt, um zu leben, und nicht lebt, um zu essen. Die Eßlust muß dem Willen untergeordnet sein, und der Wille muß von ruhiger, vernünftiger Überlegung geleitet sein. („Signs of the Times", 20. April 1882)

Vermittelt die Grundsätze der Lebensreform

Väter und Mütter, wachet unter Gebet! Hütet euch vor Unmäßigkeit in jeglicher Form! Lehrt eure Kinder die Grundsätze wahrer Lebensreform. Klärt sie darüber auf, welche Dinge sie meiden müssen, um sich gesund zu erhalten. Der Zorn Gottes hat bereits begonnen, die Kinder des Ungehorsams heimzusuchen. Verbrechen, Sünden und ungerechte Taten zeigen sich überall. („Schatzkammer der Zeugnisse", Bd. 3, S. 310)

Vermittelt ihnen das wahre Ziel des Lebens

Im Wort Gottes finden wir ausführliche Anweisungen. Diese Prinzipien sollen von der Mutter ausgelebt und in die Erziehung eingebracht werden. Der Vater soll sie darin unterstützen und mit ihr zusammenarbeiten, damit die Kinder schon vom Babyalter an zur

Selbstbeherrschung erzogen werden. Sie sollen lernen, daß das Ziel des Lebens nicht in der Befriedigung sinnlicher Gelüste besteht, sondern darin, daß wir Gott ehren und unseren Mitmenschen Gutes tun.

Ihr Väter und Mütter, arbeitet engagiert und zuverlässig, verlaßt euch auf Gott, der euch Gnade und Weisheit schenkt. Seid fest und trotzdem freundlich. Habt bei allem, was ihr anordnet, immer das Wohl eurer Kinder im Sinn und besteht darauf, daß eure Anordnungen befolgt werden. Ihr müßt energisch auf eurem Standpunkt beharren, aber immer in der milden Gesinnung Christi. Dann können wir darauf hoffen, daß unsere Söhne wie Bäume sind, die schon in ihrer Jugend gepflanzt wurden, daß unsere Töchter kostbare Ecksteine sind, die zur Zierde eines Palastes zugeschliffen sind. („Signs of the Times", 13. September 1910)

Die Eltern trifft eine Mitschuld, wenn ihre Kinder Alkoholiker werden

Überall beklagt man sich darüber, daß die Unmäßigkeit derart schreckliche Ausmaße angenommen habe. Doch wir können die eigentliche Ursache auf die Eltern zurückführen, die Dinge auf ihren Eßtisch gestellt haben, durch die der Appetit ihrer Kinder auf starke Reize konditioniert wurde. Sie haben den Samen der Unmäßigkeit in ihre Kinder selbst hineingelegt, und es ist ihre Schuld, wenn sie zu Alkoholikern werden. („Health Reformer", Mai 1877)

Das Essen ist oft so beschaffen, daß es den Wunsch nach stimulierenden Getränken weckt. Üppige Gerichte werden den Kindern vorgesetzt, stark gewürzte Speisen, fette Braten, Kuchen und Pasteten. Dieses überwürzte Essen reizt den Magen und weckt die Gier nach noch stärkeren Reizmitteln. Dadurch werden die Kinder dazu verführt, bei den Mahlzeiten hemmungslos von ungesunden Speisen zu essen, außerdem läßt man sie noch zwischen den Mahlzeiten naschen, und wenn sie zwölf oder vierzehn Jahre alt sind, haben sie oft schon eine Verdauungsschwäche.

Vielleicht habt ihr schon einmal das Bild eines Alkoholikermagens gesehen. Ein ähnlicher Zustand wird erreicht, wenn man zu scharfe Gewürze verwendet. Ist der Magen schon überreizt, entsteht eine Gier nach immer stärkeren Reizen. Als nächstes erwischt ihr eure Söhne dann draußen auf der Straße dabei, wie sie das Rauchen ausprobieren. („Counsels on Diet and Foods", S. 235.236)

Die Straße zur Unmäßigkeit

Aus Unwissenheit oder Gleichgültigkeit erteilen Eltern ihren Kindern die ersten Lektionen in Unmäßigkeit.

Am Eßtisch, der mit schädlichen Gewürzen, üppigen Speisen und scharfgewürzten Knabbereien überladen ist, entwickelt das Kind eine Vorliebe für das, was ihm schadet, die zarte Magenschleimhaut reizt, das Blut erhitzt und die Triebhaftigkeit fördert. Der Appetit richtet sich schon bald auf stärkere Reize. Dann raucht man, um diese Gier zu stillen, und das wiederum steigert die Lust auf stärkere Anregungsmittel. Schon bald greift man zum Alkohol und wird abhängig. So verläuft die „großartige" Straße zur Unmäßigkeit. („Review and Herald", 6. September 1877)

Die sittlichen Kräfte werden gelähmt

Die ungezügelte Eßlust ist ein Einfallstor für andere Leidenschaften. Dadurch werden moralische Kräfte gelähmt, so daß die elterlichen Anleitungen zu grundsatztreuer Lebensweise und echter Rechtschaffenheit am Ohr abprallen, ohne das Herz zu berühren. Die eindringlichsten Warnungen und Drohungen des Wortes Gottes sind nicht stark genug, den betäubten Verstand aufzurütteln und das abgestumpfte Gewissen zu wecken.

Durch Nachgiebigkeit gegenüber Eßlust und Leidenschaft wird das Gemüt übererregt und das Denken geschwächt. Dadurch wird man unfähig zum Lernen. Unsere jungen Leute müssen in Physiologie genauso ausgebildet werden wie in Literatur und anderen Wissenschaften. Sie müssen die Wechselbeziehungen begreifen, die zwischen ihren Eß-, Trink- und Lebensgewohnheiten und ihrem Gesundheitszustand bestehen.

Wenn sie ihre Grenzen erkennen, dann werden sie wissen, wie man sich vor Schwäche und Krankheit schützen kann. Wenn sie eine gesunde Konstitution haben, dann können sie hoffen, fast alles zu erreichen. Güte, Liebe und Ehrfurcht vor Gott können kultiviert werden. Wenn es aber an Körperkraft mangelt, dann zeigt sich das auch an den geschwächten sittlichen Kräften. Der Apostel sagt: „Laßt also euren vergänglichen Körper nicht von der Sünde beherrscht werden! Gehorcht nicht euren Leidenschaften!" (Rö 6,12 GN) („Health Reformer", Dezember 1872)

Es geht andere durchaus etwas an!

Du solltest dich einmal gründlich damit befassen, was Maßhalten in allen Dingen bedeutet. Du mußt herausfinden, was das mit Essen und Trinken zu tun hat. Und doch sagst du immer noch: „Es geht niemanden etwas an, was ich esse oder trinke oder auf meinen Tisch bringe!"

Aber es geht andere durchaus etwas an, es sei denn, du sperrst deine Kinder ein oder ziehst in die Wildnis, wo du niemandem zur Last fällst, und wo deine ungezogenen, frechen Kinder nicht ihre Umgebung verderben. („Testimonies", Bd. 2, S. 362)

Erzieht die Kinder dazu, auf ihr Gewissen zu hören

Eltern müssen ihren Kindern ein starkes Gewissen anerziehen, damit sie einen unabhängigen, vernünftigen Standpunkt beziehen können, ihren Verstand gebrauchen und nach klaren Grundsätzen handeln, statt plötzlichen Impulsen und Launen zu folgen.

Die Mütter sollten sich nicht um die neuste Mode kümmern, sondern um den Weg der Pflicht und Tauglichkeit. Dahin sollten sie die Schritte ihrer Kinder lenken und sie an das Einfache, Natürliche heranführen, an moralische Reinheit und Standhaftigkeit, so daß die Kinder auch allein bestehen können, wenn es um das Rechte geht.

Das wird den Jugendlichen mehr nützen als geniale Begabungen und eine Anhäufung theoretischen Wissens und äußerlicher Formen, die ihnen die Welt vermitteln kann.

Bringt euren Kindern bei, den rechten Weg zu gehen, dann werden sie andere auch auf diesen Weg führen. Und ihr dürft erfahren, daß ihr nicht vergeblich lebt, denn ihr seid Werkzeuge, die kostbare Früchte in die Scheune Gottes bringen. („Review and Herald", 6. November 1883)

Die Eltern sollen die Gesetzmäßigkeiten des Lebens studieren

Die Gesetze des Lebens und der Gesundheit kennenzulernen, sollte für Eltern einen wichtigen Stellenwert haben, damit bei der Zubereitung der Nahrung und durch andere Gewohnheiten nichts geschieht, das in ihren Kindern negative Neigungen fördert.

Wie sorgfältig sollten Mütter darauf achten, daß sie einfache, gesunde Nahrung auf den Tisch bringen, damit die Verdauungsorgane ihrer Kinder nicht geschwächt werden und ihr Nervensystem nicht aus dem Gleichgewicht gerät. Die Nahrung, die man ihnen vorsetzt, darf dem, was man sie lehrt, nicht widersprechen. Entweder stärkt sie den Magen oder sie schwächt ihn, und das hat viel mit der physischen und psychischen Verfassung der Kinder zu tun, die Gottes teuer erkauftes Eigentum sind.

Was für eine heilige Pflicht ist den Eltern anvertraut! Sie sollen die körperliche und sittliche Konstitution ihrer Kinder bewahren, so daß sie nervlich ausgeglichen sind und ihre Seele nicht gefährdet wird. („Testimonies", Bd. 3, S. 568)

Auch Kinder müssen über körperliche Zusammenhänge Bescheid wissen

Eltern sollten in ihren Kindern das Interesse für körperliche Zusammenhänge wecken. So bald sie anfangen, vernünftig zu denken, sollte man sie über die Belange ihres Körpers aufklären. Von allen Wundern der Schöpfung in der Natur ist der menschliche Körper das größte. Deshalb ist die Physiologie ein sehr wichtiges Unterrichtsfach für Kinder. Und dann haben die Eltern die Aufgabe, für die praktische Durchführung der Körperpflege zu sorgen.

Die Kinder müssen verstehen lernen, daß jedes Organ des Körpers und jede geistige Fähigkeit das Geschenk eines guten und weisen Gottes ist, das zu seiner Ehre eingesetzt werden soll. Man muß auf richtigen Eß-, Trink- und Kleidungsgewohnheiten bestehen. Falsche Gewohnheiten machen die Jugendlichen weniger empfänglich für biblische Unterweisungen.

Die Kinder müssen davor bewahrt werden, ihrer Eßlust bedenkenlos nachzugeben. Insbesondere soll man sie vor dem Konsum von Aufputschmitteln und Narkotika bewahren. („Counsels to Teachers", S. 125.126)

Gerüstet zum Widerstand gegen Versuchung

Kinder sollten so trainiert und erzogen werden, daß sie schon damit rechnen, immer wieder auf Probleme zu stoßen. Sie müssen auf Versuchungen und Gefahren vorbereitet sein. Sie sollten gelernt haben, sich selbst zu beherrschen und Probleme souverän zu lösen.

Wenn sie sich nicht absichtlich in Gefahr begeben, sich nicht unnötig in Versuchung bringen, wenn sie negative Einflüsse und schlechte Gesellschaft meiden, aber trotzdem ohne ihr Zutun in gefährliche Gesellschaft geraten, werden sie genügend Charakterstärke haben, um für das Rechte einzutreten. Sie werden an ihren Grundsätzen festhalten und in der Kraft Gottes aus dieser Situation unbeschadet hervorgehen.

Wenn Jugendliche richtig erzogen wurden und Gott vertrauen, werden sie genügend moralische Kraft haben, um auch die stärksten Prüfungen zu bestehen. („Health Reformer", Dezember 1872)

Wenn man den Jugendlichen, die die Gesellschaft formen und beeinflussen, richtige Prinzipien über Mäßigkeit einprägen würde, dann bestünde kaum Bedarf an Mäßigkeitsprojekten. Überall würde man auf gefestigte Persönlichkeiten stoßen, die sich selbst beherrschen können, und die in der Kraft Jesu den Versuchungen dieser letzten Tage widerstehen. („Christian Temperance and Bible Hygiene", S. 79)

Welche Zukunft hat unsere Jugend?

Ein Vorgeschmack auf die Zukunft

Die Jugend von heute ist ein zuverlässiger Gradmesser für die Zukunft der Gesellschaft. Wenn wir sie als solchen betrachten, was haben wir dann von der Zukunft zu erwarten? Die meisten denken nur an ihr Vergnügen und halten wenig vom Arbeiten. Es mangelt ihnen an Rückgrat, auch einmal auf etwas zu verzichten und statt dessen ihre Pflicht zu tun. Sie haben nur wenig Selbstbeherrschung und werden beim leisesten Anlaß ärgerlich oder wütend.

Sehr viele besitzen weder Grundsätze noch Gewissen – und das ist auf keine Altersstufe oder Lebensphase beschränkt. Mit ihrer

Verschwendungssucht und ihrem Leichtsinn verfallen sie in Laster und verderben die Gesellschaft, bis unsere Welt ein zweites Sodom geworden ist. („Christian Temperance and Bible Hygiene", S. 45)

Es ist an der Zeit, gute Gewohnheiten aufzubauen

Gute Gewohnheiten, die man in der Jugend erwirbt, begleiten einen Menschen in der Regel durch das ganze Leben. In den meisten Fällen wird man feststellen, daß Menschen, die Gott ehren und das Recht hochhalten, dies schon gelernt haben, bevor die Welt ihrer Seele das Brandzeichen der Sünde aufdrücken konnte. Die Älteren sind meist für neue Eindrücke so unsensibel wie ein harter Fels, doch Jugendliche sind empfänglich.

Die Jugendzeit ist ideal, um das Wissen zu erwerben, das man für das praktische Alltagsleben braucht; da kann ein guter Charakter noch leicht geformt werden. Es ist die beste Zeit, um gute Gewohnheiten zu entwickeln und Selbstbeherrschung zu lernen und zu praktizieren. Jugendzeit ist Saatzeit, und was man in dieser Zeit sät, wird man ernten – in diesem und im kommenden Leben. („Counsels on Health", S. 113)

Ein maßvolles Leben ist ein Zeichen von Charakterstärke

Der einzige Weg, um vor der Macht der Unmäßigkeit beschützt zu bleiben, ist der totale Verzicht auf Wein, Bier und starke Getränke. Wir müssen unseren Kindern beibringen, daß sie nur dann wirklich starke Männer und Frauen werden, wenn sie diese Dinge lassen.

Gott hat uns gezeigt, worin echte Charakterstärke besteht: Wer überwindet, wird geehrt, und sein Name wird nicht aus dem Buch des Lebens gestrichen. („Christian Temperance and Bible Hygiene", S. 37)

In unseren Großstädten sieht man auf allen Straßenseiten Saloons, durch die Vorübergehende versucht werden, sich auf Genüsse einzulassen, die, wenn sie zu festen Gewohnheiten geworden sind, nur äußerst schwer wieder abgelegt werden können. Die Jugendlichen sollten dazu erzogen werden, niemals Tabak oder Alkohol zu kosten. Alkohol beraubt die Menschen ihrer Vernunft. („Review and Herald", 15. Januar 1905)

Nadab und Abihu hatten sich das Trinken angewöhnt

Alles, was die körperlichen Kräfte schwächt, schwächt auch das Denken und setzt das Urteilsvermögen herab, so daß man nicht mehr zwischen gut und böse unterscheiden kann.

Dieses Prinzip zeigt sich am Beispiel Nadabs und Abihus. Gott übertrug ihnen eine heilige Aufgabe. Er erlaubte ihnen, ihm während ihres Dienstes ganz nahe zu kommen. Doch sie hatten sich das Weintrinken angewöhnt und traten ihren heiligen Dienst in der Stiftshütte mit benebelten Sinnen an. „Da fuhr ein Feuer aus von dem Herrn und verzehrte sie, daß sie starben vor dem Herrn." (3 Mo 10,2) („Fundamentals of Christian Education", S. 427.428)

Eine Warnung an Eltern und Jugendliche

Eltern und Kinder sollten sich von der Geschichte Nadabs und Abihus warnen lassen. Weil sie ihrer Eßlust und anderen Gelüsten hemmungslos nachgaben, wurde ihre Vernunft getrübt. Das führte dazu, daß sie ein ausdrückliches Gebot Gottes übertraten, was Gottes Strafe nach sich zog.

Auch Kinder, die nicht richtig erzogen wurden und deren Charakter nicht optimal geformt ist, lädt Gott ein, in seine Nähe zu kommen, wie er auch mit Nadab und Abihu enge Gemeinschaft pflegte. Er stellt nur eine einzige Bedingung: Sie müssen seine Anordnungen ernst nehmen. Wenn sie ihren Willen vertrauensvoll und mutig dem Willen Gottes unterstellen, dann wird er sie lehren, und ihr Leben kann so rein sein wie die Lilie, die trotz des schmutzigen Wassers ihren Duft verströmt.

Sie müssen sich durch die Kraft Jesu dazu entschließen, ihre Wünsche und Leidenschaften zu beherrschen und täglich über Satans Versuchungen Siege zu erringen. Das ist der Weg, den Gott vorgezeichnet hat, wenn Menschen seinen heiligen Zielen dienen möchten. („Signs of the Times", 8. Juli 1880)

Der einzige, der Ehre verdient

Nur der junge Mann, der fest entschlossen ist, seinen Appetit unter Gottes Herrschaft zu stellen, und der gleich bei der ersten Versuchung widersteht, wenn ihm alkoholische Getränke angeboten werden und höflich, aber bestimmt „Nein danke", sagt, verdient Ehre. Die jungen Männer sollen sich zur totalen Abstinenz durchringen, auch wenn Prominente heutzutage in der Öffentlichkeit nicht die Zivilcourage besitzen, tapfer gegen eine Gewohnheit zu kämpfen, die Gesundheit und Leben ruiniert. (Brief 166, 1903)

Der Einfluß eines einzigen Jugendlichen, der sich Gott geweiht hat

Ein Jugendlicher, der zu Hause richtig angeleitet wird, ist aus festem Holz geschnitzt. Und wenn er seine Kraft richtig dafür einsetzt, kann er durch sein Beispiel und durch sein Leben einen starken Einfluß in dieser Welt ausüben, andere auf den Weg der Gerechtigkeit führen und darin bestärken.

Durch jede einzelne Seele, die gerettet wird, können viele andere gerettet werden. („Review and Herald", 10. Juli 1888)

Ein Gewebe von Gewohnheiten

Denkt daran, daß ihr täglich an eurem ganz persönlichen Netz von Gewohnheiten webt. Wenn diese Gewohnheiten mit dem Maßstab der Bibel übereinstimmen, kommt ihr dem Himmel jeden Tag ein Stück näher und ihr nehmt zu in der Gnade und in der Wahrheit. Gott wird euch Weisheit schenken, wie er sie auch Daniel gab. Ihr werdet euch dann nicht von egoistischen Wünschen leiten lassen.

Praktiziert konsequente Mäßigkeit und bemüht euch darum, die Gesetze heilig zu achten, nach denen Gott euer physisches Dasein regiert. Gott hat ein Recht auf eure Fähigkeiten. Deshalb ist der leichtsinnige Umgang mit den Gesundheitsgesetzen Sünde.

Je besser ihr die Gesundheitsgesetze beachtet, um so klarer könnt ihr Versuchungen als solche erkennen, ihnen widerstehen und den Wert ewiger Dinge richtig einschätzen. („The Youth's Instructor", 25. August 1886, S. 135)

Daniels Beispiel

Kein junger Mann, keine junge Frau wurde schwerer versucht als Daniel und seine Freunde. Diesen vier jungen Hebräern wurde Wein und Fleisch von der königlichen Tafel zugeteilt. Aber sie entschlossen sich zum Verzicht. Sie sahen, daß sie überall von Gefahren umgeben waren, und wenn sie den Versuchungen widerstehen wollten, würde das ihren entschiedenen Einsatz fordern, wobei sie alles weitere im Vertrauen Gott überließen. Die Jugendlichen, die wie Daniel feststehen möchten, müssen ihre geistlichen Fähigkeiten bis zum Äußersten einsetzen und mit Gott zusammenarbeiten, indem sie voll und ganz der Kraft vertrauen, die er allen versprochen hat, die in Demut und Gehorsam zu ihm kommen.

Zwischen Tugend und Laster tobt ein ständiger Kampf. Die chaotischen Elemente des einen und die reinen Prinzipien des anderen bekämpfen sich in ihrem Streben nach der Oberherrschaft. Satan nähert sich jedem Menschen mit Versuchungen verschiedenster Art, die alle auf die menschlichen Triebe ausgerichtet sind. Die Maßlosigkeit nimmt in beängstigender Weise überhand und wir müssen feststellen, daß dieses Übel auch noch gepflegt wird.

Es ist ehrenhaft, nein zu sagen

Die Nachfolger Jesu brauchen sich wegen ihrer Selbstbeherrschung und maßvollen Lebensweise nicht zu schämen. Warum sollte sich denn ein junger Mann genieren, wenn er das Weinglas oder den Bierkrug zurückweist?

Wer sich weigert, ungesunden Gelüsten nachzugeben, der handelt doch ehrenhaft. Sündigen ist charakterlos; schädlicher Gewohnheit beim Essen oder Trinken nicht zu widerstehen, ist schwach, feige und erniedrigend. Aber eine verkehrte, ungesunde Lebensweise abzulehnen, das ist stark, mutig und edel. Daniel war am babylonischen Königshof von Verlockungen zur Sünde umgeben, doch mit der Hilfe Christi blieb er anständig. Wer der Versuchung nicht widerstehen kann, obwohl ihm genügend Kraft dazu zur Verfügung steht, wird in den Büchern des Himmels nicht als charakterlich starker Mensch geführt.

Wage es, ein Daniel zu sein, riskiere es, allein zu stehen! Hab den Mut, das Richtige zu tun. Wer sich vor schlimmen Gefährten feige zurückhält und still bleibt, während er ihren heimtückischen Plänen zuhört, macht sich ihnen gleich. „Geht aus von ihnen und trennt euch", sagt der Herr, „und rührt nichts Unreines an. Dann will ich euch annehmen und will euch ein Vater sein, und ihr sollt meine Söhne und Töchter sein."

Zivilcourage ist gefragt!

Zu allen Zeiten und unter allen Umständen braucht man Mut, um konsequent an den Grundsätzen der Mäßigkeit festzuhalten. Wir müssen damit rechnen, daß Menschen, die selbst nicht konsequent auf alle Anregungs- und Aufputschmittel verzichten, erstaunt reagieren. Doch wie sollen wir das Werk der Reform vorantreiben, wenn wir uns den gefährlichen Gewohnheiten und Bräuchen derer anpassen, mit denen wir dabei zusammenkommen? ...

Im Namen Jesu und mit seiner Kraft kann jeder Jugendliche in dieser Zeit den Feind auf dem Gebiet der Genußsucht besiegen. Meine lieben jungen Freunde, geht Schritt für Schritt voran, bis all eure Gewohnheiten mit den Gesetzen des Lebens und der Gesundheit übereinstimmen. Jesus, der in der Wüste der Versuchung widerstand, erklärt: „Wer den Sieg erlangt, dem gebe ich das Recht, mit mir auf meinem Thron zu sitzen, so wie ich als Sieger nun mit meinem Vater auf seinem Thron sitze." (Offb 3,21 GN) („The Youth's Instructor", 16. Juli 1903)

Wir werden nicht von der Versuchung verschont

Daniel liebte Gott. Er nahm ihn ernst und gehorchte ihm. Und doch floh er nicht aus der Welt, um ihrem verderblichen Einfluß zu entkommen. Gott wollte, daß er in der Welt blieb, aber nicht „von der Welt" war. Trotz aller Versuchungen und der Faszination des Hoflebens um ihn herum, stand er doch innerlich felsenfest zu seinen Grundsätzen. Er machte Gott zu seiner Stärke und wurde von ihm in der Zeit der größten Not nicht verlassen. („Testimonies", Bd. 4, S. 569.570)

Das Ergebnis einer guten Erziehung

Daniels Eltern hatten ihn von Anfang an dazu erzogen, konsequent gesund zu leben. Sie hatten ihn gelehrt, die Naturgesetze zu beachten, denn durch Essen und Trinken beeinflußt man Körper, Seele und Geist und auch die Beziehung zu Gott. Er wußte, daß er vor Gott für seine Fähigkeiten verantwortlich war, weil sie eine Gabe Gottes sind und nicht durch unser Handeln beeinträchtigt werden dürfen. Als Ergebnis dieser Erziehung räumte er dem Gesetz Gottes in seinem Denken und in seinem Herzen den wichtigsten Platz ein und achtete es hoch.

Während der ersten Jahre seiner Gefangenschaft mußte Daniel eine „Feuerprobe" über sich ergehen lassen, die ihn mit dem Prunk des Hoflebens vertraut machen sollte, mit Heuchelei und Heidentum. Das war wirklich eine seltsame Schule, um für ein Leben tauglich zu werden, in dem er Rechtschaffenheit, Fleiß und Zuverlässigkeit an den Tag legen sollte. Und doch blieb er von der schlechten Umgebung unbeeinflußt.

Was Daniel und seine jungen Freunde erlebten, zeigt die Vorteile, die eine einfache Ernährung haben kann, und es zeigt auch, was Gott für alle zu tun bereit ist, die bei der Reinigung und Veredelung ihrer Seele mit ihm zusammenarbeiten wollen. Diese Jugendlichen machten Gott Ehre. Sie waren am Königshof von Babylon ein helles Licht.

Gottes Ruf an uns

In dieser Geschichte hören wir die Stimme Gottes, die uns persönlich anspricht. Er bittet uns, die kostbaren Lichtstrahlen zu sammeln, die wir über das Thema der Mäßigkeit bekommen haben, und die rechte Einstellung gegenüber den Gesundheitsgesetzen zu finden. Wir möchten ja an dem ewigen Erbe teilhaben. Wir wollen einen Platz in der Stadt Gottes haben, in der es nichts Unreines gibt.

Der ganze Himmel beobachtet uns, um zu sehen, wie wir den Kampf gegen die Versuchung bestehen. Alle, die den Namen Christi bekennen, sollen so leben, daß die Umwelt durch ihr Vorbild die Grundsätze einer richtigen Lebensweise erlernt. „Ich ermahne euch nun, liebe Brüder, durch die Barmherzigkeit Gottes, daß ihr eure Leiber hingebt als ein Opfer, das lebendig, heilig und Gott wohlgefällig ist. Das sei euer vernünftiger Gottesdienst." (Rö 12,1) („Christian Temperance and Bible Hygiene", S. 23.24)

Studenten müssen besonders vorsichtig sein

Die Art der Nahrung und auch die Art, wie gegessen wird, üben einen mächtigen Einfluß auf die Gesundheit aus. Viele Studenten bemühen sich nicht entschieden darum, ihre Eßlust zu beherrschen oder vernünftige Ernährungsregeln zu beachten. Einige essen bei den Mahlzeiten zu viel, andere naschen zwischen den Mahlzeiten, wenn sie gerade Lust darauf verspüren.

Allen Studenten sollte eingeprägt werden, daß sie auf ihre Eßgewohnheiten achten müssen. Ich bin angewiesen worden, daß unsere Schüler kein Fleisch bekommen sollen und auch sonst nichts Ungesundes. Nichts, was die Lust auf Reizmittel wecken könnte, darf auf den Tisch kommen. Ich appelliere an alle, nichts zu essen, was die Gesundheit beeinträchtigen könnte. Sie dienen durch diese Opfer dem Herrn. („Counsels to Teachers", S. 297.298)

Zeigt euch als freie Männer!

Ihr jungen Männer, die ihr meint, ihr könntet das einfache gesunde Essen, das euch am Health Institute serviert wird, nicht essen und müßtet in ein Restaurant gehen, um etwas zu bestellen, das euren Appetit befriedigt: Es ist höchste Zeit für euch, aufzuwachen und euch als freie Männer zu beweisen! (Manuskript 3, 1888)

Begebt euch nicht in Versuchung

Läßt du dich von einer kurzzeitigen, irdischen Beschäftigung in Versuchung führen? Zweifelst du an deinem Herrn, der dich liebt? Willst du deine Aufgabe, Gott zu dienen, vernachlässigen?

Deine Kameraden sind total irdisch und sinnlich eingestellt und hören auf den Teufel. Du hast eine Luft eingeatmet, die mit moralischer Malaria infiziert ist, und du stehst in großer Gefahr, dort zu versagen, wo du siegen könntest, wenn du eine richtige Beziehung zu Jesus eingehen und sein Leben und seinen Charakter zu deinem Maßstab machen würdest. Denn damit du der Verdorbenheit entfliehen kannst, die durch das Lustprinzip in der Welt vorherrscht, mußt du am Wesen Gottes teilhaben. Es ist deine Aufgabe, deiner Seele die Atmosphäre des Himmels zu erhalten.

Du solltest dich nicht in eine Gesellschaft begeben, die dich verdirbt. Ich habe dich aufrichtig lieb, und deshalb flehe ich dich an, so weit wie möglich die Gesellschaft der leichtsinnigen, zügellosen und gottlosen Menschen zu meiden. Bete: „Führe mich nicht in

Versuchung!" Das heißt: „Herr, bitte laß nicht zu, daß wir überwunden werden, wenn wir in Versuchungen hineingeraten." Wache und bete, damit du nicht in Versuchung gerätst. Es ist ein großer Unterschied ob man versucht wird oder sich selbst in Versuchung begibt. (Brief 8, 1893)

Jesus war gesellig und trotzdem in allem selbstbeherrscht

Jesus tadelte Unmäßigkeit, egoistische Triebbefriedigung und unnötigen Aufwand, und doch war er aufgeschlossen und gesellig. Er ließ sich von gebildeten und vornehmen Leuten zum Essen einladen, aber ebenso von Armen und Angefochtenen.

Bei diesen Gelegenheiten führte er aufbauende Gespräche, aus denen seine Gesprächspartner etwas lernen konnten. Er verstand es, seine Hörer zu fesseln. Er gestattete weder Zügellosigkeit noch Rivalitäten, aber er hatte Freude an unschuldiger Fröhlichkeit. Eine jüdische Hochzeit war ein feierliches und eindrucksvolles Fest; der Menschensohn hatte Gefallen an Freude und Vergnügen. („Redemption; or the Miracles of Jesus", S. 13.14)

Anleiten, aber nicht unterdrücken

Das Wort Gottes verurteilt oder unterdrückt den Tatendrang der Menschen nicht, sondern versucht, ihn in die richtigen Bahnen zu lenken. Während die Welt den Verstand und das Gemüt der Menschen mit erregenden Szenen füllen möchte, legt der Herr dir die Bibel in die Hand, damit du sie studierst, sie wertschätzt und sie als Orientierung für jeden deiner Schritte betrachtest. Das Wort ist dein Licht. (Brief 8, 1893)

Kapitel 10

Vorbeugende Maßnahmen

Erziehung zur Mäßigkeit

Was können wir tun?

Wie können wir uns der Flut des Bösen entgegenstemmen? Gesetze könnten erlassen werden, die den Verkauf und Konsum von alkoholischen Getränken untersagen und streng bestrafen. Außerdem könnte man die Abhängigen ermutigen: Sie können durchaus frei werden und ein anständiges Leben führen. Doch braucht man noch mehr, um den Fluch aufzuheben, den die Sucht über unser Land geworfen hat.

Wenn wir die Nachfrage nach berauschenden Getränken eindämmen könnten, müßte auch der Verkauf aufhören. („Gospel Workers", S. 388)

Eine entsprechende Erziehung bringt eine reiche Ernte

Männer verschiedener Berufe und Stände wurden durch die Befleckungen der Welt erniedrigt; durch alkoholische Getränke und Fleischeslust sind sie den Versuchungen erlegen. Während die Gefallenen unser Mitleid erregen und unsere Hilfe benötigen, sollten wir auch denen unsere Aufmerksamkeit schenken, die noch nicht so tief gesunken sind, aber denselben Weg einschlagen. („Schatzkammer der Zeugnisse", Bd. 2, S. 442)

Würde nur die Hälfte aller Bemühungen, die man zur Bekämpfung dieses riesigen Übels aufwendet, darauf ausgerichtet, die Eltern über ihre Verantwortung, die Gewohnheiten und die Charaktere ihrer Kinder zu formen, aufzuklären, dann könnte man tausendmal so viel Gutes erreichen, wie mit den augenblicklichen Bestrebungen, die sich nur auf die Eindämmung des Übels konzentrieren.

Die unnatürliche Lust auf Alkohol entsteht zu Hause, in vielen Fällen sogar am Eßtisch derer, die sich am eifrigsten für die Mäßigkeit engagieren. Wir bitten alle Mitarbeiter, sich weiterhin für die Mäßigkeit einzusetzen und wünschen ihnen für ihre Aufgabe alles Gute, aber sie sollten noch tiefer nach den Wurzeln des Übels forschen, das sie bekämpfen, und bei der Neugestaltung von Lebensgewohnheiten noch gründlicher und konsequenter vorgehen. („Signs of the Times", 17. November 1890)

Was sollten wir unterrichten?

Es muß den Leuten bewußtgemacht werden, daß die Ausgewogenheit der geistigen und sittlichen Kräfte zum großen Teil von der richtigen körperlichen Kondition abhängig ist. Jede Art von Drogen und alle unnatürlichen Anregungsmittel, die dem Körper schaden und seine Funktionen schwächen, beeinträchtigen auch die Intelligenz und das sittliche Empfinden ...

Mitarbeiter, die sich für die Mäßigkeit einsetzen, haben die Aufgabe, die Leute darüber zu informieren, daß der Konsum von Aufputschmitteln aller Art die Gesundheit, den Charakter und sogar das Leben gefährden, denn sie peitschen die erschöpften Kräfte zu unnatürlicher und krampfhafter Aktivität auf. („The Ministry of Healing", S. 335)

Seid mutig und überwindet

Wir müssen uns über die Funktionen unseres Körpers sorgfältig informieren, damit wir ihn gut versorgen und pflegen können und er sich ordentlich entwickeln kann, damit Männer und Frauen das Ebenbild Gottes in seiner ganzen Schönheit widerspiegeln.

Gott erwartet, daß die Menschen den Verstand gebrauchen, den er ihnen gegeben hat. Er möchte, daß wir unsere ganze Vernunft für ihn einsetzen. Das Gewissen soll wieder die Vorrangstellung einnehmen, die ihm zusteht. Die geistigen und körperlichen Kräfte und die Gefühle müssen gepflegt werden, damit sie optimal arbeiten können ...

Meint ihr, daß es Gott gefällt, wenn eines der Organe oder eine körperliche Funktion, die er dem Menschen gegeben hat, vernachlässigt, mißbraucht oder verbildet wird, so daß das betroffene Organ nicht mehr das leisten kann, was es bei vernünftiger Behandlung hätte leisten können? Kultiviert die Gabe des Glaubens! Seid tapfer und überwindet jede Gewohnheit, die den Tempel der Seele – den Körper – verunreinigt und schwächt.

Wir sind voll und ganz von Gott abhängig. Unser Glaube wird gestärkt, wenn wir uns auch dann auf ihn verlassen, wenn wir seine Absichten mit uns nicht verstehen und die Konsequenzen nicht durchschauen können.

Der Glaube weist vorwärts und aufwärts auf das hin, was kommen wird, und klammert sich an die einzige Kraft, die uns in ihm reif und vollkommen machen kann. Gott erklärt: „Er soll sich meiner Kraft bedienen, damit er mit mir Frieden machen kann, und er wird mit mir ins reine kommen." (Manuskript 130, 1899)

Kein Thema ist interessanter

Gott sendet seine Warnungsbotschaften, um die Menschen aufzurütteln, damit sie die Gefahr erkennen, in der sie schweben. Doch Tausende, ja, Millionen beachten das Wort überhaupt nicht, das sie auf ihre Gefährdung aufmerksam machen würde.

Mit ihrer Ernährungsweise zerstören sie ihre Gesundheit. Sie verweigern sich der Einsicht, daß sie sich selbst als Sklaven verkaufen, wenn sie falsch essen und Alkohol trinken. Sie übertreten die Gesetze des Lebens und der Gesundheit, bis die Genußsucht sie fest in Ketten gelegt hat ...

Für die Bewohner unserer Großstädte müssen wir das Thema Gesundheit interessanter und ausführlicher darlegen als alles andere. Echte Mäßigkeit ruft zur totalen Abstinenz von Alkohol und Drogen auf. Außerdem fordert sie uns heraus, unser ganzes Leben zu verändern. Das betrifft Essen, Kleidung, Schlafgewohnheiten. Wer jeder Lust und Laune nachgibt, hört nicht gern, daß er eigentlich selbst darüber entscheidet, ob er eines Tages ein Pflegefall wird oder nicht. Diese Menschen müssen aufwachen und den Zusammenhang von der Ursache zur Wirkung erkennen lernen. Sie müssen sich bewußt werden, daß sie ihre Krankheiten selbst verursachen, weil sie nicht wissen, wie man sich richtig ernährt, welche Getränke schädlich sind, und wie man sich vernünftig bekleidet. (Manuskript 155, 1899)

Das Geheimnis heißt: Dranbleiben!

Wir haben beobachtet, daß die Siege, die durch solch einen „Kreuzzug gegen die Drogen" errungen wurden, nur selten dauerhaft sind. An Orten, wo die Begeisterung die höchsten Wellen schlug und auf den ersten Blick am meisten erreicht wurde, wo Lokale geschlossen und Süchtige „trocken" wurden, kam es nach einigen Monaten zum Rückfall. Danach herrschte die Trunksucht noch stärker als vor dem Versuch, sie einzudämmen.

Der Grund liegt auf der Hand: Die Veränderung ging nicht tief genug. Die Axt wurde nicht an die Wurzel des Baumes gelegt. Die Wurzeln der Unmäßigkeit liegen tiefer. Da geht es um mehr als um Alkoholkonsum. Wenn die Mäßigkeitsbestrebungen Erfolg haben sollen, dann muß die Veränderung an unseren Eßtischen beginnen. („Signs of the Times", 6. Januar 1876)

Klar und kraftvoll darlegen

Zeigt den Leuten, welch großer Segen die Ausübung der Gesundheitsgrundsätze für sie sein kann und was Gott ursprünglich mit ihnen vorhatte. Macht sie auf sein großes Opfer aufmerksam, das er brachte, um die Menschheit zu veredeln. Legt mit der Bibel in der Hand dar, was Gott fordert. Sagt den Zuhörern, daß Gott von ihnen erwartet, daß sie ihn mit ihren geistigen und körperlichen Kräften ehren. Weist sie darauf hin, daß der Feind ständig versucht, die Menschen dazu zu verführen, daß sie ihrer Genußsucht nachgeben und möglichst tief sinken.

Sagt ihnen klar, deutlich und eindringlich, daß unzählige Männer und Frauen Gottes Geld verwenden, um sich selbst zu ruinieren und diese Welt in eine Hölle zu verwandeln. Millionen Dollar werden für Substanzen ausgegeben, die Menschen um ihren Verstand bringen.

Zeigt diese Tatsache so klar auf, daß die Wucht der Argumentation nicht ignoriert werden kann. Dann erzählt euren Zuhörern vom Erlöser, der auf diese Welt kam, um Männer und Frauen von allen sündigen Gewohnheiten zu befreien. „Gott liebte die Menschen so sehr, daß er seinen einzigen Sohn hergab. Nun wird jeder, der sein Vertrauen auf den Sohn Gottes setzt, nicht zugrunde gehen, sondern ewig leben." (Jo 3,16 GN)

Bittet alle, die bei euren Versammlungen anwesend sind, bei diesem Projekt mitzuarbeiten. Beweist ihnen, daß körperliche und geistige Krankheiten ihre Ursache in schlechten Gewohnheiten haben und daß dadurch unbeschreibliches Elend entsteht.

Der Konsum von Alkohol bringt Unzählige um ihren Verstand. Und doch ist der Verkauf von Spirituosen legalisiert. Sagt den Leuten, daß sie den Himmel gewinnen und die Hölle meiden müssen. Bittet sie, ein schriftliches Versprechen zu unterzeichnen. Eure Bevollmächtigung bekommt ihr von dem großen Schöpfergott. Diese Unterschriftsblätter sollten schon vorher vorbereitet sein und am Schluß der Versammlung ausgeteilt werden. („Evangelism", S. 530)

Ein schriftliches Gelöbnis unterschreiben

Jeder Siebenten-Tags-Adventist sollte das unterschreiben

Gott gab mir die Erkenntnis, daß jedes Gemeindeglied ein solches schriftliches Versprechen unterzeichnen und der Gesellschaft für Mäßigkeit beitreten sollte. („Review and Herald", 21. Oktober 1884)

Unterschreibt selbst und ermutigt auch andere dazu

An dieser Aufgabe können sich alle Altersstufen beteiligen. Wenn euch das schriftliche Versprechen zur Mäßigkeit vorgelegt wird, dann unterschreibt es.

Tut noch mehr, engagiert euch mit aller Kraft im Kampf gegen die Übel der Unmäßigkeit und ermutigt andere, die versuchen, in dieser Welt eine Reform des Lebensstils durchzusetzen. („Review and Herald", 14. Januar 1909)

Jugendliche sollten jedes dieser schriftlichen Versprechen unterschreiben

Unmäßigkeit, Leichtsinn und Zügellosigkeit sind Geschwister. Jeder Jugendliche, der Gott ernst nimmt, sollte die Waffenrüstung anlegen und sich in den Kampf begeben. Unterschreibt alle Gelöbnisse für einen abstinenten Lebenswandel, die man euch vorlegt. Dadurch beeinflußt ihr andere und macht es ihnen leichter, ebenfalls zu unterzeichnen. Keine fadenscheinige Ausflucht sollte euch von diesem Schritt zurückhalten. Setzt euch für euer eigenes Wohlergehen ein und engagiert euch auch für andere. („The Youth's Instructor", Juli 1903, S. 16)

Alkoholiker sollen unterschreiben

Mitarbeiter beim Mäßigkeitsprojekt versuchen die Alkoholiker dazu zu bringen, daß sie ein schriftliches Gelöbnis ablegen, in Zukunft nicht mehr zu trinken. Das ist gut! (Manuskript 102, 1904)

Auch die Kinder des Alkoholikers sollen unterschreiben – Ein Aufruf!

Laßt keinen Tropfen Alkohol über eeure Lippen kommen, denn darin liegen Kummer und Irrsinn. Verschreibt euch der völligen Abstinenz, denn das ist euer einziger Schutz ...

Kein Sohn darf durch seine Worte und durch sein Beispiel zum Helfer Satans werden, indem er andere Familienmitglieder dazu verführt, den Dämon zu wecken und zu nähren, der das Leben seines Vaters zerstört und ihn vor der Zeit ins Grab gebracht hat. (Manuskript 25, 1893)

Personen in gehobenen Positionen sollen unterschreiben

Wir sollten Personen in gehobenen Positionen das Gelöbnis vorlegen, mit dem man sich zur totalen Abstinenz verpflichtet, und wir können sie bitten, das Geld zu spenden, das sie sonst für die schädlichen Gewohnheiten Rauchen und Trinken verbraucht hätten. Mit diesem Geld sollen Schulen errichtet werden, in denen Kinder und Jugendliche zu nützlichen Menschen erzogen und ausgebildet werden, damit sie ihren Platz in der Welt ausfüllen können. („Testimonies", Bd. 7, S. 58)

Unterschreibt bei Zeltversammlungen

Auf unseren Konferenzen sollten wir auf diese Arbeit aufmerksam machen und sie dadurch beleben. Wir sollten den Geschwistern die Grundsätze wahrer Mäßigkeit darbieten und um Unterschriften für das Mäßigkeitsgelübde bitten. („Schatzkammer der Zeugnisse", Bd. 2, S. 358)

Keine Entschuldigung vorbringen

Laßt keinen Vorwand gelten, wenn man euch bittet, eure Namen unter das Abstinenzgelöbnis zu setzen, sondern unterschreibt jedes dieser Blätter und bewegt andere dazu, gleichfalls zu unterschreiben. Setzt euch für das eigene Wohlergehen ein und engagiert euch für andere. Nie sollet ihr eine Gelegenheit ungenutzt verstreichen lassen, bei der ihr euren Einfluß zugunsten einer konsequenten Abstinenz und Mäßigkeit geltend machen könnt. („Counsels on Health", S. 441)

Wer nicht unterschreibt, senkt die Hemmschwelle

Nach dem Vortrag am Sonntagabend wurden die Gelöbnisblätter ausgeteilt. 137 Personen unterschrieben. Wir bedauern, daß einige nicht unterschrieben haben, und wir kennen keinen vernünftigen Grund, der ein echtes Gotteskind davon abhalten sollte. Sie entschuldigten sich damit, daß ihnen bei geschäftlichen Unternehmungen Wein angeboten würde, wie es in manchen Ländern Sitte ist. Das könnten sie nicht ablehnen, da sich ihre Geschäftspartner sonst womöglich vor den Kopf gestoßen fühlten. Ich dachte eher, sie hätten da eine ausgezeichnete Gelegenheit, sich zu ihrem Herrn und zu seinem Volk zu bekennen und ihr Licht leuchten zu lassen.

Immer und überall erfordert es Mut, wenn wir auf dem Gebiet der Genußsucht der Versuchung widerstehen wollen. Wir müssen damit rechnen, daß ein klares „Nein" bei allen, die sich nicht so eindeutig für ein enthaltsames Leben entschieden haben, Erstaunen auslöst. Aber wie sollen wir die Lebensreform vorantreiben, wenn wir uns den Gewohnheiten und Sitten unserer Umgebung anpassen? Hier haben wir Gelegenheit, zu zeigen, daß wir Gottes Volk angehören und mit diesem sinnvolle Ziele verfolgen.

Unter Biertrinkern wird man Bier angeboten bekommen und die angeblichen Kinder Gottes werden versuchen, sich mit dem gleichen Argument herauszureden, wenn sie das Abstinenzgelöbnis nicht unterschreiben, weil sie sich ebenfalls nicht unbeliebt machen möchten, indem sie nicht mithalten. Ihre Ausreden sind zwar sehr ausführlich, aber sie haben kein Gewicht.

Wir bedauern, daß Menschen, die behaupten, an die Wahrheit zu glauben, dieses Gelöbnis nicht unterzeichnen wollen. Sie verweigern damit ihrer Seele den dringend notwendigen Schutz und öffnen sich der Versuchung. So senken sie selbst die Hemmschwelle, immer bereit, sie zu übertreten und der Versuchung nachzugeben ...

Kein Mut, zum eigenen Entschluß zu stehen

Nicht alle, die sich zur Wahrheit bekennen, beziehen auch einen klaren Standpunkt bezüglich der Abstinenzbewegung, das aber wäre ihre heilige Pflicht. Sie stellen sich nicht entschieden auf die Seite der Mäßigkeit. Aus welchem Grund?

Manche sagen, daß es ihnen an Mut fehlt, sich zu dem Gelöbnis, das sie unterschrieben haben, zu bekennen, wenn ihnen Wein, Bier oder Schnaps angeboten wird. Sie sind nicht fähig, ihren Standpunkt zur Abstinenzfrage zu verteidigen. Wie soll dann ihr Name in den himmlischen Büchern stehen? („Review and Herald", 19. April 1887)

Einflußreiche Personen sollten dieses Versprechen unterzeichnen

Ich träumte, daß sich draußen viele Menschen versammelt hatten. Ein großer junger Mann, den ich schon oft in meinen Träumen gesehen habe, wenn es um wichtige Themen ging, saß in der Nähe des Vorsitzenden dieser Versammlung.

Der junge Mann stand auf und ging zu den Männern herüber, die die Veranstaltung leiteten. Er sagte: „Hier ist ein Papier, das jeder von Ihnen bitte unterschreiben sollte." Er zeigte es zuerst Bruder A. Der schaute es sich an und las laut vor: „Hiermit verspreche ich, vergorene Weine und Spirituosen aller Art zu meiden und meinen Einfluß geltend zu machen, damit möglichst viele meinem Beispiel folgen."

Es schien so, als ob Br. A. seinen Kopf schüttelte und sagte, es sei nicht nötig, daß er so etwas unterschriebe. Er wußte wohl, daß es eigentlich seine Pflicht gewesen wäre, den Kampf gegen die Unmäßigkeit zu unterstützen, aber er fühlte sich nicht gedrungen, sich hier festzulegen, weil es doch immer wieder Ausnahmesituationen gäbe.

Er reichte das Papier an Br. B. weiter, der es sorgfältig betrachtete und meinte: „Ich bin derselben Ansicht wie Br. A. Manchmal brauche ich etwas, was mich anregt, wenn ich schwach und nervös bin. Ich möchte mich nicht dazu verpflichten, daß ich unter keinen Umständen Wein oder Alkohol trinke."

Der junge Mann sah traurig und bekümmert aus, als er zu den anderen ging. Etwa 20 oder 30 reagierten genauso wie die Brüder A. und B. Dann kam er zu ihnen zurück und gab ihnen das Papier und sagte fest und entschlossen, aber mit leiser Stimme: „Ihr beiden seid in der größten Gefahr, euch von der Genußsucht überwinden zu lassen.

Die Lebensreform muß an euren Eßtischen beginnen und dann gewissenhaft weitergegeben werden, und zwar überall und zu jeder Zeit. Euer ewiges Heil hängt von der Entscheidung ab, die ihr jetzt trefft. Ihr beide habt gute Charaktereigenschaften, aber auch einige Schwächen. Seht nur, was ihr durch euren Einfluß bewirkt habt." Ich sah die Namen aller, die das Papier nicht unterschrieben hatten, auf der Rückseite stehen ...

Wieder zeigte er das Papier und sagte in einer bestimmten Art: „Unterschreibt jetzt dieses Schriftstück oder tretet von euren Posten zurück. Ihr solltet das nicht nur unterschreiben, sondern diesen Entschluß auch bei eurer Ehre einhalten. Bleibt euren Grundsätzen treu. Als Gottes Bote komme ich zu euch und fordere eure Unterschrift.

Keiner von euch begreift, wie wichtig eine Änderung der Lebensgewohnheiten ist. Doch wenn die Plagen Gottes über die Menschen kommen, wird euch klar werden, wie sinnvoll die Gesundheitsprinzipien sind und wie gut es ist, wenn man in allen Dingen maßvoll und ausgewogen lebt und auf Genußgifte verzichtet. Ein solches Leben ist die Grundlage aller guten Gaben, die von Gott kommen. Es ist die Basis aller Siege, die errungen werden und wenn ihr euch weigert, zu unterschreiben, werdet ihr nie wieder Gelegenheit dazu bekommen. Ihr müßt beide Demut lernen und milde werden, verständnisvoll, freundlich und verantwortungsbewußt, statt so grob und hart zu sein und euren Dickkopf unbedingt durchzusetzen, koste es, was es wolle ...

Ich träumte, daß sie daraufhin mit zitternden Händen unterschrieben, und alle anderen 30 unterzeichneten ebenfalls.

Dann wurde eine sehr ernste Ansprache über Mäßigkeit gehalten. Das Thema „Eßgewohnheiten" wurde aufgegriffen. Der Sprecher sagte: „Hier am Eßtisch wird das Bedürfnis nach Alkohol ausgebildet. Hemmungslosigkeit und Genußsucht sind die vorherrschenden Sünden dieser Zeit. Die unbeherrschten Eßgewohnheiten reizen den Magen und bewirken eine gewisse Verrohung ...

Der Magen wird krank, der Appetit entartet und verlangt ständig nach einem Reizmittel, das ihn aufputscht und erhitzt. Einige frönen der negativen Gewohnheit des Tee- oder Kaffeekonsums und gehen dann einen Schritt weiter zum Tabak, der die zarten Organe des Magens betäubt und sie dazu treibt, noch stärkere Reize als Tabak zu verlangen, und so gehen sie noch einen Schritt weiter und landen schließlich beim Alkohol." (Manuskript 2, 1874)

Eine frühe Erfahrung mit dem Abstinenzgelöbnis

Am 2. Juni 1879 – es war am Montag früh – besuchte ich ein Camp Meeting in Nevada, Missouri. Wir versammelten uns im Zelt und wollten einen Verein zur Förderung der Mäßigkeit und Abstinenz gründen. Es war eine ordentliche Anzahl von Glaubensgeschwistern anwesend.

Br. Butler sprach und bekannte, daß er die Abstinenzbestrebungen nicht so stark gefördert habe, wie es nötig gewesen wäre. Er meinte, er wäre immer ein konsequent mäßiger und verzichtsbereiter Mensch gewesen und hätte nie Alkohol, Tee oder Kaffee konsumiert. Und doch habe er das Gelöbnis, das in unseren Gemeinden in Umlauf war, nicht unterschrieben. Doch jetzt erkannte er, daß er dadurch andere hinderte, die es eigentlich unterschreiben sollten. Dann setzte er seinen Namen unter den von Colonel Hunter; mein Mann unterschrieb neben Br. Butler, ich gleich darunter, und Br. Farnsworth machte weiter. Das war ein guter Anfang.

Mein Mann sprach weiter, während die Unterschriftenliste herumgereicht wurde. Einige zögerten noch, weil sie meinten, daß man hier zu weit ginge, wenn man Tee und Kaffee in die Verzichtserklärung einschlösse; schließlich unterschrieben sie doch und verpflichteten sich dadurch zur totalen Abstinenz.

Br. Hunter, der als nächstes zum Sprechen aufgerufen wurde, reagierte mit einem sehr eindrucksvollen Erfahrungsbericht und erzählte, wie Gott ihn fand und was er für ihn getan hatte. Er bekannte, daß er so viel Alkohol getrunken habe, daß auf dieser Menge ein Boot hätte fahren können; jetzt aber wollte er die ganze Wahrheit annehmen, und dazu gehöre auch ein neuer Lebensstil mit allen Konsequenzen. Er hatte bereits den Alkohol und den Tabak aufgegeben und an diesem Morgen die letzte Tasse Kaffee getrunken. Er glaubt, daß diese Erkenntnisse von Gott stammen und wollte sich jetzt vom Willen Gottes leiten lassen, der auch darin zum Ausdruck kommt.

Als Ergebnis dieser Veranstaltung unterzeichneten 132 Leute das Abstinenzversprechen. Das war ein entscheidender Sieg auf dem Gebiet der Mäßigkeit. (Manuskript 79, 1907)

Setzt euch überall dafür ein

Räumt der Lebensreform einen vorrangigen Platz ein und ruft dazu auf, daß unsere Geschwister das Abstinenzversprechen unterschreiben. Ihr müßt überall darauf aufmerksam machen und es muß euch ein wichtiges Anliegen sein. (Manuskript 52, 1900)

Die Versuchung meiden

Der dunkle Punkt bleibt

Trotz des jahrtausendelangen Fortschritts, trotz der langen Erfahrung verunstaltet der dunkle Punkt auf den ersten Seiten der Menschheitsgeschichte auch unsere moderne Zivilisation. Trunksucht mit dem damit verbundenen Elend ist überall zu beobachten. Trotz der beachtlichen Anstrengungen der Leute, die sich für die

Abstinenz einsetzen, gewinnt dieses Übel noch an Boden. Es wurden zwar Gesetze erlassen, die den Alkoholverkauf regeln sollen, aber die Ausführungsbestimmungen hinken fast überall hinterher, wenn man von einigen kleineren Gebieten absieht. („Christian Temperance and Bible Hygiene", S. 29)

Die Auswirkungen der Lizenzgesetze

Schon für eine geringfügige Geldsumme kann man eine Lizenz erwerben, die dazu berechtigt, unseren Mitmenschen ein Gift zu verkaufen, das ihnen alles raubt, was dieses Leben angenehm macht, und außerdem auch noch die Hoffnung auf das ewige Leben. Weder der Gesetzgeber noch der Alkoholverkäufer sind sich über die Auswirkungen ihrer Handlungsweise im unklaren.

An der Hotelbar, im Biergarten, im Saloon geben die Menschen, die zu Sklaven ihrer Gelüste geworden sind, ihre Mittel für etwas aus, das ihnen Verstand, Gesundheit und Glück zerstört. Der Alkoholverkäufer füllt seinen Beutel mit dem Geld, das eigentlich für die Ernährung und die Kleidung der Familie des bedauernswerten Trinkers verwendet werden müßte.

Das ist die schlimmste Art des Raubes. Und doch machen Männer in hohen gesellschaftlichen und kirchlichen Positionen ihren Einfluß zugunsten dieser Lizenzgesetzgebung geltend! Und warum? Weil sie eine höhere Miete für ihre Gebäude verlangen dürfen, wenn sie sie Alkoholhändlern überlassen? Weil sie deren Interessen vertreten, um ihre politische Unterstützung zu bekommen? Weil diese angeblichen Christen heimlich selbst diesem verführerischen Gift verfallen sind? Eins ist sicher: Hätten sie eine noble Gesinnung, würden sie die Menschheit selbstlos lieben, dann fühlten sie sich nicht berechtigt, die Vernichtung ihrer Mitmenschen zu fördern.

Durch die Gesetze, die den Verkauf von Alkohol auf Lizenz erlauben, werden überall in unseren Städten und Dörfern und sogar den abgelegensten Weilern Fallen und Schlingen für diese bedauernswerten Sklaven der Genußsucht ausgelegt. Wer sich bemüht, seine Lebensgewohnheiten zu ändern, ist Tag für Tag von der Versuchung umgeben. Der schreckliche Durst des Trinkers schreit nach Befriedigung, und überall ist er umgeben von diesen Brunnen der Zerstörung. Wie oft ist er da in seiner moralischen Kraft überfordert! Wie oft werden seine Überzeugungen zum Schweigen gebracht! Er trinkt und fällt.

Dann folgen ausschweifende Nächte, Tage, an denen er abgestumpft und schwach herumhängt und sich elend fühlt. Schritt für Schritt geht es so weiter, bis der Mann, der einst ein guter Bürger sowie ein freundlicher Ehemann und Vater war, sich scheinbar in einen Dämon verwandelt hat.

Nehmen wir einmal an, die Beamten, die zu Beginn des Jahres den Alkoholhändlern die Lizenz erteilt haben, könnten am Jahresende ein zuverlässiges Bild der Auswirkungen des dadurch erlaubten Alkoholhandels sehen. Es müßte in allen schrecklichen und erschütternden Einzelheiten vor ihnen ausgebreitet werden, denn sie wissen genau, daß es der Wirklichkeit entspricht.

Väter, Mütter und Kinder sterben durch Mörderhand. Manche werden zu elenden Opfern von Kälte, Hunger, Lastern oder Geschlechtskrankheiten. Da sind Verbrecher, die in muffigen Kerkern vor sich hinbrüten, Geisteskranke, die durch Visionen von Teufeln und Ungeheuern gequält werden. Da gibt es Eltern, frühzeitig ergraut, die um ihre ehemals feinen, vielversprechenden Söhne und Töchter trauern, die sie vorzeitig begraben mußten ...

Tag für Tag steigen die qualvollen Schreie der Frauen und Kinder der Säufer zum Himmel empor. Und all dies kann der Alkoholverkäufer zu seinem Gewinn hinzuzählen. Dabei wird sein höllisches Werk noch unter dem breiten Dach des Gesetzes verübt. Dadurch wird die Gesellschaft verdorben. Arbeitshäuser und Gefängnisse sind überfüllt mit Armen und Verbrechern, und so mancher von ihnen endet am Galgen. Aber die Auswirkungen betreffen nicht nur den Trinker und seine unglückliche Familie.

Immer mehr Menschen fallen der Allgemeinheit zur Last, die Moral der Jugend wird gefährdet, das Eigentum und sogar das Leben aller Mitglieder unserer Gesellschaft steht auf dem Spiel. Doch das Bild kann gar nicht so drastisch gezeichnet werden, daß es der Realität entspräche. Keine Feder, kein Stift kann den ganzen Schrecken der Alkoholsucht beschreiben.

Wäre das einzig Negative, das aus dem Verkauf von Spirituosen entsteht, die Grausamkeit und Vernachlässigung, die Kinder von trinkenden Eltern erleiden müssen, dann wäre das schon genug, um diesen Handel zu verurteilen und zu stoppen. Der Trinker macht seinen Kindern das Leben zur Qual, aber nicht nur das, er führt sie durch sein sündhaftes Beispiel ebenfalls auf den Weg des Verbrechens. Wie können christliche Männer und Frauen dieses Übel tolerieren?

Gesetzt den Fall, ein barbarisches Volk würde unsere Kinder entführen und sie so mißhandeln, wie trinkende Eltern ihren Nachwuchs quälen, dann würde sich die gesamte Christenheit erheben, um diesen Exzessen eine Ende zu bereiten. Doch in einem Land, das angeblich nach christlichen Grundsätzen regiert wird, betrachtet man das Leid und die Untaten, die unschuldigen und hilflosen Kindern infolge des Verkaufs von Alkohol zugefügt werden, als ein notwendiges Übel! („Review and Herald", 8. November 1881)

Unter dem Schutz des Gesetzes

Die Lizenzierung des Alkoholhandels wird von vielen befürwortet, weil sie meinen, man könnte dadurch das Übel der Trunksucht steuern. Durch die Freigabe des Alkoholhandels wird er jedoch unter den Schutz des Gesetzes gestellt. Die Regierung sanktioniert diesen Handel und fördert dadurch das Übel, das sie angeblich zu unterbinden versucht. Unter dem Schutz dieser Lizenzgesetze verbreiten sich Brauereien, Destillationen und Weinkellereien im ganzen Land, und der Alkoholhändler kann seine Arbeit neben unserer Haustür verrichten.

In vielen Fällen wird ihm untersagt, Alkohol an einen Betrunkenen oder einen bekannten Trinker zu verkaufen, aber Jugendliche zum Alkoholkonsum verleiten, das darf er. Der Alkoholhandel lebt ja davon, daß in den Jugendlichen die Lust auf Spirituosen geweckt wird. Die jungen Leute werden Schritt für Schritt weitergeführt, bis sie Gewohnheitstrinker geworden sind und ihren Durst befriedigen müssen, koste es, was es wolle. Es wäre viel harmloser, dem chronischen Säufer Alkohol auszuschenken, dessen Untergang in den meisten Fällen schon unvermeidlich geworden ist, als zuzulassen, daß die Blüte unserer Jugend durch diese schreckliche Gewohnheit auf den Weg der Zerstörung gelockt wird.

Durch die Lizenzierung des Alkoholhandels werden die Menschen, die sich bemühen, ihre Lebensgewohnheiten zu verändern, ständig aufs neue versucht. Es gibt Einrichtungen, in denen die Opfer der Trunksucht Hilfe erhalten, damit sie ihre Sucht überwinden können. Das ist eine wertvolle Aufgabe, doch solange der Verkauf von Spirituosen vom Gesetz sanktioniert wird, werden die Süchtigen nur wenig von solchen Trinkerheilstätten haben. Sie können ja nicht für immer dort bleiben. Sie müssen ihren Platz in der Gesellschaft wieder einnehmen.

Die Lust auf Alkohol wird zwar unterdrückt, aber nicht ganz beseitigt, und wenn sie einer Versuchung ausgesetzt sind, wie es überall geschieht, dann fallen sie ihr nur zu leicht zum Opfer.

Wenn jemand ein bösartiges Haustier hält und es frei herumlaufen läßt, obwohl er seine Veranlagung kennt, wird er vom Gesetz des Landes für alle Schäden haftbar gemacht, die sein Tier verursacht. In den Gesetzen, die der Herr dem Volk Israel gab, wurde es ebenso gehandhabt. Wenn ein Tier für seine Bösartigkeit bekannt war und den Tod eines Menschen verursachte, mußte der Besitzer mit seinem Leben für seinen Leichtsinn oder seine Bosheit bezahlen.

Nach demselben Prinzip müßte die Regierung, die den Alkoholhandel erlaubt, für die Auswirkungen dieses Handels verantwortlich gemacht werden. Und wenn es ein todeswürdiges Verbrechen ist, ein bösartiges Tier frei herumlaufen zu lassen, um wie viel schlimmer ist dann das Verbrechen, die Arbeit des Alkoholhändlers zu legalisieren, ja, sogar zu lizenzieren!

Diese Lizenzen werden mit dem Argument erteilt, daß dadurch Steuern in die Staatskasse fließen. Aber was ist dieser Gewinn, verglichen mit den enormen Kosten, die durch Verbrecher, Geisteskranke und Sozialhilfeempfänger entstehen – alles Früchte des Alkoholhandels?!

Ein Mann begeht unter Alkoholeinfluß ein Verbrechen; er wird vor Gericht gebracht, und da werden die Gesetzgeber, die diesen Handel legalisiert haben, mit dem Ergebnis ihrer Handlungsweise konfrontiert. Sie erlauben den Verkauf dieses Rauschmittels, das einen vernünftigen Menschen in einen Irren verwandelt. Und nun müssen sie diesen Mann ins Gefängnis schicken oder an den Galgen bringen, wobei seine Frau und die Kinder dann meistens mittellos dastehen und der Gesellschaft zur Last fallen.

Wenn man nur den finanziellen Aspekt dieser Frage überdenkt, zeigt sich schon, wie unsinnig es ist, ein solches Geschäft zu tolerieren. Doch wie kann der Schaden gut gemacht werden, der entsteht, wenn ein Mensch den Verstand verliert, wenn das Ebenbild Gottes im Menschen, seine Würde, entstellt und verzerrt wird, wenn die Kinder verarmen und auf einer niedrigen sozialen Stufe leben müssen und dann wiederum ihren Kindern die schlechten Neigungen ihres trunksüchtigen Vaters vererben? („The Ministry of Healing", S. 342-344)

Was ein Verbot bewirken kann

Der Mann, der sich das Trinken angewöhnt hat, befindet sich in einer verzweifelten Situation. Sein Gehirn ist erkrankt, seine Willenskraft geschwächt. Aus eigener Kraft kann er seine Lust auf Alkohol nicht bezähmen. Man kann ihm nicht mit Vernunftargumenten beikommen, ihn nicht davon überzeugen, daß er auf sein Suchtmittel verzichten sollte. Er ist in die Grube des Lasters gefallen, und wenn er sich auch fest entschlossen hat, mit dem Trinken aufzuhören, so wird er doch wieder dazu getrieben, zum Glas zu greifen. Und mit dem ersten Schluck des Rauschmittels wird jeder gute Vorsatz über Bord geworfen, und jede Regung des Willens ausgeschaltet ...

Durch die Legalisierung des Alkoholhandels sanktioniert das Gesetz den Untergang dieser Menschen und verhindert, daß der Handel, der die Welt mit Bösem erfüllt, eingedämmt werden kann.

Muß das immer so weitergehen? Werden die Menschen immer um den Sieg ringen müssen, wobei die Tür zur Versuchung weit offen steht? Muß der Fluch der Unmäßigkeit immer wie ein Damoklesschwert über der zivilisierten Welt schweben? Muß die Trunksucht jedes Jahr wie ein vernichtendes Feuer über unzählige Familien, die vorher miteinander glücklich waren, hinwegfegen?

Wenn ein Schiff in Strandnähe zu Bruch geht, sehen die Leute nicht untätig zu. Sie riskieren ihr Leben in dem Bemühen, die gefährdeten Menschen vor dem Wassergrab zu retten. Wie viel mehr muß man sich darum bemühen, sie vor dem Schicksal der Trunksucht zu bewahren!

Nicht nur der Trinker selbst und seine Familie sind durch das Werk des Alkoholhändlers gefährdet. Auch die zusätzliche Steuerlast, die dieser Handel der Gesellschaft aufbürdet, ist nicht das Grundübel. Dieses Übel hat Auswirkungen in jeden Bereich unserer Gesellschaft, und wir sind alle davon betroffen.

So mancher Mann, der aus Liebe zum Geld oder aus Bequemlichkeit nichts mit Initiativen zu tun haben wollte, die den Alkoholhandel einschränken, muß entdecken, daß er durchaus von diesem Geschäft betroffen ist. Dann ist es zu spät und er kann nur noch hilflos zusehen, wie seine eigenen Kinder abrutschen und zerstört werden.

Die Kriminalität nimmt überhand. Das Eigentum ist in Gefahr. Das Leben ist unsicher geworden. Unfälle zur See und zu Lande häufen sich. Krankheiten, die in den Elendsvierteln ausgebrütet werden, finden ihren Weg in die luxuriösen Herrenhäuser. Laster und Untaten, die bisher nur von Kindern heruntergekommener und krimineller Familien verübt wurden, greifen nun auch auf Söhne und Töchter gebildeter und feiner Leute über.

Es gibt niemanden, der nicht in irgendeiner Weise vom Alkoholhandel betroffen wäre. Deshalb sollte jeder um seiner eigenen Sicherheit willen dafür sorgen, daß er aufhört. („The Ministry of Healing", S. 344.345)

Die Gesellschaft kann nie gesunden, solange diese Übel existieren. Es wird keine echte Änderung geben, bis die Bars und Saloons per Gesetz geschlossen werden, und zwar nicht nur sonntags, sondern die ganze Woche hindurch. Das Schließen dieser Saloons würde die öffentliche Ordnung und das häusliche Glück fördern. („Signs of the Times", 11. Februar 1886)

Die Ehre Gottes, die Stabilität eines Volkes, das Wohlergehen der Gesellschaft, der Familie sowie des einzelnen erfordern, daß man jede mögliche Anstrengung unternimmt, um die Menschen gegen die negativen Folgen der Unmäßigkeit aufzurütteln. Schon bald werden wir die Auswirkungen dieses schrecklichen Übels sehen, und sie werden ärger sein als je zuvor. Wer wird sich entschlossen dafür einsetzen, dieses Zerstörungswerk aufzuhalten? Dabei hat der Kampf gerade erst begonnen. Ein ganzes Heer sollte aufgestellt werden, um den Verkauf von Drogen und Alkoholika zu verhindern, die die Menschen um den Verstand bringen.

Die Gefahr, die vom Alkoholhandel ausgeht, muß deutlich aufgezeigt werden. Die Stimmung in der Öffentlichkeit sollte dahingehend beeinflußt werden, daß alle ein Alkoholverbot fordern. So könnten die Menschen, die trunksüchtig geworden sind, eine neue Chance erhalten, davon loszukommen. Die Stimme des Volkes sollte von den Gesetzgebern fordern, daß man diesem schändlichen Handel ein Ende setzt. („The Ministry of Healing", S. 346)

Ablenkung und harmlose Ersatzangebote

Was zuviel Freizeit, zu wenige Ziele und schlechte Gesellschaft bewirken

Aber um die Unmäßigkeit an der Wurzel zu packen, müssen wir tiefer gehen als bis zum Genuß von Alkohol oder Tabak. Müßiggang, Ziellosigkeit oder schlechte Gesellschaft können die wegbereitende Ursache sein. („Erziehung", S. 188)

Was ein attraktives Zuhause bewirkt

Macht euer Heim so anziehend wie möglich. Schlagt die schweren Vorhänge zurück und laßt das Sonnenlicht, den Arzt, der vom Himmel scheint, herein. Ihr wollt zu Hause Frieden und Ruhe haben und wünscht euch, daß eure Kinder einen angenehmen Charakter entwickeln. Also gestaltet ihr Zuhause so attraktiv, daß sie nicht in den Saloon gehen wollen. (Manuskript 27, 1893)

Der bewahrende Einfluß eines attraktiven Heimes

Wie viele Eltern klagen, daß sie ihre Kinder nicht zu Hause halten können, weil diese sich daheim nicht wohl fühlen. Sie haben schon sehr früh das Bedürfnis, mit Fremden zusammenzusein, und sobald sie alt genug sind, lösen sie sich von zu Hause und von allem, was sie als ungerechtfertigte Einschränkung empfinden. Sie wollen nicht mehr auf die Ratschläge des Vaters hören, und die Gebete der Mutter sind ihnen gleichgültig.

Wenn man die Gründe dafür erforscht, stellt sich meistens heraus, daß die Eltern daran nicht unschuldig sind. Sie haben das Heim nicht zu dem gemacht, was es sein sollte: attraktiv, angenehm, durchflutet von Sonnenschein, freundlichen Worten, freundlichen Blicken und echter Liebe.

Wenn ihr eure Kinder bewahren und retten wollt, dann gibt es dafür nur eine Lösung: Gestaltet euer Heim und euer Familienleben anziehend und liebenswürdig. Wenn sich die Eltern gehenlassen, wird das die Kinder nicht an Gott binden und auch nicht an ihre Familie. Doch ein konsequenter, von Gott gewirkter Einfluß, durch den das Denken der Kinder richtig gelenkt und erzogen wird, könnte viele vor dem Untergang bewahren. („Review and Herald", 9. Dezember 1884)

Das Heim sollte ein Ort sein, wo Freundlichkeit, Höflichkeit und Liebe herrschen ... Wäre das Familienleben so, wie es sein sollte, dann wären die Gewohnheiten, die hier erlernt werden, ein starker Schutzwall gegen die Versuchungen, die auf die jungen Menschen einstürmen, sobald sie aus dem sicheren Heim in die Welt entlassen werden müssen. („Counsels on Health", S. 100)

Häuser auf dem Land und nützliche Arbeit

Jugendliche können durch nützliche Arbeit wirksam geschützt werden. Wären sie dazu angeleitet worden, fleißig zu arbeiten, so daß ihre Stunden ausgefüllt wären, dann hätten sie keine Zeit für Selbstmitleid und Tagträume. Sie wären kaum gefährdet, lasterhafte Gewohnheiten zu entwickeln und sich in schlechter Gesellschaft aufzuhalten.

Die Jugendlichen sollten von klein auf lernen, daß es ohne harte Arbeit keine hervorragende Leistung gibt ...

Jeder junge Mensch sollte seine Talente bestmöglich ausbilden, indem er die Chancen, die sich ihm heute bieten, optimal nutzt. Wer sich so verhält, kann es auf intellektuellem Gebiet sowie in moralischer Hinsicht zu „Spitzenleistungen" bringen. Aber dazu braucht er Mut und Entschlossenheit. Er wird seine Ohren gegen die Lockrufe des Vergnügens verschließen müssen; er muß oft nein sagen, wenn seine Kameraden ihn zu etwas überreden wollen. Er muß ständig auf der Hut bleiben, damit er nicht von seinem Ziel abgebracht wird.

Viele Eltern ziehen vom Land in die Stadt, weil sie denken, daß sie dort besser wohnen und mehr verdienen. Doch durch diesen Umzug setzen sie ihre Kinder vielen und schlimmen Versuchungen aus. Die Jungen haben dann nichts mehr zu tun und übernehmen vieles von der Straße; sie gleiten immer weiter ab, bis sie sich überhaupt nicht mehr für das interessieren, was gut und rein und heilig ist.

Wieviel besser wäre es gewesen, wenn die Eltern die Familie auf dem Land belassen hätten, wo die Kinder körperlich und seelisch stark werden können ...

Durch das Versäumnis der Eltern sind die Jugendlichen in unseren Großstädten verdorben; sie verunreinigen ihre Seelen vor Gott. Das kommt dabei heraus, wenn die Jugendlichen nichts zu tun haben. Die Armenhäuser, die Gefängnisse und die Galgen erzählen traurige Geschichten von Eltern, die ihre Pflicht vernachlässigt haben. („Review and Herald", 13. September 1881)

Ersetzt sündhafte Vergnügungen durch harmlosen Spaß

Junge Leute können nicht so ruhig und ernst sein, wie die älteren, Kinder nicht so vernünftig sein wie Greise.

Während sündige Vergnügungen zu verurteilen sind, sollen Eltern, Lehrer und die Erzieher der Jugend statt dessen aber unschuldige Freuden anbieten, die das Gewissen nicht verletzen und die Moral nicht verderben.

Ihr dürft die Jugendlichen nicht durch strenge Regeln und Einschränkungen fesseln, so daß sie sich unterdrückt fühlen, ausbrechen und dann dumme und zerstörerische Dinge tun. In fester, freundlicher und durchdachter Weise müßt ihr die Zügel in der Hand halten und ihr Denken, ihr Fühlen und ihre Ziele im Auge haben. Dies aber so freundlich, klug und liebevoll, daß sie immer wissen, ihr habt nur ihr Bestes im Sinn. („Review and Herald", 9. Dezember 1884)

Interessante Ferientage

Wir haben uns sehr darum bemüht, die Ferientage für die Jugendlichen und Kinder so interessant wie möglich zu gestalten ... Unser Ziel war immer, sie von den Vergnügungsstätten der Ungläubigen fernzuhalten ...

Ich habe mir gedacht, daß wir unseren Kindern harmlosen Spaß zur Erholung gönnen sollten, wodurch sie nicht gefährdet sind, während wir sie gleichzeitig von weltlichen Vergnügungen fernhalten, die sie verderben und in die Irre führen. Kein Gotteskind sollte ein trauriges und freudloses Leben haben. Gottes Gebote und Verheißungen sind etwas Gutes. Wer weise ist, geht auf Wegen der Freude, und alle seine Pfade sind Freuden.

Die Freuden der Welt sind verführerisch; viele opfern für einen kurzfristigen Genuß die Freundschaft des Himmels und bringen sich um den Frieden, die Liebe und Freude, die sie dort haben könnten. Doch das, was sie anfangs faszinierend fanden, wird schon bald leer und hohl, ja, sogar abstoßend.

Die Anziehungskraft des christlichen Lebens

Wir möchten alles tun, was in unserer Macht steht, damit Menschen gewonnen werden, weil sie unseren christlichen Lebensstil als anziehend empfinden. Unser Gott liebt die Schönheit. Er hätte die Erde auch braun und grau kleiden können, dann hätten die Bäume Trauergewänder getragen statt ihres lebendigen Grüns. Doch Gott wollte, daß seine Kinder glücklich sind.

Jedes Blatt, jede aufspringende Knospe, jede blühende Blume ist ein Zeichen seiner zärtlichen Liebe. Wir sollten danach streben, diese wunderbare Liebe, die sich in seiner Schöpfung zeigt, anderen richtig darzustellen.

Gott möchte, daß jede Familie und jede Gemeinde so anziehend ist, daß die Kinder von den verführerischen Vergnügungen der Welt abgehalten werden, ebenso von Menschen, die sie zum Schlechten beeinflussen. Überlegt euch gut, wie ihr die Jugend für

Jesus gewinnen könnt. Beeindruckt ihre Gemüter mit der Gnade und Güte Gottes, die sich darin zeigt, daß sie, obwohl sie sündige Menschen sind, alle Vorzüge, Herrlichkeit und Ehre der Söhne und Töchter Gottes genießen dürfen. Was für ein faszinierender Gedanke, was für eine erstaunliche Liebe und Gnade, daß sterbliche Menschen mit dem Allmächtigen eine enge Beziehung eingehen dürfen. Er gab ihnen die Berechtigung, Söhne Gottes zu werden, die an seinen Namen glauben. Ihr Lieben, wir sind nun Gottes Kinder ... Ist das durch weltlichen Ruhm aufzuwiegen?

Laßt uns das christliche Leben so darstellen, wie es wirklich ist: freudig, einladend, interessant. Das ist möglich, wenn wir es wollen. Wir können unser Denken mit lebendigen Bildern geistlicher und ewiger Dinge füllen und diese dadurch anderen realistisch darstellen.

Der Glaube sieht Jesus als Mittler zur Rechten Gottes. Der Glaube sieht die Wohnungen, die er für alle vorbereitet hat, die ihn lieben. Der Glaube sieht das Gewand und die Krone für den Überwinder bereitliegen. Der Glaube hört die Lieder der Erlösten und bringt uns die ewigen Freuden nahe. Wenn wir den König in seiner Schönheit sehen wollen, dann müssen wir uns ihm schon jetzt durch unseren Gehorsam aus Liebe ganz zuwenden. („Review and Herald", 29. Januar 1884)

Moralisches Verantwortungsbewußtsein

Geführt durch das Gewissen und religiöse Grundsätze

Wir sollten auf der Basis eines klaren sittlichen und geistlichen Standpunkts handeln. Wir sollten in allen Dingen maßvoll und besonnen sein, denn eine unzerstörbare Krone, ein himmlischer Schatz wartet auf uns. („Testimonies", Bd. 2, S. 374)

Als Nachfolger Christi sollten wir uns im Essen und Trinken von Grundsätzen leiten lassen. („Redemption; or the Temptation of Christ", S. 60)

Die Geschichte Daniels zeigt, daß junge Leute durch religiöse Grundsätze tatsächlich über die „Lust des Fleisches" siegen und

Gottes Geboten treu bleiben können, auch wenn das große Opfer kostet. („Testimonies", Bd. 4, S. 570)

Wir haben nicht das Recht, immer das zu tun, was uns paßt

Habe ich nicht das Recht, mit meinem Körper umzugehen, wie es mir gefällt? Nein, du hast dazu kein Recht, weil du dadurch die Gesetze der Gesundheit und des Lebens brichst; Gesundheit und Leben aber hast du von Gott erhalten. Du gehörst dem Herrn, denn er hat dich geschaffen, und er hat dich erlöst. „Du sollst deinen Nächsten lieben wie dich selbst."

Das Gesetz der Selbstachtung und der Respekt vor dem Eigentum des Herrn werden uns hier bewußt gemacht. Und das führt auch zur Hochachtung vor den Gesetzen, denen jeder Mensch unterstellt ist, damit sein Körper, der so wunderbar geschaffen ist, funktionstüchtig bleibt. (Manuskript 49, 1897)

Die Heiligkeit der Schöpfungsordnung erkennen

Die Gesetzmäßigkeiten, die die Funktionen unseres Körpers betreffen, müssen sorgfältig beachtet werden, denn sie sind genauso Gottes Gebot, wie die in der Heiligen Schrift festgehaltenen Gebote. Wer bewußt und absichtlich von diesem Gesetz abweicht, der versündigt sich genauso, als würde er eins von den Zehn Geboten mißachten.

Die ganze Schöpfung bringt das Gesetz Gottes zum Ausdruck, doch in unserem Körper hat Jahwe sein Gesetz mit eigenem Finger auf jeden Nerv geschrieben, auf jede Faser und auf jedes Organ. Wenn wir aus den Wegen ausbrechen, die Gott in seiner Schöpfungsordnung vorgezeichnet hat, und einfach tun, was uns gefällt, werden wir Verluste und Niederlagen hinnehmen müssen.

Wir müssen die entsprechenden Regeln beachten, wenn wir das ewige Leben erringen möchten. Der Pfad ist breit genug, so daß alle, die in diesem Rennen mitlaufen, den Preis gewinnen können.

Wenn wir unnatürliche Gelüste entwickeln und ihnen nachgeben, übertreten wir die Naturgesetze, und das Ergebnis ist eine geschwächte Konstitution auf körperlichem, geistigem und sittlichem Gebiet. Dadurch werden wir untauglich für ausdauernde, kraftvolle Leistungen, auf die zu hoffen gewesen wäre, wenn wir der Schöpfungsordnung gehorcht hätten. Wenn wir nur ein einziges Organ des Körpers verletzen, dann betrügen wir Gott um unsere Einsatzfähigkeit. „Wißt ihr denn nicht, daß euer Körper der Tempel des Heiligen Geistes ist? Gott hat euch seinen Geist gegeben, der jetzt in euch wohnt. Darum gehört ihr nicht mehr euch selbst. Gott hat euch als sein Eigentum erworben. Macht ihm also Ehre durch die Art, wie ihr mit eurem Körper umgeht." (1 Ko 6,19.20 GN) („Review and Herald", 18. Oktober 1881)

Sich der Verantwortung immer bewußt sein

Wer sich bewußt ist, daß er in der Gegenwart Gottes lebt, wird seinen Magen nicht mit Nahrung belasten, die den Gaumen reizt, aber die Verdauungsorgane schädigt. Er wird das Eigentum Gottes nicht durch schlechte Ernährungs-, Trink- oder Kleidungsgewohnheiten verderben, sondern vielmehr sorgfältig auf seinen Organismus achten, weil er erkennt, daß er sich so verhalten muß, wenn er mit Gott partnerschaftlich zusammenarbeiten möchte. Es ist Gottes Wille, daß wir gesund, glücklich und einsatzfähig sind. Damit das möglich ist, müssen wir das wollen, was er will. (Brief 166, 1903)

Bewahrt durch das Bollwerk moralischer Unabhängigkeit

Wenn sich die Eltern ernsthaft darum bemühen, können sie durch ausdauernden Einsatz, der sich von Trends und Modeerscheinungen nicht beeinflussen läßt, ein Bollwerk um ihre Kinder errichten, das sie vor den Katastrophen und Verbrechen bewahrt, die durch Unmäßigkeit entstehen.

Kinder dürfen nicht sich selbst überlassen werden und immer nur das tun, was ihnen gerade einfällt, weil sie dabei Charakterzüge entwickeln, die man eigentlich schon im Keim ersticken sollte. Sie müssen sorgfältig erzogen werden und lernen, einen klaren Standpunkt für das Recht einzunehmen, für einen gesunden Lebenswandel und die Abstinenz.

In jeder Krise werden sie dann über genügend innere Unabhängigkeit und Mut verfügen, sich dem Sturm der Opposition zu stellen, der mit Sicherheit gegen alle losbrechen wird, die eine echte Lebensänderung befürworten. („Pacific Health Journal", Mai 1890)

Bringt eure Kinder im Vertrauen zu Gott und versucht, ihren empfänglichen Gemütern den Gedanken einzuprägen, daß sie ihrem himmlischen Vater verpflichtet sind. Man muß sie ständig belehren, ihnen eines nach dem anderen beibringen und sie geduldig anleiten, soviel sie gerade aufnehmen können. („Review and Herald", 6. November 1883)

Lehrt diese Dinge als etwas Gutes und Vorteilhaftes!

Die Schüler sollen unter dem Bewußtsein erschauern, daß der Körper ein Tempel ist, in dem Gott wohnen möchte; daß er rein erhalten werden muß als Behausung hoher und edler Gedanken.

Wenn sie beim Studium der Physiologie erkennen, daß sie in der Tat „so erstaunlich wunderbar gemacht" sind, werden sie mit Ehrfurcht erfüllt werden. Statt Gottes Werk zu verunstalten, werden sie alles daran setzen, das Bestmögliche aus sich selbst zu machen, um den herrlichen Plan des Schöpfers zu verwirklichen. So werden sie auch die Beobachtung der Gesundheitsgesetze nicht als ein Opfer oder als Selbstkasteiung ansehen, sondern als eine unschätzbare Gnade und als einen Segen, was er auch in Wirklichkeit ist. („Erziehung", S. 186.187)

Ein großer Sieg des Gewissens

Wenn wir unter unseren Gemeindegliedern in der Frage der Lebensreform ein Gespür für ihre diesbezügliche Verantwortung wecken können, haben wir einen großen Sieg errungen. Hinsichtlich aller Dinge des Lebens muß Mäßigkeit gelehrt und praktiziert werden. („Signs of the Times", 2. Oktober 1907)

Jeder muß sich persönlich vor Gott verantworten

Der Gehorsam gegenüber den Gesetzen des Lebens muß aus einem persönlichen Pflichtbewußtsein entstehen. Wir müssen uns vor Gott für unsere Gewohnheiten selbst verantworten.

Wir brauchen uns nicht den Kopf darüber zu zerbrechen, was die anderen über uns denken, sondern müssen uns fragen: Wie soll ich, der ich mich als Christ bezeichne, die „Wohnung" behandeln, die Gott mir gegeben hat? Soll ich das Optimum an zeitlichem und geistlichem Wohlergehen anstreben, indem ich meinen Körper als Tempel betrachte und so pflege, daß der Heilige Geist darin wohnen kann? Oder soll ich mich den Anschauungen und Gebräuchen der Welt opfern? (Manuskript 86, 1897)

Mehr als Überwinden

Christen werden den Segen der körperlichen und geistigen Kraft erfahren, wenn sie ihren Körper „zähmen" und ihre Triebe und Leidenschaften der Herrschaft ihres Gewissens unterstellen, weil sie sich vor Gott und ihrem Nächsten verpflichtet fühlen, den Schöpfungsordnungen zu gehorchen, die Gesundheit und Leben regulieren. Sie werden die moralische Kraft haben, sich dem Kampf gegen Satan zu stellen. Im Namen dessen, der um ihretwillen die Eßlust überwand, können sie in ihrem eigenen Kampf mehr als Überwinder sein. („Review and Herald", 21. November 1882)

Kapitel 11

Unsere Beziehung zu anderen Gruppen, die die Mäßigkeit fördern

Zusammenarbeit

Steht Schulter an Schulter

Auch in anderen Kirchen und Gemeinden gibt es Christen, die die Grundsätze der Mäßigkeit verteidigen. Wir sollten versuchen, uns ihnen zu nähern und ihnen einen Weg zu bahnen, Schulter an Schulter mit uns zu stehen. Wir sollten große und hervorragende Männer aufrufen, unsere Bemühungen zu unterstützen, um zu retten, was verloren ist. („Schatzkammer der Zeugnisse", Bd. 3, S. 359)

Zusammenschließen, wenn es möglich ist

Wo immer ihr eine Gelegenheit bekommt, euch mit anderen Verfechtern der Mäßigkeitsbewegung zusammenzuschließen, solltet ihr es tun. („Review and Herald", 14. Februar 1888)

Mein Mann lud immer, wenn es sich ergab, die Mitarbeiter der Mäßigkeitsbewegung zu seinen Versammlungen ein und räumte ihnen auch Sprechzeit ein. Und wenn sie uns zu ihren Treffen einluden, haben wir immer darauf positiv reagiert. (Brief 274, 1907)

Nur mit Menschen zusammentun, die Gott treu sind

Wir sollen uns nicht mit Mäßigkeitsvereinen zusammenschließen, in denen sich Menschengruppen finden, die selbstsüchtige Interessen verfolgen und sich als „Reformer" bezeichnen. Für unsere Mitarbeiter gilt ein höherer Maßstab. Wir als Gemeinde müssen unterscheiden zwischen Menschen, die dem Gesetz Gottes treu sind, und solchen, die ihm gegenüber ungehorsam sind. (Brief 1, 1882)

Eine feinfühlige Einstellung gegenüber anderen Organisationen

Jeder echte Christ müßte die Mäßigkeitsbestrebungen beachten. Besonders jene, die sich als Reformer ausgeben, sollten sie unterstützen. Aber es wird auch Gemeindeglieder geben, die dieses Thema unklug angehen. Manche verachten sämtliche Reformen, die von Menschen außerhalb ihrer eigenen Glaubensgemeinschaft angeregt werden; aber es ist falsch, sich zu sehr abzusondern.

Andere wieder sind von allem Neuen, das nur den geringsten Anstrich einer Reform hat, hellauf begeistert und schlucken alles, was auf diesem Gebiet angeboten wird. Die Verbreitung und der besondere, heilige Charakter unseres eigenen Glaubens werden dabei außer acht gelassen. Man nimmt alle Gruppen auf, die irgendwie mit Mäßigkeit zu tun haben. Gottes Volk, das seine Gebote hält, verbündet sich plötzlich mit allen möglichen Gruppierungen. Dabei wird der Glaube eines jeden, der nicht eng verbunden mit Gott lebt, gefährdet. (Brief 1, 1882)

Lehren aus dem Bündnis mit einer oberflächlichen Gruppe

Es gibt auch Mäßigkeitsvereine und Clubs, die von Leuten gegründet wurden, die sich nicht zur Wahrheit bekennen ...[1]

Mir wurde gezeigt, daß die Gemeinde in X. sich in einem ganz merkwürdigen Zustand befand. Hätten sich die Gemeindeglieder dort genauso intensiv und mit ebensoviel Missionseifer für die Lebensreform eingesetzt, wie sie es im Red-Ribbon-Club getan haben, hätte Gott ihre Bemühungen unterstützt, aber die verschiedenen Mäßigkeitsorganisatoren haben eine sehr eingeschränkte Sicht dieser Reform.

Wenn Leute einerseits ihren Einfluß zugunsten von Mäßigkeitsfragen geltend machen, andererseits aber am Tabak hängen, schwarzen Tee und Bohnenkaffee trinken und an ihrem Eßtisch

---

[1] In der zweiten Hälfte des 19. Jahrhunderts entstanden eine Anzahl Mäßigkeitsorganisationen, die kurzfristig großen Zulauf hatte. Sie waren relativ kurzlebig und sind heute der Öffentlichkeit nicht mehr bekannt.

Ernährungsgewohnheiten praktizieren, die die Gesundheit zerstören, dann sind sie keine echten Reformverfechter. Sie gehen zwar voll Begeisterung und Eifer an die Sache heran, aber ihre Bemühungen bleiben schwach und krampfhaft, weil sie das Leben nicht von Grund auf reformieren. Nach kurzer Zeit wird ihr Interesse nachlassen. Viele von ihnen werden zu ihren schlechten Gewohnheiten zurückkehren, weil sie nur die Blätter des Baumes abgepflückt haben, anstatt ihm die Axt an die Wurzel zu legen. Die Mäßigkeitsbestrebungen müssen aber das Übel an der Wurzel pakken, weil sie sonst nutzlos sind.

Unser Einfluß muß sich mit dem der Treuen und Aufrichtigen vereinen

Unsere Gemeindeglieder können weder selbst Stärke gewinnen noch sie anderen vermitteln, wenn sie sich mit Gruppierungen verbinden, die Feinde Christi und der Wahrheit sind ... Wir dürfen als Gemeinde nicht exklusiv denken und andere ausschließen. Wir müssen uns ständig um Menschen bemühen, die sonst verlorengehen, und dadurch wird sich unser Licht verbreiten. Doch während wir dies tun, muß die Kraft unseres Einflusses aus unserer Verbindung mit den Treuen und Aufrichtigen erwachsen ...

Gottes Haus wird entweiht

Das Haus, das der Anbetung Gottes geweiht wurde, ist nicht der richtige Ort für Menschen, die den Tempel Gottes durch ihr Rauchen verunreinigen, während sie behaupten, sich für die Mäßigkeit einzusetzen. Ihre grobe Sprache und ihr ungehobeltes Benehmen machen diesen Brüdern nicht gerade Ehre ...

Es ist für unsere Gemeinschaft unmöglich, mit anderen Mäßigkeitsvereinigungen zusammenzuarbeiten, wenn wir in unseren Glaubensansichten so uneins sind ...

Unsere ungläubigen Freunde jubeln über die Uneinigkeit der Gemeinde, die aus dem Bündnis unserer Geschwister mit dem Red-Ribbon-Club erwachsen ist. Sie sympathisieren in keiner Weise mit dem Gedankengut unserer Gemeinschaft, was das Thema Mäßigkeit betrifft. Sie hinken weit hinter uns her und verspotten unsere Leute als Gesundheitsfanatiker. Sie streben danach, von uns bevorzugt zu werden und profitieren von unserem Einfluß, während sie unserem Glauben kein Stück näherkommen. Wäre man hier etwas behutsamer vorgegangen, hätten einige von ihnen möglicherweise ihre Meinung über unseren Glauben geändert.

Hätte man diesen Mäßigkeitskeitsverein doch gelassen, wo er war. Und hätten wir doch als Gemeinde auf der Grundlage, die uns Gott diesbezüglich gegeben hat, und die viel fortschrittlicher, aber auch für unsere Glaubenshaltung notwendig ist, weitergearbeitet. Dann hätten wir innerhalb der Gemeinde einen weitaus besseren Einfluß in der Mäßigkeitsfrage haben können, als sich jetzt zeigt. (Brief 1, 1882)

Keine Grundsätze opfern

Aufgrund des Lichts, das Gott mir gegeben hat, kann ich sagen, daß jedes Mitglied unserer Gemeinde dieses Verzichtsgelübde unterzeichnen und der Mäßigkeitsvereinigung beitreten sollte ...

Wir sollten uns mit anderen zusammenschließen, soweit dies möglich ist, ohne daß wir dabei Grundsätze opfern. Das heißt nicht, daß wir ihren Logen und Gesellschaften beitreten sollten.[1]

Wir sollten sie jedoch wissen lassen, daß wir uns in der Mäßigkeitsfrage mit ihnen verbunden fühlen. Wir sollten nicht nur für unsere eigenen Leute arbeiten, sondern auch an Menschen wirken, die sich außerhalb unserer Reihen befinden und eine anständige Einstellung haben. Wir sollten an der Spitze dieser Reformbewegung stehen. („Review and Herald", 21. Oktober 1884)

Eine effektive Zusammenarbeit mit christlichen Mäßigkeitsgruppen

Kurz nachdem mein Mann und ich im Frühjahr 1877 von Kalifornien nach Michigan zurückgekehrt waren, wurden wir gebeten, an

---

[1] Diese Bemerkungen wurden von Ellen White anläßlich des jährlichen Treffens der Michigan Health and Temperance Association gemacht. Ihre Bemerkungen lösten einige Resolu-tionen aus, die daraufhin beschlossen wurden, z. B.:
Beschluß: Wir ermutigen zur Organisation eines Ortsvereins in jeder Gemeinde, zu der wir gehören oder mit der wir verbunden sind ...
Beschluß: Wir rufen unsere Jugendlichen dazu auf, eine aktive Rolle in unseren örtlichen Clubs zu übernehmen. Wir sind jedoch gleichzeitig bestrebt, sie vor dem Einfluß *anderer Gesellschaften, die den hohen moralischen und physiologischen Standard, den wir vertreten, nicht besitzen,* zu bewahren." („Review and Herald", 21. Oktober 1884, S. 669)

einer Großveranstaltung zum Thema Mäßigkeit teilzunehmen, die aufgrund von lobenswerten Bemühungen der bessersituierten Bürger von Battle Creek zustande kam. An dieser Veranstaltung beteiligten sich auch der Battle Creek Club, der 600 Mitglieder stark ist, und die Woman's Christian Temperance Union, die 250 Mitglieder hat. Gott, Christus, der Heilige Geist und die Bibel waren unter diesen aufrichtigen Menschen vertraute Begriffe. Viel Gutes wurde bereits erreicht, und die Aktivität der Mitarbeiter und der Geist ihrer Treffen versprachen für die Zukunft noch mehr Gutes ...

Das Organisationskomitee, bestehend aus Major Austin, W. H. Skinner, Kassenwart der First National Bank und C. C. Peavey, hatte uns eingeladen. So sprach ich am Sonntag abend, dem 1. Juli, in diesem Riesenzelt über das Thema christliche Mäßigkeit. Gott half mir an diesem Abend. Obwohl ich 90 Minuten lang sprach, folgten die gut 5.000 Zuhörer meinem Vortrag in fast atemloser Stille. (Manuskript 79, 1902; z. T. zitiert in „Testimonies", Bd. 4, S. 274.275)

Haltet Vorträge zum Thema Mäßigkeit in anderen Kirchen

Vorträge, die ihr in den Adventgemeinden über das Thema Lebensreform gehalten habt, solltet ihr auch anderen Kirchengemeinden anbieten ... Wir als STA dürfen andere Mäßigkeitsbewegungen weder schriftlich noch mündlich angreifen. (Brief 107, 1900)

Lehrunterschiede sollten uns nicht zu Feinden machen

Obwohl diese Freunde in vielen Lehrfragen nicht dasselbe glauben wie wir, arbeiten wir mit ihnen zusammen, wenn wir dadurch unseren Mitmenschen helfen können. Gott möchte, daß jeder von uns lernt, wie er die Fragen der Mäßigkeit und anderer Reformen mit Takt und Geschick vertreten kann, und wie wir unsere Talente gut überlegt zum Wohle der Menschheit einsetzen können.

Wenn wir in die Freude unseres Herrn eingehen wollen, dann müssen wir mit ihm zusammenarbeiten. Mit der mitfühlenden Liebe Jesu im Herzen, werden wir immer Möglichkeiten finden, andere zu erreichen und auf ihren Verstand und auf ihr Herz einwirken. Dadurch werden wir selbstlos, einfühlsam und freundlich, und diese Freundlichkeit öffnet die Herzen der Menschen. („Review and Herald", 10. Februar 1885)

243

Unsere Verantwortung spüren

All jene, die bei Mäßigkeitsprojekten mitgearbeitet haben, waren sich zwar immer der Zustimmung Gottes gewiß, hätten aber wesentlich mehr praktische Mithilfe der Gemeindeglieder benötigt. Wir müssen uns bewußtmachen, daß wir hier eine Verantwortung tragen. („Review and Herald", 8. Mai 1900)

Keine eigenen Bauten errichten

Satan plant und bemüht sich ständig darum, das Werk Gottes in angeblich nützliche und außergewöhnliche Projekte zu verwickeln. Dadurch können keine neuen Türen geöffnet, keine neuen Gebiete betreten werden, und man versäumt dann, mit Menschen zusammenzuarbeiten, die bereits mit den Prinzipien der Mäßigkeit vertraut und gut informiert sind.

Würden wir mit ihnen zusammenwirken, dann könnten wir in dieser aktuellen Situation etwas Besonderes zustande bringen, ohne die Verantwortung für Einrichtungen zu übernehmen, die viele Geldmittel binden, weil Häuser gebaut werden müssen, die dann wieder die Vereinigungen belasten. Auf diese Weise werden Mittel aufgezehrt, ohne produktiv wirksam zu sein. (Manuskript 46, 1900)

Gott wird den Weg ebnen

Nutzt jede Chance, um die Mitarbeiter der Mäßigkeitsbewegung zu informieren und zu unterstützen. Ich habe seit jeher eine große Hochachtung vor dieser Organisation. Unter der Leitung des Heiligen Geistes werden sich euch Möglichkeiten zur Mitarbeit eröffnen. (Brief 316, 1907)

Zusammenarbeit mit der WCTU

Eine Organisation, mit der wir zusammenarbeiten können

Die „Woman's Christian Temperance Union" ist eine Organisation, mit deren Einsatz für die Verbreitung von Mäßigkeitsgrundsätzen wir uns aufrichtig identifizieren können. Mir wurde gezeigt, daß wir uns nicht überheblich von ihnen distanzieren sollen, sondern daß wir, ohne unsere Prinzipien zu opfern, soweit wie möglich mit ihnen im Bereich der Lebensreform zusammenarbeiten sollen ... Wir sollen mit ihnen zusammenarbeiten, wo immer es geht, und das trifft ganz bestimmt auf die Frage der Schließung der Saloons zu.

Wenn der Mensch seinen Willen dem Willen Gottes unterordnet, wird der Heilige Geist die Herzen, an denen er wirkt, entsprechend beeinflussen.

Mir wurde gezeigt, daß wir uns nicht von WCTU-Mitarbeitern fernhalten sollen. Wenn wir uns mit ihnen in den Bestrebungen nach totaler Abstinenz zusammentun, ändern wir ja nicht unsere Einstellung zur Sabbatheiligung, und wir können ihnen zeigen, daß wir ihre Einstellung zum Thema Abstinenz sehr schätzen. Indem wir die Tür öffnen und sie einladen, in der Mäßigkeitsarbeit mit uns zusammenzuwirken, können wir in allen Mäßigkeitsprojekten mit ihrer Hilfe rechnen. Und sie werden durch die Zusammenarbeit mit uns neue Wahrheiten hören, die ihnen der Heilige Geist schon lange vermitteln möchte. („Review and Herald", 18. Juni 1908)

Überrascht von unserer Gleichgültigkeit

Ich habe wiederholt sehen dürfen, welche großen Vorteile es bringt, wenn wir uns mit WCTU-Mitarbeiterinnen zusammentun, und es hat mich sehr überrascht, wie gleichgültig viele unserer Verantwortungsträger dieser Organisation gegenüberstehen. Ich appelliere an meine Brüder, endlich aufzuwachen. (Brief 242, 1907)

Wie wir zusammenarbeiten können

Wir müssen zum gegenwärtigen Zeitpunkt ein entschiedenes Interesse an der Arbeit der WCTU zeigen. Niemand, der behauptet, am Werk Gottes mitzuarbeiten, sollte das Interesse an dem großartigen Ziel dieser Organisation verlieren.

Es wäre gut, wenn wir zu unseren Lagerversammlungen Mitarbeiter der WCTU einladen würden, um sie an unseren Veranstaltungen teilnehmen zu lassen. Dabei könnten wir sie mit unserer Glaubenseinstellung bekannt machen und gemeinsam Möglichkeiten der Zusammenarbeit bei Mäßigkeitsprojekten erarbeiten. Außerdem werden wir dabei erkennen, daß die Enthaltsamkeitsfrage wesentlich mehr umfaßt, als wir bisher angenommen haben.

In einigen Bereichen sind die Mitarbeiterinnen der WCTU unseren Leitern weit voraus. Der Herr hat kostbare Menschen in dieser Organisation, die uns bei der Förderung unserer Mäßigkeitsprojekte eine große Hilfe sein können. Und die Erkenntnisse, die unsere Gemeindeglieder über biblische Wahrheiten und die Gebote Gottes haben, werden es unseren Schwestern ermöglichen, diesen feinen Mitarbeiterinnen der Enthaltsamkeitsbewegung etwas für ihr geistliches Wohlergehen zu vermitteln. Dadurch werden Verbindungen und Sympathien geschaffen, wo es in der Vergangenheit manchmal Vorurteile und Mißverständnisse gab ...

Wir können nichts Besseres tun, als uns – so weit das ohne Kompromisse möglich ist – mit den Mitarbeiterinnen der WCTU zu verbinden.

In dieser Angelegenheit habe ich schon 1898 an eine Glaubensschwester folgendes geschrieben:

„Ich bin davon überzeugt, daß der Herr dich dahin führt, die Grundsätze der Enthaltsamkeit in Verbindung mit der Wahrheit für diese letzte Zeit klar und uneingeschränkt zu beachten. Wer seinen Willen tut, der wird auch die richtige Lehre kennenlernen ... Der Herr fordert dich nicht auf, dich von der WCTU zu trennen. Sie brauchen dort alle Informationen, die du ihnen vermitteln kannst. Laß so viel Licht wie möglich auf ihren Weg scheinen! Auf der Basis der hohen und reinen Grundsätze, durch die die Woman's Christian Temperance Union ins Leben gerufen wurde, stimmst du mit ihnen überein. Der Herr hat dir Fähigkeiten und Talente gegeben, die dich vor ungünstigen Beeinflussungen bewahren und dir deinen einfachen Glauben erhalten werden. Durch Jesus Christus kannst du eine gute Arbeit leisten." („Review and Herald", 15. Oktober 1914; teilweise zitiert in „Gospel Workers", S. 384.385)

Unsere Frauen können von ihrer Arbeitsweise lernen

Viel Gutes könnte bewirkt werden, wenn einige der WCTU-Mitarbeiterinnen zu unseren Lagerversammlungen eingeladen würden. Dort könnten sie an der Versammlung teilnehmen und unseren Schwestern beibringen, wie sie arbeiten können. Sie würden bei diesen Veranstaltungen sowohl etwas hören und empfangen als auch etwas weitergeben. Eine große Aufgabe ist zu erfüllen, und anstatt die Grundzüge unseres Glaubens, die Ungläubigen ohnehin zweifelhaft erscheinen, lang und breit darzulegen, können wir zu ihnen dasselbe sagen, was Philippus damals zu Nathanael sagte: „Komm und sieh!"

Wir können uns mit ihnen nicht in der Sonntagsfeier vereinigen

Ich möchte mit den WCTU-Mitarbeiterinnen zusammenarbeiten, aber das ist natürlich in der Frage des richtigen Ruhetages nicht möglich. In Bereichen, in denen wir Gottes Gebote übertreten müßten, können wir nicht zusammenarbeiten. Aber wir können sie einladen, ebenfalls den richtigen Standpunkt einzunehmen. (Manuskript 93, 1908)

Lehnt nicht ab, wenn ihr eingeladen werdet, einen Vortrag zu halten

Es wurde mir die Frage gestellt: „Wenn uns die WCTU einlädt, bei ihren Treffen zu sprechen, sollen wir dann zusagen?"

Ich antworte: Wenn wir gebeten werden, bei solchen Veranstaltungen zu sprechen, dann sollten wir nie ablehnen. Das ist eine Regel, die ich immer befolgt habe. Ich habe nie gezögert, über Mäßigkeit zu sprechen, wenn ich dazu aufgefordert wurde. Unter denen, die sich für die Verbreitung des Mäßigkeitsgedankens einsetzen, hat der Herr Menschen, denen die Wahrheit für diese Zeit dargelegt werden muß. Wir haben eine Botschaft für die WCTU.

Christus hatte ein großes Ziel, als er auf dieser Erde lebte: Er wollte das Licht seiner Gerechtigkeit denen leuchten lassen, die im Dunkeln waren. Die Mitarbeiterinnen der WCTU haben noch nicht auf allen Gebieten die volle Wahrheit erkannt, aber sie leisten eine gute Arbeit. (Manuskript 31, 1911)

Zusammenarbeit erwünscht

Die WCTU liegt mir sehr am Herzen. Es ist durchaus im Sinne Gottes, wenn ihr mit dieser Organisation zusammenarbeitet ... Ich habe nicht die Befürchtung, daß ihr das Interesse an der Wahrheit verlieren oder gar davon abfallen könntet, während ihr euch mit Menschen verbündet, die so wertvolle Arbeit für die Mäßigkeitsbewegung leisten, und ich werde unsere Gemeindeglieder und auch andere Menschen, die nicht zu unserer Glaubensgemeinschaft gehören, dazu drängen, mitzuhelfen, daß diese Arbeit auf einer christlichen Grundlage vorangetrieben werden kann ...

Mein Mann und ich fühlten uns immer dazu verpflichtet, überall dort, wo wir Versammlungen abhielten, darauf hinzuweisen, daß wir mit den Verfechtern der Mäßigkeitsfrage voll übereinstimmen. Wir haben dies den Leuten immer sehr klar dargelegt. Infolge dessen haben wir Einladungen erhalten, an verschiedenen Orten zur Mäßigkeitsfrage zu sprechen, und ich habe diese Einladungen stets angenommen, wenn es irgend ging. So habe ich es nicht nur in diesem Land gehalten, sondern auch in Europa und Australien und überall dort, wo ich gearbeitet habe.

Keine Gelegenheit zur Zusammenarbeit versäumen

Ich bedauere, daß unsere Gemeindeglieder in den letzten Jahren so wenig Interesse an diesem Zweig im Werk des Herrn zeigen. Wir können es uns nicht leisten, auch nur eine Gelegenheit zur Zusammenarbeit mit der Mäßigkeitsbewegung zu versäumen. Obwohl diese Arbeit im Ausland auch nicht immer so schnell vorangeht, wie wir es uns wünschen, sind doch an einigen Orten entscheidende Fortschritte erzielt worden.

In Europa haben wir festgestellt, daß die Leute sehr vernünftig über diese Fragen denken. Als ich einmal eingeladen wurde, vor einem großen Publikum über das Thema Mäßigkeit zu sprechen, haben die Leute mir zu Ehren das Sprechpult mit der amerikanischen Flagge geschmückt. Man hat sehr aufmerksam zugehört, was ich zu sagen hatte, und am Ende meiner Ansprache wurden mir herzliche Dankesworte zuteil. Ich habe während meines Einsatzes auf diesem Gebiet niemals auch nur ein einziges Wort der Mißachtung zu hören bekommen. (Brief 278, 1907)

Kapitel 12

Das Gebot der Stunde

Die Verfechter der Mäßigkeit versäumen, ihre Pflicht zu erfüllen, wenn sie ihren Einfluß nicht durch Wort und Tat geltend machen und durch ihre Stimme, ihre Feder und ihr Abstimmungsverhalten das Alkoholverbot und die totale Abstinenz befürworten. („Gospel Workers", S. 387.388)

Die gegenwärtige Situation

Eine Wiederholung derselben Sünden

Die gleichen Sünden, die zur Zeit Noahs das Gericht über die Welt brachten, werden auch heute begangen. Die Menschen von heute überbewerten Essen und Trinken ebenfalls so stark, daß es in Schwelgereien und Saufgelage ausartet. Die vorherrschende Sünde jener Zeit, die Genußsucht, führte in den Tagen Noahs zu einer unnatürlichen Triebhaftigkeit und zu einer allgemeinen Verrohung. Die Gewalttätigkeit und das Verbrechen schrien zum Himmel. Diese moralische Verkommenheit wurde schließlich durch die Sintflut von der Erde hinweggespült ...

Essen, Trinken und Kleidung werden heute so überbewertet, daß es zum Verbrechen wird. Dies ist eine der typischen Sünden der letzten Tage und ein deutliches Zeichen für die baldige Wiederkunft Christi. Zeit, Geld und Kraft, die dem Herrn gehören und uns von ihm anvertraut wurden, werden für Modetorheiten verschwendet und für die Leckerbissen einer verdorbenen Eßlust, wodurch die Lebenskraft geschwächt wird und chronische Krankheiten gefördert werden. („Christian Temperance and Bible Hygiene", S. 11.12)

Ein andauernder Sündenfall

Von den Tagen Adams bis in unsere Zeit reiht sich ein „Sündenfall" an den anderen, einer immer größer als der vorige, und es handelt sich um Verbrechen aller Art.

Ursprünglich hat Gott keine so ungesunden, wenig schönen und unbeherrschten Menschen, wie sie jetzt in der Welt zu beobachten sind, erschaffen. Es breiten sich alle möglichen Krankheiten in beängstigendem Maße unter der Menschheit aus. Das hat Gott keineswegs so vorgesehen, und es geschieht eindeutig gegen seinen Willen, weil die Menschen die Möglichkeiten mißachten, die Gott ihnen gegeben hat, um sie vor den schrecklichen Übeln zu bewahren. Der uneingeschränkte Gehorsam gegenüber Gottes Geboten würde sie vor Unmäßigkeit, Zügellosigkeit und allen möglichen Krankheiten bewahren. Niemand kann ungestraft die Naturgesetze übertreten. („Review and Herald", 4. März 1875)

Tausende verkaufen ihre geistigen Fähigkeiten

Welcher Mensch würde für eine noch so hohe Geldsumme wissentlich seine Denkfähigkeit verkaufen? Wenn ihm jemand Geld für seinen Verstand anböte, würde er sich entrüstet von diesem unsinnigen Vorschlag abwenden. Und doch opfern Tausende ihre körperliche und seelische Gesundheit sowie ihre Verstandeskraft der Befriedigung ihres Appetits. Davon haben sie keinerlei Vorteil und es wird ihnen nicht einmal bewußt, weil sie abgestumpft und unsensibel geworden sind.

Sie haben ihre von Gott geschenkten Fähigkeiten vergeudet. Und wofür? Für Sinnlichkeit und menschenunwürdige Laster. Sie befriedigen ihre Genußsucht auf Kosten von Gesundheit und Intelligenz. („Review and Herald", 4. März 1875)

Die Veränderung geschieht langsam und heimtückisch

Der Konsum von Alkohol entthront die Vernunft und verhärtet das Herz gegen jeden reinen und heiligen Einfluß. Eher würde ein toter

Felsblock auf die Appelle der Wahrheit und Gerechtigkeit hören, als ein Mensch, dessen Empfänglichkeit dafür durch Unmäßigkeit gelähmt ist. Die feinen Empfindungen des Herzens werden nicht alle auf einmal ausgelöscht; das geschieht nach und nach. Menschen, die auf dem verbotenen Weg immer weiter voranschreiten, werden allmählich demoralisiert und verdorben.

Obwohl es in den Städten überall Lokale gibt, die alkoholische Getränke ausschenken und es sehr einfach ist, die Lust auf Alkohol zu befriedigen, und obwohl die Jugendlichen von Verführungen umgeben sind, beginnt das Übel nur selten mit dem Genuß von alkoholischen Getränken. Tee, Kaffee und Tabak sind künstliche Aufputschmittel, die das Bedürfnis nach stärkeren Anregungsmitteln, wie beispielsweise alkoholische Getränke, wecken. Und die Christen schlafen friedlich, während das Ungeheuer Sucht immer mächtiger wird und ständig neue Opfer fordert. („Signs of the Times", 6. Dezember 1910)

Von Versuchungen umgeben

In feinen Speiselokalen und modischen Clubs werden die Damen mit beliebten Getränken versorgt, die sehr gefällige Namen haben. In Wirklichkeit handelt es sich um berauschende Getränke. Man wirbt mit dem Etikett „Magenbitter", angeblich gut für Kranke und Erschöpfte, doch diese Mittel bestehen hauptsächlich aus Alkohol.

Damit schon die kleinen Kinder Lust auf Alkohol bekommen, wird in den Geschäften alkoholisches Konfekt angeboten. Und die Alkoholhändler verschenken diese Süßigkeiten, um Kinder als Kundschaft anzulocken.

Jahr und Tag geht dies so. Väter, Ehemänner und Brüder, die Hoffnung und der Stolz der Nation, gehen in den Räuberhöhlen der Alkoholhändler aus und ein und kommen heruntergegekommen und ruiniert zurück. („The Ministry of Healing", S. 338.339)

Auf dem Weg in den Tod

Damit die Menschen keine Zeit zum Nachdenken finden, lockt Satan sie in ein Karussell von Festlichkeiten und Vergnügungssucht, bei dem es nur noch um vordergründige Befriedigung, um Essen und Trinken geht. Er weckt in ihnen den Ehrgeiz, sich auf diesem Gebiet hervorzutun und sich wichtig zu machen. Schritt für Schritt erreicht die Welt wieder den Zustand, der zur Zeit Noahs herrschte. Sexuelle Gelüste, äußerliche Show, Egoismus in jeder Form, Machtmißbrauch und Grausamkeit ... das alles sind Auswirkungen von Satans Aktivitäten. Und dieses Karussell von Verbrechen und Leichtsinn nennen die Menschen dann „Leben" ...

Die Welt, die sich so verhält, als gäbe es keinen Gott, und ganz in ihren egoistischen Zielen aufgeht, wird schon bald eine plötzliche Zerstörung erleben. Da gibt es kein Entkommen. Viele leben so lange nur der leichtsinnigen Befriedigung ihrer egoistischen Wünsche, bis sie sich vor diesem Leben ekeln und Selbstmord begehen. Sie tanzen und trinken und rauchen, sie gehen ungehindert ihren niederen Trieben nach und werden immer weitergetrieben – wie der Ochse, der zur Schlachtbank geführt wird.

Satan arbeitet mit allen Tricks und Verführungen, um die Menschen blind auf diesem Weg weitermarschieren zu lassen, bis der Herr sich aufmacht, um die Bewohner der Erde für ihre Bosheit zu strafen. Die ganze Welt scheint sich auf diesem Weg in den Tod zu befinden. („Evangelism", S. 26)

Der Fluch wurde auch den Entwicklungsvölkern gebracht

Aus sogenannten christlichen Ländern wurde der Fluch in die Gebiete des Heidentums getragen. Man brachte den armen, unwissenden Eingeborenen den Alkohol. Auch unter den Heiden erkennen intelligente Männer die Gefahr und protestieren dagegen, weil sie erkennen, daß es sich um ein tödliches Gift handelt. Aber die Versuche, ihre Länder vor dieser Zerstörung zu bewahren, sind vergeblich.

Die „zivilisierten Völker" drängen den Heiden Tabak, Alkohol und Opium auf. Die unbeherrschten Leidenschaften des primitiven Menschen werden durch das Trinken angestachelt, bringen ihn in eine unvorstellbar entwürdigende Lage, und schließlich wird es ein beinahe hoffnungsloses Unternehmen, Missionare in diese Länder zu schicken. Durch ihre Kontakte zu Völkern, die ihnen eigentlich Gotteserkenntnis vermitteln sollten, wurden die Heiden zu Lastern verführt, durch die ganze Volksgruppen und Stämme ausgerottet werden. In den unerschlossenen Gebieten der Erde haßt man die zivilisierten Völker deswegen. („The Ministry of Healing", S. 339)

Auch die christlichen Kirchen sind betroffen

Der Alkoholhandel ist eine Großmacht in dieser Welt. Er hat die Macht des Geldes, der Gewohnheit und der Lust auf seiner Seite. Diese Macht ist sogar in der Gemeinde spürbar. Menschen, die ihr Geld direkt oder indirekt mit dem Alkoholhandel verdienen, sind angesehene Kirchenmitglieder. Viele dieser Leute spenden großzügig für Wohltätigkeitszwecke. Ihre Gelder helfen, die Unternehmen der Kirche zu fördern und den Unterhalt ihrer Prediger zu sichern.

Sie haben das Sagen, wenn es um die Verwendung der Gelder geht. Kirchen und Gemeinden, die solche Mitglieder dulden, erhalten eigentlich den Alkoholhandel am Leben. Oft genug hat der Pastor dann nicht den Mut, für das Rechte einzustehen. Er erklärt seinen Gemeindegliedern nicht, was Gott über die Arbeit des Alkoholhändlers gesagt hat. Würde er offen reden, dann würde er seine Gemeinde vor den Kopf stoßen, sich unbeliebt machen und sein Gehalt nicht mehr bekommen. („The Ministry of Healing", S. 340)

Prediger haben das Banner fallen lassen

Der Herr führt einen Kampf mit den Bewohnern der Erde, die in dieser gefährlichen und verdorbenen Zeit leben. Prediger des Evangeliums sind vom Herrn abgefallen. Menschen, die sich zu Christus bekennen, machen sich schuldig, weil sie das Banner der Wahrheit nicht mehr hochhalten.

Pastoren fürchten sich, offen für ein allgemeines Alkoholverbot einzutreten. Sie sprechen nicht über den Fluch des Trinkens, weil sie Angst haben, ihr Gehalt würde gekürzt oder ihre Gemeinde könnte beleidigt reagieren. Sie befürchten, daß sie an Beliebtheit verlieren, wenn sie die biblische Wahrheit vollmächtig und klar verkündigen und den Unterschied zwischen dem Heiligen und dem Gewöhnlichen verdeutlichen; schließlich leben viele Mitglieder ihrer Kirchen direkt oder indirekt vom Alkoholhandel. Diese Menschen sind sich ihrer Sünde durchaus bewußt. Niemand muß erst darüber informiert werden, daß der Schnapshandel seine Opfer in Schande und Elend stürzt, sie entwürdigt, ihnen den Tod bringt und ihren endgültigen, ewigen Untergang verursacht. Wer direkt oder indirekt an diesem Handel verdient, füllt seinen Beutel mit Geld, das auf Kosten von Menschenseelen verdient wird.

Wenn Kirchen Mitglieder in ihren Reihen dulden, die mit dem Alkoholhandel zu tun haben, dann sind sie mitverantwortlich für die Sünden, die dadurch entstehen ...

Geld, das vom Blut der Seelen befleckt ist

Die Welt und die Kirche mögen gemeinsam Lobreden über einen Mann führen, der andere in Versuchung führt, und dann das Verlangen, das er selbst geweckt hat, befriedigt. Sie mögen darüber lächeln, daß er dazu beiträgt, Menschen, die zum Ebenbild Gottes geschaffen wurden, so zu erniedrigen, daß von diesem Ebenbild nichts mehr zu erkennen ist. Gott jedoch betrachtet das mit Mißfallen und schreibt sein Urteil in das Buch des Todes ...

Dieser Mann mag der Kirche hohe Geldbeträge spenden. Kann Gott aber Geld annehmen, das der Familie des Trinkers geraubt wurde? Es ist mit dem Blut von Seelen befleckt; der Fluch Gottes liegt darauf.

Gott sagt: „Denn ich, der Herr, liebe Gerechtigkeit, ich hasse Geraubtes als Brandopfer! ..." Die Kirche mag die Großzügigkeit eines Menschen loben, der ein solches Opfer darbringt, aber wären die Augen der Gemeindeglieder mit himmlischer Augensalbe gesalbt, würden sie das Gute nicht böse nennen und Bosheit nicht mit Gerechtigkeit verwechseln.

Der Herr sagt: „Was soll mir die Menge eurer Opfer? ... Wenn ihr kommt, zu erscheinen vor mir – wer fordert von euch, daß ihr meinen Vorhof zertretet? Bringt nicht mehr dar so vergebliche Speisopfer. Das Räucherwerk ist mir ein Greuel. Ihr habt den Herrn mit euren Worten ermüdet. Und doch sagt ihr: Worin haben wir ihn ermüdet? Dadurch, daß ihr sagt: Jeder, der Böses tut, ist in den Augen Gottes gut, und er hat Freude an ihnen. Oder dadurch, daß ihr fragt: Wo bleibt denn der Gott, der richtet?" (Jes 1,11-13) („Review and Herald", 15. Mai 1894)

Zustände, die ein Gottesurteil hervorrufen

Wegen der Bosheit, die zu einem großen Teil eine Folge des Alkoholkonsums ist, brechen heute manche Gottesurteile über unsere Erde herein. Haben wir da nicht eine sehr ernste Verantwortung, diesem großen Übel entschieden entgegenzutreten? („Counsels on Health", S. 432)

Eine Reformation ist nötig

Auf dem Gebiet der Mäßigkeit muß eine große Reform stattfinden. Das Lustprinzip bestimmt alle Lebensbereiche. Durch die betäubende Wirkung von Aufputsch- und Rauschmitteln sind viele in ihrem Denken so benebelt, daß sie den Unterschied zwischen Heiligem und Gewöhnlichem nicht mehr erkennen. („Counsels on Health", S. 432)

Gott ruft uns auf, den Süchtigen zu helfen

Dein Nachbar gibt möglicherweise der Versuchung nach und zerstört sich selbst durch Trinken und Rauchen. Vielleicht zerstört er seine lebenswichtigen Organe mit scharfen Aufputschmitteln. Er hört nicht damit auf, obwohl er dadurch seine Frau und seine Kinder ruiniert, und sie haben keine Möglichkeit, ihn davon abzuhalten, diese todbringende Straße weiterzugehen. Gott ruft euch auf, in seinem Weinberg zu arbeiten und alles zu tun, um eure Mitmenschen zu retten. (Manuskript 87, 1898)

Wenn wir dies alles sehen und die schrecklichen Folgen des Alkoholkonsums beobachten, sollten wir dann nicht mit aller Kraft darum ringen, daß Gott uns im Kampf gegen dieses große Übel beisteht? („Evangelism", S. 265)

Zum Kampf aufgerufen

Unser Platz ist an vorderster Front

Von allen, die sich zu den Freunden der Mäßigkeitsbewegung zählen, sollten Siebenten–Tags–Adventisten in vorderster Front stehen. („Gospel Workers", S. 384)

255

Bezüglich des Themas Mäßigkeit sollten sie allen anderen Leuten voraus sein. („Medical Ministry", S. 273)

Die Unmäßigkeit hat ihre öffentlich anerkannten Verfechter. Sollten wir, die wir behaupten, die Mäßigkeit hochzuhalten, angesichts dessen nicht an vorderster Front stehen, den Standpunkt der Mäßigkeit klar vertreten, nach der Krone des ewigen Lebens streben und diesem schrecklichen Übel, der Unmäßigkeit, auch nicht den geringsten Einfluß einräumen? („Review and Herald", 19. April 1887)

Ich fühle mich entmutigt, wenn ich unsere Gemeindeglieder beobachte und feststellen muß, daß sie die Frage der Mäßigkeit sehr lässig handhaben ... Wir sollten in der Lebensreform an der Spitze stehen. („Review and Herald", 21. Oktober 1884)

Keine Geschmacksfrage

Manche machen das Thema Enthaltsamkeit zu einer Geschmacksfrage. Sie behaupten, daß sich der Herr nicht mit solchen Nebensächlichkeiten wie Essen und Trinken aufhalte.

Wenn der Herr sich aber nicht um solche Dinge kümmert, warum hat er sich dann der Frau des Manoah geoffenbart und ihr diesbezüglich konkrete Anweisungen gegeben? Er hätte sie nicht zweimal beschworen, diese Regeln konsequent einzuhalten. Genügt dieser Beweis nicht? Ist das kein ausreichender Beweis dafür, daß er sich tatsächlich um solche „Kleinigkeiten" kümmert? („Signs of the Times", 13. September 1910)

Ein Teil der dritten Engelsbotschaft

Jede echte Reform hat ihren Platz in der dritten Engelsbotschaft. Besonders die Lebensreformbestrebungen erfordern unsere Aufmerksamkeit und Unterstützung. („Schatzkammer der Zeugnisse", Bd. 2, S. 358)

Sollte es innerhalb unserer Glaubensgemeinschaft nicht eine Neubelebung dieser Enthaltsamkeitsbestrebungen geben? Warum kämpfen wir nicht viel entschiedener gegen den Alkoholhandel, der die Seelen der Menschen zerstört und Gewalt und alle möglichen

Verbrechen hervorruft? Wir sollten bei jeder echten Reform an vorderster Front stehen, weil uns Gott großes Licht anvertraut hat. („Counsels on Health", S. 432)

Ernste, ausdauernde Anstrengungen

Durch die Unmäßigkeit wird nach wie vor sehr viel zerstört. Unrecht in jeder Form ist ein mächtiges Hindernis für den Fortschritt der Wahrheit und Gerechtigkeit. Soziale Ungerechtigkeiten, aus Unwissenheit und Laster geboren, verursachen immer noch unsagbares Elend und werfen ihren verhängnisvollen Schatten auf die Gemeinde und die Welt. Die Verdorbenheit unter der Jugend wird nicht weniger, sondern mehr. Nur ernste und ausdauernde Anstrengungen vermögen diesen verheerenden Fluch umzukehren.

Im Kampf gegen finanzielle Interessen und Genußsucht, schlechte Gewohnheiten und Triebhaftigkeit wird es scharfe Auseinandersetzungen geben, und siegen kann nur, wer grundsätzliche Entscheidungen trifft. („Review and Herald", 6. November 1883)

Gott wirkt durch seine Gemeinde

Wenn die Menschen so getäuscht und betrogen werden, wird da nicht der Herr durch seine Gemeinde wirken wollen und sein Volk dazu auffordern, an diesen verführten Opfern seine Pflicht zu erfüllen?

Viele Menschen betrachten den Alkohol als ihren einzigen Trost, wenn sie Probleme haben. Das wäre nicht nötig, wenn Gottes Volk die Gelegenheiten wahrnehmen würde, die sich hier bieten. Wären ihre Augen nicht von Egoismus verblendet, würden sie die Aufgaben erkennen, die sie wahrzunehmen haben und die sie eigentlich schon bei ihrer Bekehrung von Gott aufgetragen bekamen, als sie über die Vergebung ihrer Sünden noch froh und dankbar waren. (Manuskript 87, 1898)

Eine Waffe, wirksamer als die Axt

Gott erwartet von uns, daß wir einen Standpunkt vertreten, durch den andere Menschen gewarnt werden. Er erwartet, daß wir die Mäßigkeitsfrage aufgreifen. Durch falsche Eß- und Trinkgewohnheiten zerstören die Menschen die Kraft, die sie zum Denken und zur Lebensbewältigung bekommen haben.

Wir brauchen keine Axt, um die Saloons kurz und klein zu schlagen. Wir haben eine stärkere Waffe: das Wort des lebendigen Gottes. Das wird uns den Weg durch die höllischen Schatten bahnen, die Satan auf den Weg der Menschen wirft. Gott ist mächtig und stark. Er wird ihre Herzen ansprechen. Das haben wir oft genug miterlebt. („Conference Bulletin", 23. April 1901)

Jugendliche müssen sich im Widerstand gegen das Böse vereinen

Keine Gruppe von Menschen könnte im Kampf gegen die Unmäßigkeit mehr bewirken, als gottesfürchtige Jugendliche. In dieser Zeit sollten sich die jungen Männer in unseren Großstädten zu einer „Armee" zusammenschließen und sich fest und entschlossen gegen jede Form von Abhängigkeit und Sucht wehren.

Das wäre eine gewaltige Streitmacht für das Gute! Sie könnten viele vor den Verführungen der Hallen und Biergärten bewahren. Die Musik und die attraktive Umgebung ist an diesen Orten darauf ausgerichtet, junge Menschen ins Verderben zu locken ...

Die jungen Männer und Frauen, die von sich behaupten, daß sie an die Wahrheit für diese Zeit glauben, können Jesus nur dann gefallen, wenn sie sich gemeinsam dafür einsetzen, diesen Übeln, die sich mit ihrem verführerischen Einfluß in die Gesellschaft eingeschlichen haben, entgegenzuwirken. Sie müssen alles in ihrer Macht stehende tun, um der Flut der Unmäßigkeit, die ihren demoralisierenden Einfluß über das ganze Land ausbreitet, Einhalt zu gebieten.

In dem Bewußtsein, daß die Unmäßigkeit öffentlich anerkannte Verfechter hat, sollten alle, die Gott ehren, einen festen Standpunkt gegen diese Flut des Bösen einnehmen, die Männer und Frauen ins Verderben zieht. („The Youth's Instructor", S. 16, 1903)

Zum „heiligen Krieg" gegen die Genußsucht gerufen

Sind unsere jungen Männer bereit, ihre Stimmen zugunsten der Mäßigkeitsbewegung einzusetzen und zu zeigen, wie sich das auf ihr Christsein auswirkt? Werden sie sich am „heiligen Krieg" gegen Eßlust und Sucht beteiligen? Unsere künstliche, „zivilisierte" Lebensweise fördert allerhand Übel, die gesunde, vernünftige Grundsätze zerstören können. Dabei steht der Herr schon vor der Tür.

Wo sind die Männer, die an die Arbeit gehen und voll auf Gott vertrauen, die bereit sind, etwas zu wagen? Gott ruft: „Mein Sohn, geh hin und arbeite heute in meinem Weinberg!" (Mt 21,18) (Manuskript 134, 1898)

Gottes Anweisungen befolgen

Wir müssen beginnen, auf dem Gebiet der Lebensreform zu arbeiten. Wir müssen diese Aufgabe so angehen, wie es der Herr mir immer wieder gezeigt hat. (Brief 334, 1905)

Ein Aufruf, unserer „Gesellschaft für Lebensreform" beizutreten

Menschen, die sich nicht zur Wahrheit bekennen, haben Abstinenzgruppen und -vereine gegründet, während unsere Gemeindeglieder, obwohl sie allen anderen Glaubensgemeinschaften im Land weit voraus sind, was die Grundsätze praktizierender Lebensreform betrifft, nur sehr zögerlich daran gehen, Abstinenzvereine zu organisieren. Dadurch haben sie manche Einflußmöglichkeiten eingebüßt. (Brief 1, 1882)

Gott hat mir darüber Licht gegeben, daß jedes Gemeindeglied das Enthaltsamkeitsgelöbnis unterschreiben und in den Abstinenzverein eintreten sollte. („Review and Herald", 21. Oktober 1884)

Jedes Gemeindeglied an die Arbeit

Alle, die Bibeln besitzen und an das Wort glauben, sollen aktive Verfechter der Lebensreform werden. Wer wird jetzt danach streben, das Werk unseres Erlösers zu fördern? Jedes Gemeindeglied sollte sich in rechter Weise in diese Arbeit einbringen. (Brief 18a, 1906)

Wir hätten gerne, daß sich jeder an den Aufgaben der Mäßigkeitsbewegung beteiligt. (Manuskript 18, 1894)

Die Macht des Vorbilds

Durch unser Vorbild und durch persönliches Engagement können wir Werkzeuge sein, durch die viele Menschen vor der Entwürdigung der Unmäßigkeit, vor Verbrechen und Tod bewahrt bleiben. („Testimonies", Bd. 3, S. 489)

Wir brauchen Männer wie Daniel

Heute brauchen wir Männer wie Daniel. Männer, die verzichten können und den Mut haben, die Lebensreform uneingeschränkt durchzusetzen. Jeder Christ sollte darauf achten, daß sein Beispiel und sein Einfluß die Lebensreform fördern. Die Prediger müssen die Menschen gewissenhaft unterweisen und warnen. Und alle dürfen nicht vergessen, daß unser Glück in beiden Welten davon abhängt, daß wir zur Verbesserung der heutigen Welt beitragen. („Signs of the Times", 6. Dezember 1910)

Ein Teil unserer evangelistischen Botschaft

Die Gesundheitsbotschaft mit geistlichen Wahrheiten verbinden

In Verbindung mit der Darbietung geistlicher Wahrheiten sollten wir auch auf das hinweisen, was das Wort Gottes über Gesundheit und Mäßigkeit zu sagen hat. Mit allen uns zur Verfügung stehenden Mitteln müssen wir uns darum bemühen, Menschen für die überzeugende und bekehrende Macht Gottes zu gewinnen. (Brief 148, 1909)

Ich habe gehört, wie einige zum Thema Mäßigkeit meinten: „Ich habe keine Zeit. Ich habe so viel zu tun, weil ich überall die Dritte Engelsbotschaft und die Grundlagen unseres Glaubens verkündige. Ich kann mir nicht auch noch die Zeit nehmen, mich für die Gesundheitsarbeit und für Abstinenzprojekte zu engagieren." Würden diese Männer ihre Predigten um ein Drittel kürzen, dann hätten die Zuhörer viel mehr davon. Und es bliebe auch noch Zeit, um über diese Themen zu sprechen. („Review and Herald", 14. Februar 1888)

Gesundheit und Erlösung

Uns als Adventvolk wurde die Aufgabe übertragen, die Grundsätze der Gesundheitsreform bekannt zu machen. Allerdings meinen einige, daß das Thema Ernährung nicht wichtig genug sei, um es in die Evangeliumsarbeit einzuschließen. Doch sie machen einen großen Fehler. Gottes Wort sagt uns: „Wenn ihr eßt oder trinkt oder sonst etwas tut, so tut alles zur Ehre Gottes." (1 Ko 10,31 GN). Das Thema Mäßigkeit mit all seinen Bereichen hat einen wichtigen Platz im Erlösungsgeschehen. („Testimonies", Bd. 9, S. 112)

Ein Teil der dritten Engelsbotschaft

Brüder und Schwestern, wir hätten gerne, daß ihr erkennt, wie wichtig die Frage der Lebensreform ist, daß sich unsere Mitarbeiter dafür interessieren und erkennen, daß dieses Thema genauso eng mit der dritten Engelsbotschaft verbunden ist, wie der rechte Arm mit dem Körper. Wir müssen auf diesem Gebiet Fortschritte machen. („Review and Herald", 14. Feb. 1888)

Es ist mit das Anliegen der dritten Engelsbotschaft, die Naturgesetze eindeutig herauszustellen und auf ihre Bedeutung zu drängen, um Gottes Volk auf die Wiederkunft des Herrn vorzubereiten. („Schatzkammer der Zeugnisse", Bd. 1, S. 291)

Das öffentliche Gewissen aufrütteln

Die Wegbereiter der Wiederkunft Christi werden durch den neuen Elia repräsentiert. So kam Johannes der Täufer im Geiste des Elia, um den Weg für Christi erstes Kommen zu bereiten. Das großartige Thema der Lebensreform muß so dargestellt werden, daß das öffentliche Gewissen wachgerüttelt wird. Ein in allen Dingen maßvoller Lebensstil soll mit der Botschaft verbunden sein, damit sich das Volk Gottes von Götzendienst, Schwelgerei und Extravaganz in Kleidung und anderen Bereichen abwendet. („Testimonies", Bd. 3, S. 62)

Laßt uns unsere Stimmen gegen den Fluch der Trunksucht erheben! Laßt es unser Bestreben sein, die Welt vor den verführerischen Einflüssen des Alkohols zu warnen! Laßt uns den jungen wie den alten Menschen vor Augen führen, welche schrecklichen Folgen es hat, wenn man seiner Genußsucht hemmungslos nachgibt! (Manuskript 80, 1903)

Wenn wir die Lebensreform als einen Teil des Evangeliums verkündigen, werden viele erkennen, daß eine Änderung ihrer Lebensweise notwendig ist. Sie werden auch erkennen, wie gefährlich rauscherzeugende Getränke sind und begreifen, daß die totale Abstinenz der einzige Standpunkt ist, den Gottes Volk guten Gewissens einnehmen kann. („Testimonies", Bd. 7, S. 75)

Jetzt keine sanfte Botschaft verkündigen!

Die Auseinandersetzung mit dem Übel, das das Ebenbild Gottes im Menschen zerstört, muß energisch geführt werden. Das ist eine Kampfansage, denn eine sanfte Botschaft macht hier keinen Eindruck. Gott sieht unsere Welt in all ihrer Verdorbenheit und Rebellion, aber er wird seine heiligen Engel schicken, um all denen zu helfen, die sich für die Ausrottung dieses Götzendienstes einsetzen. Brief 102a, 1897)

Dem Übel der Unmäßigkeit muß in Zukunft noch beherzter entgegengetreten werden, als es in der Vergangenheit geschah. („The Youth's Instructor", S. 9, März 1909)

Predigten über Mäßigkeit in allen Großstadt-Evangelisationen

Bezüglich der Darstellung des Themas der Lebensreform müssen wir unsere Anstrengungen vervielfachen. Das Thema der Veränderung unserer Lebensweise als Folge der Bekehrung sollte in jeder Predigt, die wir im Rahmen unserer Großstadt-Evangelisationen halten, angeschnitten werden.

Man muß den Menschen die Gesundheitsreform mit allen ihren Auswirkungen nahebringen und sich darum bemühen, daß die Jugend, die Leute im mittleren Alter, aber auch die alten Menschen nach den Grundsätzen der Lebensreform leben lernen. Dieser Aspekt der Verkündigung muß neu belebt werden, damit die Wahrheit wie ein brennendes Licht alles erleuchtet. (Manuskript 61, 1909)

Mit überzeugenden Argumenten und starken Appellen

In unseren großen Versammlungen müssen wir die Frage der Mäßigkeit mit überzeugenden Argumenten und eindrucksvollen Appellen vortragen. Der Herr hat uns die Aufgabe übertragen, vom biblischen Standpunkt her aufzuzeigen, wie der Lebensstil eines Christen auszusehen hat: maßvoll in allen Bereichen. (Manuskript 82, 1900)

Gesundheitsseminare in der Nacharbeit bei Evangelisationen

Wir haben eine große Aufgabe vor uns, nämlich die Menschen mit den Grundsätzen der Gesundheitsreform bekannt zu machen. In öffentlichen Vorträgen kann man dieses Thema anschneiden und danach in Seminaren alle Interessierten praktisch darin unterrichten, wie man sich gesund ernährt, und wie man ohne Fleisch, Schwarztee und Kaffee eine schmackhafte Vollwertkost zubereiten kann ...

Verkündigt das Thema Mäßigkeit unter der Leitung des Heiligen Geistes mit Vollmacht. Weist auf die Notwendigkeit der totalen Enthaltsamkeit von allen berauschenden Getränken hin. Zeigt den furchtbaren Schaden, der im menschlichen Körper durch Tabak- und Alkoholgenuß angerichtet wird. („Evangelism", S. 534)

Zeigt auf, weshalb wir unsere Ernährungsgewohnheiten geändert haben

Es sollten Seminare abgehalten werden, in denen man erklärt, weshalb eine Reform der Ernährung unbedingt nötig ist. Dabei sollte auch darauf hingewiesen werden, daß stark gewürzte Nahrung eine Entzündung der empfindlichen Magen- und Darmschleimhäute verursacht. Es sollte deutlich werden, warum die Glieder unserer Gemeinschaft ihre Eß- und Trinkgewohnheiten geändert haben. Zeigt auf, warum wir Tabak und Alkohol meiden.

Stellt die Grundsätze der Gesundheitsreform klar und verständlich vor und serviert in Verbindung damit eine Vielfalt an gesunder Nahrung, die schmackhaft zubereitet ist. Der Herr wird euch dabei helfen, den Zuhörern bewußt zu machen, wie dringend notwendig eine Lebensreform ist. Die Leute werden einsehen, daß diese Änderung ihrer Lebensgewohnheiten zu ihrem Besten dient. („Medical Ministry", S. 286)

Konsequenz bis zum Letzten

Wenn wir den Leuten gezeigt haben, daß wir in bezug auf die Gesundheitsreform richtige Grundsätze haben, dann sollten wir das Thema Enthaltsamkeit in allen Bereichen aufgreifen und bis zum Letzten konsequent sein. (Brief 63, 1905)

Bringt das Thema auf ansprechende Weise

Bringt die Grundsätze der Mäßigkeit so attraktiv wie möglich. Bringt Bücher in Umlauf, die über gesunde Lebensweise informieren. („Testimonies", Bd. 7, S. 136)

Ein hohes Niveau anstreben

Achtet sorgfältig darauf, daß die Veranstaltungen zum Thema Mäßigkeit ein möglichst hohes Niveau haben. Vermeidet oberflächliche Arbeit und alle Theatralik. Wem der ernste Charakter dieser Aufgabe klar geworden ist, der wird ein hohes Niveau anstreben. Aber es gibt auch Mitarbeiter, die in Wirklichkeit keine Wertschätzung für diese Gesundheitsarbeit empfinden. Sie sind nur darauf bedacht, ihre Klugheit möglichst gut auf der Bühne darzustellen.

Die Aufrichtigen und Nachdenklichen und alle, die das Ziel dieser Arbeit begriffen haben, sollten zur Mitarbeit in diesem wichtigen Bereich des Werkes ermutigt werden. Vielleicht sind sie intellektuell nicht so überragend, aber wenn sie aufrichtig und demütig sind, wenn sie Gott ernst nehmen und ihm treu sind, dann wird der Herr ihren Einsatz gern akzeptieren. („Testimonies", Bd. 5, S. 127)

Nicht im Alleingang arbeiten

Keiner sollte versuchen, im Alleingang zu arbeiten. Es sollen sich immer mehrere an einem solchen Projekt beteiligen. Sie sollen, ausgerüstet mit der Kraft des Heiligen Geistes, eine himmlische Botschaft verkündigen ... Man muß die Menschen dahin führen, daß sie selbst erkennen, wie negativ es sich auswirkt, wenn sie Geld für ihre Genußsucht ausgeben, und damit ihre geistige, seelische und körperliche Gesundheit zerstören. („Evangelism", S. 531)

Verweist auf Gottes Willen

Im Gegensatz zu den extravaganten, gesundheitszerstörenden Gewohnheiten vieler Menschen in diesem degenerierten Zeitalter sollte man auf die Verzichtsbereitschaft, Demut und Selbstbeherrschung hinweisen, die Gott von denen erwartet, die er besonders führt und segnet. Gott hat gezeigt, daß die Gesundheitsreform genauso eng mit der dritten Engelsbotschaft verbunden ist, wie die

Hand mit dem Körper. Es gibt keine schwerwiegendere Ursache für körperlichen und moralischen Niedergang als die Vernachlässigung dieses wichtigen Themas. Wer seinen Gelüsten und Leidenschaften hemmungslos nachgibt, wer seine Augen vor dem Licht verschließt, weil er fürchtet, daß er seine Genußsucht als etwas Sündiges erkennen könnte, diese aber nicht aufgeben möchte, der macht sich vor Gott schuldig.

Die Gefahr, sich vom Licht abzuwenden

Wer sich auf einem Gebiet vom Licht abwendet, verhärtet sein Herz und mißachtet auch das Licht in anderen Bereichen. Wer in seinen Eß- und Trinkgewohnheiten und in seiner Kleidung unrecht handelt, bereitet den Weg dafür, nach und nach auch andere Forderungen Gottes zu übertreten und gefährdet dadurch sein ewiges Heil ...

Ein von Gott geführtes Volk muß anders als die Welt, muß etwas Besonderes sein. Aber wer sich von Gott führen lassen will, muß seinen Standpunkt vertreten und sich seinem Willen unterordnen. Christus wird im Herzen wohnen. Der Tempel Gottes wird heilig gehalten. Der Apostel sagt, daß unser Körper ein Tempel des Heiligen Geistes ist.

Aufgerufen zum Gehorsam gegenüber den Naturgesetzen

Gott fordert von seinen Kindern nicht, daß sie es mit ihrer Bereitschaft zum Verzicht übertreiben und sich dadurch körperlich schädigen, aber er erwartet von ihnen, daß sie die Naturgesetze beachten, damit sie körperlich gesund bleiben. Er zeigt uns den natürlichen Weg zur Gesundheit, und dieser Pfad ist für jeden Christen breit genug. Gott ist großzügig und gibt uns eine Vielfalt an Gaben zu unserer Erhaltung und zu unserem Vergnügen. Aber damit wir uns natürlich ernähren, gesund erhalten können und lange leben, setzt er unserer Genußsucht Grenzen.

Er sagt: Hütet euch davor, einen unnatürlichen Appetit zu entwickeln. Wenn wir zulassen, daß unsere Gelüste verdorben werden, übertreten wir Gesetze des Lebens und sind für die Mißhandlung unseres Körpers sowie für die Krankheiten, die dadurch entstehen, selbst verantwortlich. („Testimonies", Bd. 3, S. 62.63)

Ein wirkungsvoller Einstieg

Mein Führer hat mich darauf hingewiesen, daß die Gemeindeglieder, die an die Wahrheit glauben, die Gesundheitsreform nicht nur für sich selbst anwenden, sondern sie auch gewissenhaft an andere weitergeben sollen, denn dies ist auch eine Möglichkeit, ungläubige Menschen auf unsere Botschaft aufmerksam zu machen. Sie werden darüber nachdenken, daß unser Glaube etwas zu bieten haben könnte, daß sich eine nähere Prüfung lohnt, wenn wir so vernünftige Vorstellungen über Gesundheit und Mäßigkeit haben.

Wenn wir in der Gesundheitsreform Rückschritte machen, dann verlieren wir viel von unserem Einfluß auf die Außenwelt. („Evangelism", S. 514)

Predigten über Mäßigkeitsfragen können viele Menschen ansprechen

Wir müssen uns intensiv um die Menschen kümmern, die in die Abhängigkeit von üblen Gewohnheiten geraten sind. Sie müssen zu hören bekommen, was das Wort Gottes zum Thema „Christliche Mäßigkeit" sagt. Wir müssen sie zum Kreuz Christi führen. Zu solchen Versammlungen sind schon Menschen gekommen, die jahrzehntelang keine Kirche mehr aufgesucht hatten – und sie haben sich bekehrt. Als Folge davon verzichteten sie von da an auf Schwarztee und Kaffee, auf Tabak, Bier und Schnaps. Das führte zu wunderbaren Charakterveränderungen.

Während viele das Licht annehmen, weisen andere es zurück und verlieren damit ihr ewiges Heil. Diese Arbeit ist zeitraubend und anstrengend und eine große seelische Belastung, wenn man sieht, wie viele Menschen hören und begreifen, aber doch nicht bereit sind, Jesus Christus anzunehmen, weil sie damit auch sein Kreuz auf sich nehmen müßten. (Manuskript 52, 1900)

Persönlicher Einsatz für Süchtige

Setzt euch für die Süchtigen und die Raucher ein und sagt ihnen, daß keine Trinker in das Reich Gottes kommen und daß dort nichts Unreines aufgenommen wird. Zeigt ihnen, wie sie das Geld besser verwenden könnten, das sie jetzt zu ihrem eigenen Schaden ausgeben. („Medical Ministry", S. 268)

Arbeitet, betet, richtet Menschen auf

Das arme Opfer der Sucht kann sich auch weigern, die Gelegenheit zu nutzen, seine Menschenwürde zurückzugewinnen, indem es mit Satan bricht. Ist es unter diesen Umständen dann etwa nicht mehr unsere Pflicht, alles Menschenmögliche dafür zu tun, daß diese Seele, die durch ihre Übertretungen wie tot ist, aufgeweckt wird?

Jesus wird große Wunder wirken, wenn Menschen die Aufgabe, die ihnen Gott übertragen hat, erfüllen. Kein Mensch kann aus eigener Kraft Menschen verändern, die Satan in seinen Fängen hält. Das ist nur in Verbindung mit Christus möglich.

Der Mensch muß arbeiten, er muß beten, er muß entmutigten und hoffnungslosen Süchtigen aufhelfen. Das ist sein Beitrag, den er leisten kann, während er gleichzeitig den Arm des Allmächtigen ergreift und wie Jakob um den Sieg kämpft. Auch er muß rufen: „Ich lasse dich nicht, du segnest mich denn." (1 Mo 32,37) (Manuskript 87, 1898)

Weshalb die Gesundheitsbotschaft so wichtig ist

Ein Christ muß sich in allen Dingen maßvoll verhalten; im Essen, Trinken, in der Kleidung und in allen anderen Bereichen seines Lebens. „Jeder aber, der kämpft, enthält sich aller Dinge; jene nun, damit sie einen vergänglichen Kranz empfangen, wir aber einen unvergänglichen." (1 Ko 9,25)

Wir haben nicht das Recht, uns mit irgend etwas zu befassen, das den Geist Gottes daran hindern könnte, unsere seelische Kraft und unseren Verstand positiv zu beeinflussen. Es ist ein Meisterstück satanischer Verführungskunst, daß er die Menschen dort hinbringt, wo sie nur noch schwer vom Evangelium erreicht werden können. („Review and Herald", 29. August 1907)

Auch Laien sind zur Mitarbeit in der Lebensreformbewegung aufgerufen

Nur eine arbeitende Gemeinde ist eine lebendige Gemeinde. Ihr Glieder der Gemeinde, laßt euer Licht leuchten! Erhebt eure Stimmen in demütigem Gebet, erhebt sie gegen die Unmäßigkeit, gegen den Leichtsinn und die Vergnügungen dieser Welt. Erhebt eure Stimmen und verkündet die Wahrheiten, die heute so wichtig sind.

Eure Stimmen, euer Einfluß, eure Zeit, sind alles Gaben Gottes, und sie sollen dafür eingesetzt werden, daß Menschen für Christus gewonnen werden. Besucht eure Nachbarn und setzt euch für ihre Rettung ein. („Medical Ministry", S. 332)

Der Sonntag ist der ideale Tag für die Gesundheitsarbeit

Der Sonntag kann dazu verwandt werden, verschiedene Zweige des Werkes zu fördern, durch die viel für den Herrn getan werden kann. Ihr könnt auch über Mäßigkeit und christliche Erfahrung sprechen. Dadurch könntet ihr lernen, wie man arbeitet, und viele Seelen erreichen. („Schatzkammer der Zeugnisse", Bd. 3, S. 341)

Bei Zeltversammlungen

Wir sollten bei unseren Zeltversammlungen mehr Zeit für die Vermittlung der Gesundheitsgrundsätze und der Lebensreformbestrebungen vorsehen. Diese Fragen sollen in unseren derzeitigen Projekten eine bevorzugte Stellung einnehmen.

Meine Botschaft an euch ist, daß ihr auf dem Gebiet der Lebensreform eindringlich verkündigen und lehren sollt und nicht locker lassen dürft. (Manuskript 65, 1908)

In unseren Gemeinden

Jede Gemeinde braucht eine klare und eindeutige Verkündigung. Die Posaune muß ein deutliches Signal geben. Wecken wir das moralische Gewissen für das Thema Mäßigkeit in allen Dingen, dann werden wir einen sehr großen Sieg erringen. (Manuskript 59, 1900)

Bildet euch dazu aus, andere zu unterrichten

Ich werde nachforschen, weshalb einige unserer Brüder im Predigtamt in der Verkündigung des wichtigen Themas einer maßvollen Lebensweise so weit hinterherhinken. Warum zeigt man nicht mehr Interesse an der Gesundheitsreform? (Brief 42, 1898)

Wir sollten nicht nur lernen, wie wir selbst in Übereinstimmung mit den Gesundheitsgesetzen leben können, sondern auch wie wir andere lehren können, gesünder zu leben. Viele, auch solche, die sich zu den besonderen Wahrheiten für diese Zeit bekennen, sind auf dem Gebiet der Gesundheit und der Mäßigkeit beklagenswert mangelhaft informiert.

Sie müssen Schritt für Schritt an dieses Thema herangeführt werden und eine Regel nach der anderen begreifen lernen. Man muß sie immer wieder mit diesem Thema konfrontieren, und diese Angelegenheit darf nicht als unwichtig beiseitegeschoben werden, denn fast jede Familie muß auf diesem Gebiet aufgerüttelt werden.

Das Gewissen muß geweckt werden, damit jeder erkennt, daß er dazu verpflichtet ist, die Grundsätze einer echten Lebensreform konsequent auszuleben. Gott erwartet von seinem Volk, daß es in allen Dingen maßvoll lebt ...

Laßt euch nicht durch Spott beirren

Unsere Prediger dürfen dieses Gebiet nicht ignorieren, sich auch nicht beirren lassen, wenn man sie als „Extremisten" bezeichnet. Sie sollen sich weiterbilden, selbst herausfinden, was zu einer echten Gesundheitsreform gehört, und diese Grundsätze weitergeben, indem sie darüber reden und gleichzeitig ein stilles, konsequentes Vorbild sind.

Bei unseren großen Konferenzen sollte über Gesundheit und Lebensreform ausführlich informiert werden. Versucht, den Verstand und das Gewissen aufzurütteln. Bringt alle verfügbaren Talente in diesen Dienst ein und arbeitet auch Publikationen über dieses Thema aus. Die Botschaft, die mir hierzu eingeprägt wurde, lautet: „Unterweist, unterweist, unterweist." („Christian Temperance and Bible Hygiene", S. 117)

Erziehung zur Mäßigkeit ist ein Ziel unseres medizinischen Werkes

Gegründet, um wahre Mäßigkeit zu lehren

Unsere Sanatorien wurden errichtet, damit dort die Wahrheit über echte, vernünftige Mäßigkeit verkündigt wird. („Counsels on Diet and Foods", S. 162)

Vom moralischen Standpunkt her darlegen

Unsere Prediger, die mit Wort und Lehre umgehen, sollen in unseren Sanatorien kurze Ansprachen über die Grundsätze einer maßvollen Lebensweise halten. Sie sollen darin aufzeigen, daß der Körper der Tempel des Heiligen Geistes ist, und den Leuten die Verantwortung bewußt machen, die sie als Gottes erkauftes Eigentum tragen. Wenn man ihnen dieses Gedankengut vermittelt, werden sich die Menschen auch für die Lehren der Bibel interessieren.

Außerdem muß man auch auf den sittlichen Verfall aufmerksam machen und darauf, daß die heutigen Bewohner der Erde denen der vorsintflutlichen Welt sehr ähnlich sind: frech und respektlos, unmäßig und verdorben. Die Sünden, die heute begangen werden, verwandeln diese Welt in eine Lasterhöhle. Man muß diesen Sünden entschieden entgegentreten.

Wer predigt, muß das Thema Mäßigkeit vom christlichen Standpunkt her beleuchten. Wenn eine maßvolle Lebensweise als Teil der Evangeliumsverkündigung dargestellt wird, werden viele einsehen, daß sie ihr Leben ändern müssen. (Manuskript 14, 1901)

Ärzte sollen die Patienten zur Mäßigkeit erziehen

Sie sollten die Gemeinde hinsichtlich der Gefahren der Unmäßigkeit belehren. Diesem Übel müssen wir in Zukunft stärker entgegentreten als in der Vergangenheit. Prediger und Ärzte sollten gemeinsam die Übel der Unmäßigkeit darlegen, und beide sollten gemeinsam machtvoll die Heilsbotschaft verkünden, damit die Sünde gebrandmarkt und die Gerechtigkeit herausgestellt werde.

Prediger oder Ärzte, die keine persönlichen Aufrufe an die Geschwister richten, sind lässig in ihrer Pflicht. Sie verrichten nicht die Arbeit, die Gott ihnen aufgetragen hat. („Schatzkammer der Zeugnisse", Bd. 2, S. 359)

Konsequente Enthaltsamkeit lehren

Wenn ein Arzt sieht, daß ein Patient an einer Krankheit leidet, die durch falsche Eß- Trink- oder Lebensgewohnheiten verursacht wurde, und ihm das nicht mitteilt, dann fügt er seinem Mitmenschen dadurch Schaden zu. Das Elend der Trinker, Tobsüchtigen und Abhängigen aller Art sollte einen Arzt dazu veranlassen, klar und deutlich aufzuzeigen, inwiefern ein Leiden die Auswirkung von Sünde ist. Wer die grundsätzlichen Zusammenhänge des Lebens begreift, sollte ernsthaft danach streben, die Ursachen der Krankheiten zu beheben.

Wie könnte ein Arzt, der ständig gegen Schmerzen kämpfen muß und sich dafür einsetzt, Leiden zu lindern, sich da zurückhalten? Ist er wirklich hilfsbereit und barmherzig, wenn er seinem Patienten verschweigt, daß konsequente Enthaltsamkeit Krankheiten heilen kann? („The Ministry of Healing", S. 114)

Ein Wächter der körperlichen und sittlichen Gesundheit

Der wahre Arzt ist ein Erzieher. Er erkennt, daß er nicht nur seinen Patienten verpflichtet ist, sondern auch der Gesellschaft, in der er lebt. Er hat die Aufgabe, sowohl über die körperliche als auch über die sittliche Gesundheit zu wachen. Es muß sein Bestreben sein, den Kranken nicht nur die richtige Heilmethode zu vermitteln, sondern sie auch zu richtigen Lebensgewohnheiten zu ermutigen und Erkenntnisse über richtige Gesundheitsgrundsätze zu verbreiten.

Die Erziehung betreffs der Gesundheitsgrundsätze war noch nie so nötig wie heute. Einerseits genießen wir den Fortschritt, weil er das Leben in vielen Bereichen bequemer und angenehmer macht – und dazu gehören auch die Verbesserungen im Sanitärbereich und die Behandlung von Krankheiten. Andererseits ist der zunehmende Mangel an körperlicher Kraft und Ausdauer alarmierend. Das sollte allen zu denken geben, denen das Wohlergehen ihrer Mitmenschen am Herzen liegt.

Unsere künstliche, „zivilisierte" Lebensweise leistet Übeln Vorschub, die vernünftige Prinzipien zerstören. Sitte und Mode liegen im Kampf mit der Natur.

Lebensgewohnheiten und Abhängigkeiten verringern die körperlichen und geistigen Kräfte immer mehr und legen der Menschheit eine beinahe unerträgliche Last auf. Unmäßigkeit, Sucht und Verbrechen, Krankheiten und Elend sind überall zu finden.

Viele verstoßen gegen die Gesundheitsgesetze, weil sie es nicht besser wissen. Sie müssen informiert werden. Doch die meisten wissen mehr, als sie ausleben. Ihnen muß eingeschärft werden, daß sie sich in ihren Lebensentscheidungen von ihrer Erkenntnis leiten lassen müssen.

Ein Arzt hat viele gute Möglichkeiten, über Gesundheitsgrundsätze zu informieren und darauf hinzuweisen, wie wichtig es ist, danach zu leben. Wenn er seine Patienten richtig anleitet, können viele Übel vermieden werden, die ansonsten unsagbare Schäden anrichten würden. („The Ministry of Healing", S. 125.126)

Der erzieherische Einfluß unserer Sanatorien

In unseren Sanatorien und Schulen sollte die Gesundheitserziehung eine führende Rolle spielen. Der Herr wünscht, daß unsere Sanatorien überall einen erzieherischen Einfluß ausüben. Dabei spielt es keine Rolle, ob es sich um kleine oder große Einrichtungen handelt. Ihre Verantwortung bleibt die gleiche.

Der Herr hat uns beauftragt: „Laßt euer Licht leuchten vor den Menschen, damit sie eure guten Werke sehen und euren Vater im Himmel preisen." (Mt 5,16) (Manuskript 65, 1908)

Die Patienten werden das Bedürfnis nach Anregungsmitteln und Narkotika verlieren

In unseren medizinischen Einrichtungen muß in bezug auf die Grundsätze einer gesunden Lebensweise offen informiert werden. Man muß die Patienten auf die Schäden hinweisen, die der Alkoholkonsum mit sich bringt, und darauf, welche Vorteile in konsequenter Abstinenz liegen. Man kann sie dazu auffordern, alles Gesundheitsschädliche zu vermeiden, und ihnen statt dessen ausreichend und vielerlei Obst anbieten ...

Wenn die Kranken dazu angeleitet werden, sich körperlich zu betätigen, kommt ihr überlastetes Gehirn zur Ruhe, und die müden Nerven können entspannen. Klares Wasser und gesundes, schmackhaftes Essen werden sie wieder aufbauen und kräftigen. Sie werden dann kein Bedürfnis mehr haben, gesundheitsschädliche Drogen oder Alkohol zu sich zu nehmen. (Brief 145, 1904)

In Verbindung mit Vollwert-Restaurants

In den Großstädten kann man Vollwert-Restaurants eröffnen und dadurch die Botschaft der Gesundheitsreform weitergeben. Man sollte Vortragsreihen organisieren, die in diesen Restaurants angeboten werden können. Wo es möglich ist, sollte ein Raum vorhanden sein, in dem man die Gäste zu Seminaren über Gesundheitsfragen und christliche Enthaltsamkeit einladen kann, wo sie lernen können, wie man gesundes Essen zubereitet, und wo man ihnen auch andere wichtige Informationen zukommen lassen kann.

Bei diesen Treffen sollte gebetet und gesungen werden, kurze Ansprachen sollten gehalten werden, und zwar nicht nur über Gesundheit, Mäßigkeit und Enthaltsamkeit, sondern auch über passende Bibelthemen. Wenn man den Leuten beibringt, ihre körperliche Gesundheit zu bewahren, gibt es auch viele Möglichkeiten, den Samen des Evangeliums auszustreuen. („Testimonies", Bd. 7, S. 115)

Der Einfluß unseres Schrifttums

Literatur über Lebensreform

Hinsichtlich der Lebensreform sollten wir mehr tun, als nur öffentlich darüber zu sprechen. Wir müssen unsere Grundsätze in unseren Flugblättern und unseren Zeitschriften darlegen. („Gospel Workers", S. 385)

Jeder Adventist soll sie weitergeben

Die Anliegen der Lebensreform sollten vom Volk Gottes entschieden unterstützt werden. Die Unmäßigkeit kämpft um die Vorherrschaft, es gibt immer mehr Abhängigkeiten; deshalb sind Publikationen über die Gesundheitsreform dringend notwendig. Literatur über dieses Thema ist eine helfende Hand für die Evangeliumsverkündigung und führt Menschen dazu, die Bibel zu durchforschen, weil sie die Wahrheit besser kennenlernen möchten.

Man sollte ein deutliches Warnsignal geben und auf die großen Schäden, die durch Unmäßigkeit und Süchte hervorgerufen werden, hinweisen. Damit das geschehen kann, sollte jeder Sabbathalter die Anweisungen studieren und praktizieren, die in unseren Gesundheitszeitschriften und Gesundheitsbüchern stehen. Sie können noch mehr tun: Sie sollten diese Publikationen nach Möglichkeit unter ihren Nachbarn in Umlauf bringen. („Counsels on Health", S. 462)

Die Leute dort abholen, wo sie sich befinden

Die Verbreitung unserer Gesundheitspublikationen ist sehr wichtig und alle, die an die besonderen Wahrheiten für diese Zeit glauben, sollten ein reges Interesse daran haben. Gott möchte, daß die Leute jetzt wie nie zuvor in ihren Gedanken aufgerüttelt werden, damit sie die wichtige Frage der Mäßigkeit selbst untersuchen, prüfen und erkennen, welche Grundsätze eine echte Gesundheitsreform ausmachen.

Die körperliche Gesundheit muß sorgfältig beachtet, gepflegt und entwickelt werden, damit durch gesunde Menschen die Gottähnlichkeit in ganzer Fülle sichtbar wird. Die körperlichen, geistigen und seelischen Kräfte sollen so ausgebildet werden, daß sie ein Höchstmaß an Effektivität erreichen. Die Leute müssen erkennen, daß Lebensreform ein ständiger Prozeß ist ...

Das Licht, das Gott uns hinsichtlich der Gesundheitsreform gegeben hat, dient zu unserer eigenen Rettung und zur Rettung der Welt. Die Menschen müssen darauf aufmerksam gemacht werden, daß der menschliche Körper ursprünglich von Gott so geschaffen wurde, daß er „Wohnort" für ihn wäre, und Gott wünscht, daß wir uns als treue Verwalter erweisen.

Diese wertvollen Wahrheiten müssen der Welt weitergegeben werden. Wir müssen die Leute dort abholen, wo sie sich befinden, und sie durch Vorbild und Einsicht dorthin führen, wo sie die Schönheit eines besseren Lebens kennenlernen können ...

Keiner sollte meinen, daß die Verbreitung von Gesundheitszeitschriften eine Nebensache sei. Alle sollten sich noch viel stärker dafür interessieren und daran beteiligen. Wer sich ernsthaft darum bemüht, wird den Segen Gottes verspüren, denn es handelt sich um eine wichtige Aufgabe für diese Zeit. Prediger können und sollen viel dazu beitragen, daß Gesundheitszeitschriften weiter verbreitet werden. Jedes Gemeindeglied sollte sich genauso für diese Zeitschriften einsetzen wie für unsere anderen Publikationen ...

Die Verbreitung von Gesundheitsschriften ist ein wirksames Mittel, um die Menschen mit den besonderen Wahrheiten bekannt zu machen, die sie auf die baldige Wiederkunft des Menschensohnes vorbereiten. („Counsels on Health", S. 445-447)

Unsere Gemeindeglieder sollen sich überall dafür einsetzen

Wo auch immer du bist, lasse dein Licht leuchten! Gib unsere Schriften und Flugblätter an alle Leute weiter, mit denen du in Kontakt kommst, ob du mit der Bahn fährst, Besuche machst oder mit deinen Nachbarn sprichst. Lenke die Situationen so, daß du zur rechten Zeit das richtige Wort anbringen kannst. Durch den Heiligen Geist wird dieser Same in einigen Herzen aufgehen ...

Ich habe ermutigende Worte über die besondere Ausgabe der Zeitschrift „Watchman" zu sagen, die das Verlagshaus „Southern Publishing" bald herausbringen wird. Ich freue mich darüber, daß unsere Vereinigungen dieses Projekt unterstützen, indem sie eine große Auflage dieser Nummer als Verteilmaterial abnehmen. Diese Bemühungen sollten nicht behindert werden. Setzt euch dafür ein, daß diese Ausgabe zum Thema Gesundheit weit verbreitet wird.

Es gibt keine bessere Zeit für eine solche Bewegung als heute, denn die Frage der Lebensreform stößt auf allgemeines Interesse. Unsere Leute sollten sich überall entschieden dafür einsetzen, daß deutlich wird, wo wir stehen: auf der Seite der Mäßigkeit. Wir müssen alles unternehmen und für starke, aufrüttelnde Appelle sorgen, damit die Saloons geschlossen werden. Diese Zeitschrift soll ein starker Faktor für das Gute werden. Wir müssen uns noch entschlossener, noch begeisterter für Suchtvermeidung und Enthaltsamkeit einsetzen. („Review and Herald", 18. Juni 1908)

Unsere Pflicht in dieser ernsten Stunde

Gott hat uns großes Licht gegeben. Deshalb tragen wir auch eine ernste Verantwortung. Wir sollen denkende Männer und Frauen auf die enge Beziehung zwischen Trunksucht und Verbrechen aufmerksam machen. Wir müssen auf die Schriftstellen hinweisen, die ganz deutlich die Zustände schildern, die kurz vor der Wiederkunft Christi herrschen ...

In dieser Zeit, in der die Zeitungen täglich voll sind von Einzelheiten über die furchtbaren Folgen der Trunksucht und von Verbrechen jeder Art, kann man sich derart an diese Zustände gewöhnen, daß wir ihre Bedeutung aus den Augen verlieren. Die Gewalt herrscht im Land. Es wird mehr Alkohol konsumiert denn je. Die

Geschichte der daraus folgenden Verbrechen wird ausführlich in den Zeitungen geschildert. Obwohl die Menschen die Beweise dafür in der steigenden Kriminalität und Gesetzlosigkeit sehen können, denken sie nur selten ernsthaft darüber nach, was das bedeutet. Fast ausnahmslos prahlen die Menschen mit den wissenschaftlichen Erkenntnis und dem Fortschritt unserer Zeit ...

Wie wichtig ist es da, daß Gottes Botschafter die Aufmerksamkeit der Politiker, der Verleger und Redakteure und aller denkenden Menschen auf die abgrundtiefe Verknüpfung zwischen Trunksucht und Gewalt lenken, wodurch unser Land von Elend und Tod erfüllt ist. Als treue Mitarbeiter Gottes müssen wir klar und eindeutig zur Lebensreform Stellung nehmen ...

Jetzt haben wir die goldene Gelegenheit, gemeinsam mit himmlischen Kräften den Verstand all derer zu erleuchten, die darüber nachdenken, weshalb Verbrechen und Unglück so sehr zunehmen. Wenn wir unseren Teil zuverlässig erfüllen, dann wird der Herr unsere Bemühungen segnen und viele kostbare Menschenseelen retten. („Review and Herald", 25. Oktober 1906)

Geht mit Händen voller Lesestoff

Veröffentlichungen über die Gesundheitsreform werden viele erreichen, die sonst nie etwas über biblische Themen sehen oder hören würden. Die Befriedigung abartiger Gelüste verursacht viele Todesfälle.

Man muß sich heute mit vielen Süchten auseinandersetzen. Macht die Menschen mit vereinten Kräften und wohlüberlegtem Einsatz darauf aufmerksam, welche Nöte entstehen, wenn man die von Gott gegebenen Kräfte durch Wein und starke Getränke schädigt.

Diese Tatsache muß den Leuten bewußt gemacht werden, damit sie bereit sind, ihren Lebensstil zu ändern. Das ist die Voraussetzung, um die Aufmerksamkeit auf die Bibelwahrheit lenken zu können.

Gott fordert, daß sein Volk in allen Dingen maßvoll lebt. Ohne Selbstbeherrschung kann niemand durch die Wahrheit geheiligt werden. Seine Gedanken und Gefühle werden mehr und mehr verdorben. Viele Menschen, von denen man meint, sie seien hoffnungslos dem Laster verfallen, können, wenn man sie in bezug auf ihre ungesunden Gewohnheiten richtig anleitet, von der Wahrheit gepackt und aufrechte, veredelte und geheiligte Werkzeuge in der Hand des Meisters werden.

Geht auf sie zu mit dem richtigen Lesestoff in euren Händen, mit der Liebe Christi in euren Herzen, und holt sie dort ab, wo sie sind. (Manuskript 1, 1875)

Organisiert und plant effektiv

Wir müssen uns für das Anliegen der Mäßigkeit einsetzen, weil dies eine lebenswichtige Angelegenheit ist und eine Möglichkeit, Menschen zu gewinnen. Eine gute Arbeit geschieht durch die Verbreitung unserer Literatur. Schließt euch zu Vereinen zusammen, damit ihr effektiv arbeiten könnt. Lernt, euch so auszudrücken, daß ihr niemanden vor den Kopf stoßt, und gewöhnt euch eine freundliche Redeweise an.

Laßt die Gnade Christi reichlich unter euch wohnen und sprecht ermutigend miteinander. Ich appelliere an all unsere Gemeindeglieder: Reiht euch ein! Macht mit! (Manuskript 99, 1908)

Eine klare Warnung

Gottes Volk muß aus aufnahmebereiten Menschen bestehen, die alle Gelegenheiten nutzen, um die Sache des Herrn zu fördern. Sie haben eine Botschaft zu verkünden und sollen mit Feder und Stimme warnen.

Nur wenige werden zuhören; nur wenige haben aufnahmefähige Ohren. Satan hat sich viele Tricks einfallen lassen, um Männer und Frauen unter seinem Einfluß zu halten. Er verführt sie dazu, ihre Organe durch die Befriedigung unnatürlicher Gelüste zu schwächen, und lenkt sie in die Abhängigkeit von weltlichen Vergnügungen.

Alkohol, Tabak, das Theater und die Rennbahn – diese und ähnliche Übel betäuben die Aufnahmefähigkeit des Menschen und führen dazu, daß bei sehr vielen das Werben und Bitten Gottes auf taube Ohren stößt. („Review and Herald", 23. Juni 1903)

Die Macht der Wahlen

Unsere Verantwortung als Bürger

Obwohl wir uns in keiner Weise in politische Fragen einmischen sollen, ist es unser gutes Recht, in allen Fragen der Gesundheitsreform einen entschiedenen Standpunkt zu vertreten. Dazu habe ich mich schon oft klar und deutlich geäußert.

In einem Artikel, der am 8. November 1881 im „Review" veröffentlicht wurde, schrieb ich: „... Es gibt eine Ursache für die sittliche Lähmung der Gesellschaft. Unsere Gesetzgebung unterstützt ein Übel, das ihre Grundlagen untergräbt. Viele beklagen, daß so vieles falsch läuft, entziehen sich aber ihrer persönlichen Verantwortung. So geht es nicht. Jeder einzelne hat Einfluß auf die Gesellschaft."

Jeder Wähler hat eine Stimme

„In unserem begünstigten Land kann der Wähler durch seine Stimme in gewisser Weise mitentscheiden, welche Gesetze erlassen werden. Sollten wir da nicht unseren Einfluß geltend machen und zugunsten der Mäßigkeit und des Guten abstimmen? ...

Wir können alle, die mit dem Anliegen der Mäßigkeit sympathisieren, zusammenrufen, damit sie in dieser Auseinandersetzung mitkämpfen und sich darum bemühen, die Flut des Bösen, das die Welt demoralisiert, zurückzudrängen. Aber was können wir erreichen, wenn der Alkoholverkauf immer noch gesetzlich erlaubt ist? Muß der Fluch der Unmäßigkeit für immer wie ein Schandfleck auf unserem Land ruhen? Muß die Trunksucht jedes Jahr wie ein verheerendes Feuer über unzählige unglückliche Familien hinwegfegen?"

Durch Verkündigung, Feder und Abstimmung

„Wir sprechen von den Folgen, zittern vor den Konsequenzen und fragen uns, wie wir diese furchtbaren Auswirkungen verkraften sollen, während wir allzuoft die eigentliche Ursache tolerieren und sogar sanktionieren.

Die Verfechter der Mäßigkeit vernachlässigen ihre Pflicht, wenn sie ihren Einfluß nicht geltend machen, um ein Alkoholverbot und absolute Abstinenz durchzusetzen, und zwar durch Wort und Tat, durch öffentliches Reden, durch Veröffentlichungen und durch Abstimmung. Wir dürfen von Gott nicht erwarten, daß er ein Wunder tut, um diese Reformen zu bewirken, damit wir uns nicht mehr dafür einzusetzen brauchen. Wir müssen uns schon selbst mit diesem mächtigen Feind auseinandersetzen.

Unser Motto muß lauten: ‚Kein Kompromiß! Wir werden nicht lockerlassen, bis der Sieg errungen ist!' („Review and Herald", 5. Oktober 1914; zitiert in „Gospel Workers", S. 387.388)

Die richtigen Männer wählen

Menschen, die sich nicht beherrschen können, sollten nicht durch eine Wahlentscheidung des Volkes in Vertrauensstellungen gebracht werden. („Signs of the Times", 8. Juli 1880)

Der Gnade unmäßiger Männer ausgeliefert

Es werden viele Männer in ein politisches Amt gewählt, deren Verstand durch Alkohol bereits beeinträchtigt oder durch die Droge Tabak ständig umnebelt ist ... Der Friede und das Glück von Familien, der gute Ruf, das Eigentum, die Freiheit und sogar das Leben selbst sind abhängig von unbeherrschten Männern an unseren Gerichtshöfen und in den gesetzgebenden Gremien.

Indem sie ihren Gelüsten nachgeben, haben viele, die früher aufrichtig und großzügig waren, ihre Rechtschaffenheit eingebüßt und ihre Nächstenliebe verloren. Statt dessen vereinen sie sich mit unehrlichen und lasterhaften Leuten, ergreifen Partei für deren Anliegen und machen sich so mitschuldig.

Das Bürgerrecht verspielt

Viele verspielen ihr Vorrecht als Bürger einer Republik, weil sie mit einem Glas Whisky bestochen wurden, ihre Stimme irgendeinem Halunken zu geben.

Die Alkoholabhängigen werden nicht zögern, Betrug und Bestechung und sogar Gewalt gegen alle einzusetzen, die ihnen die uneingeschränkte Erlaubnis verweigern, ihre unnatürliche Sucht zu befriedigen. („Review and Herald", 8. November 1881)

Die Verantwortung der passiven Bürger

Viele benutzen ihren Einfluß zugunsten des großen Zerstörers und helfen ihm durch das, was sie reden und durch ihre Stimmabgabe bei der Wahl, das Ebenbild Gottes im Menschen zu vernichten. Sie denken dabei nicht an die Familien, die durch die unnatürliche Sucht nach Alkohol zugrundegerichtet werden. (Manuskript 87, 1898)

Alle, die durch ihr Votum den Alkoholhandel sanktionieren, werden für alles Böse, das von Betrunkenen verübt wird, verantwortlich gemacht werden. (Brief 243a, 1905)

Unsere Pioniere haben eine wichtige Entscheidung getroffen[1]

„Besuchte das Treffen am Abend. Hatten eine offene und interessante Zusammenkunft. Gegen Ende wurde überlegt, ob man über das Thema abstimmen sollte. James sprach zuerst, dann sprach Br. Andrews. Sie vertraten die Ansicht, daß sie ihren Einfluß zugunsten des Richtigen und gegen das Falsche geltend machen sollten.

Sie finden es richtig, für die Männer in unserer Stadtverwaltung zu stimmen, die sich für das Abstinenzprogramm einsetzen, denn wenn man schweigt, dann geht man dadurch das Risiko ein, daß Männer ins Amt kommen, die nicht abstinent leben und dies auch nicht befürworten. Br. Hewett erzählt eine Erfahrung, die er in den letzten Tagen gemacht hat, und er ist jetzt überzeugt, daß er seine Stimme abgeben soll. Br. Hart spricht gut. Br. Lyon widerspricht.

Niemand sonst ist gegen das Wahlrecht, und Br. Kellogg kommt langsam zu der Überzeugung, daß es richtig ist. Alle Brüder empfinden positiv. Mögen sie alle so handeln, wie Gott es will![2]

---

[1] Eine Seite aus Ellen Whites Tagebuch von 1859.

[2] Im Frühsommer 1881 wurde den Delegierten auf dem Camp Meeting in Des Moines, Iowa, ein Beschluß vorgelegt, der folgendermaßen lautete:
Beschluß: Wir haben großes Interesse an der Mäßigkeitsbewegung, die in diesem Staat aktuell ist. Wir weisen alle unsere Prediger an, ihren Einfluß in den Gemeinden und auch sonst geltend zu machen, damit sie alle dazu anregen, sich konsequent dafür einzusetzen, sowohl durch persönliche Anstrengungen wie auch an der Wahlurne, damit der Alkoholhandel per Gesetz verboten wird. Dieses Gesetz wollen die Vertreter der Prohibitionsbewegung einbringen." („Review and Herald", 5. Juli 1881)

Heute waren Männer im Büro, die gegen das Alkoholverbot sind, und brachten mit scheinheiligen Schmeicheleien zum Ausdruck, daß sie es anerkennenswert finden, daß die Sabbathalter nicht zur Wahl gehen und daß sie hoffen, daß wir das weiterhin so halten würden – wie die Quäker. Satan und seine bösen Engel sind in dieser Zeit tüchtig am Wirken, und er hat auch seine Mitarbeiter unter den Menschen. Ich bete darum, daß Satan enttäuscht wird!" (Tagebuch von Ellen White, Sonntag, 6. März 1859)

Von antiken Königreichen lernen

Das Wohlergehen einer Nation hängt von der Tugendhaftigkeit und Intelligenz ihrer Bürger ab. Wenn das so bleiben soll, müssen die Leute unbedingt konsequent gesundheitsbewußt und selbstbeherrscht leben. Die Geschichte alter Völker enthält jede Menge Warnungen für uns. Luxus, Maßlosigkeit und Verschwendung bereiteten den Weg für den Niedergang. Wir werden sehen, ob unsere Republik aus ihrem Beispiel lernt und einem solchen Schicksal entgeht. („Gospel Workers", S. 388)

Der Ruf zur Ernte

Es ist Zeit, daß wir an die Arbeit gehen

Nun, Brüder und Schwestern, ist es höchste Zeit, daß wir an die Arbeit gehen. Es ist höchste Zeit, daß wir unsere von Gott geschenkten Talente einbringen und einen heiligen Eifer entwickeln, den wir bisher nicht hatten. Und es ist Zeit, daß wir wie Kaleb an die Front gehen und unsere Stimmen erheben zu einem lauten Ruf gegen die einseitige Berichterstattung um uns herum. Sind wir etwa nicht fähig, das Land einzunehmen?

Allerdings waren einige gegen die Formulierung „an der Wahlurne" und bestanden darauf, diesen Passus zu streichen. Schwester White, die bei diesem Camp Meeting anwesend war, hatte sich zwar schon diesbezüglich zurückgezogen, wurde aber um Rat gebeten. Da sie ja schon die ganze Zeit darüber geschrieben hatte, berichtet sie: „Ich zog mich um, ging hin und erfuhr, daß ich etwas darüber sagen sollte, ob unsere Gemeindeglieder für ein Alkoholverbot stimmen sollten. Ich sagte ,Ja' und sprach zwanzig Minuten lang darüber." (Brief 6, 1881)

Mit Gott sind wir dazu fähig und können auf dem Gebiet der Gesundheitsreform Großes leisten. (Manuskript 3, 1888)

Wer wird helfen?

Überall sehen wir die Opfer einer verdorbenen Genußsucht. Wie ist es möglich, ihnen zu helfen? Kannst du ihnen nicht durch dein Vorbild dazu verhelfen, daß ihre Füße den Weg der Mäßigkeit einschlagen? Kannst du dir die Versuchungen vorstellen, die auf die Jugend zukommen, die in unserer Umgebung aufwächst, ohne daß du versuchst, sie zu warnen und zu retten?

Wer wird sich auf die Seite des Herrn stellen? Wer wird helfen, diese Woge der Unmoral zurückzudrängen, diese Flut von Leid, Bosheit und Elend, die die ganze Welt überschwemmt? („Christian Temperance and Bible Hygiene", S. 40)

Unsere Gelegenheit!

Unmäßigkeit und Süchte aller Art nehmen die Welt gefangen und alle, die in dieser Zeit wahre Erzieher sind und ein Erziehungskonzept vertreten, das Selbstbeherrschung und Opferbereitschaft verlangt, werden ihren Lohn bekommen. Jetzt ist unsere Zeit, jetzt ist unsere Gelegenheit, eine segensreiche Arbeit zu leisten. („Medical Ministry", S. 25)

Wir sind verantwortlich

Wir sind mitverantwortlich für die Übel, die wir durch Kritik, durch Warnung sowie durch die Ausübung elterlicher oder seelsorgerlicher Autorität verhindern könnten. Es ist so, als hätten wir die Taten selbst begangen. („Testimonies", Bd. 4, S. 516)

Neubelebung des Mäßigkeitswerkes

Das Anliegen der Mäßigkeitsbewegung und die Enthaltsamkeitsbewegung muß neu belebt und stärker propagiert werden, als je zuvor. („Review and Herald", 14. Januar 1909)

Vor Jahren haben wir die Verbreitung unserer Mäßigkeitsgrundsätze als eine unserer wichtigsten Pflichten betrachtet. So sollte es auch heute noch sein. („Gospel Workers", S. 384)

Förderten wir das Mäßigkeitswerk so, wie es um 1870 angefangen wurde, stellten wir den Geschwistern auf Konferenzen die Übel der Unmäßigkeit beim Essen und Trinken und besonders das Übel des Alkoholtrinkens dar, und trügen wir all das in Verbindung mit den Beweisen für die baldige Wiederkunft Christi vor, dann käme die Menschen ein Zittern an.

Wenn wir wirklichen Eifer zeigten, der dem Stellenwert der Wahrheit entspricht, die wir vertreten, könnten wir mithelfen, Hunderte, ja, Tausende vor dem Untergang zu retten. („Schatzkammer der Zeugnisse, Bd. 2, S. 359)

Könnten wir unseren Gemeindegliedern bewußt machen, wieviel auf dem Spiel steht, und würden wir versuchen, die Zeit aufzuholen, die wir verloren haben, indem wir uns jetzt mit ganzem Herzen und ganzer Kraft für das Anliegen der Mäßigkeitsbewegung einsetzten, könnten wir viel Gutes bewirken. (Brief 78, 1911)

Mit Gott sind wir in der Mehrzahl

Ihr sagt: Wir sind eine Minderheit. Ist Gott nicht die Mehrheit? Wenn wir auf der Seite des Gottes stehen, der Himmel und Erde erschaffen hat, befinden wir uns dann nicht auf der Seite der Mehrheit? Und Engel stehen uns mit ihrer übermenschlichen Kraft bei. (Manuskript 27, 1893)

Mit unseren schwachen Menschenhänden können wir nur wenig bewirken, aber wir haben einen unfehlbaren Helfer. Wir dürfen nicht vergessen, daß der Arm Christi bis in die tiefsten Tiefen menschlichen Leides und unmenschlicher Entwürdigung reicht.

Er kann uns helfen, den schrecklichen Dämon der Unmäßigkeit und Trunksucht zu besiegen. („Christian Temperance and Bible Hygiene", S. 21)

Die Felder sind reif zur Ernte

Die Frage der Lebensreform muß überall noch mehr bekannt gemacht werden. Die Trunksucht und die daraus folgenden Verbrechen müssen uns dazu aufrütteln, unsere Stimme gegen dieses Übel zu erheben.

Christus sieht eine große Ernte, die nur darauf wartet, eingebracht zu werden. Da hungern Seelen nach Wahrheit, sie dürsten nach dem Wasser des Lebens. Viele stehen an der Schwelle zum Königreich und warten nur darauf, eingesammelt zu werden.

Erkennen das die Menschen, die sich zur Wahrheit bekennen, nicht, oder wollen sie die Stimme Christi nicht hören, der sagt: „Sagt ihr nicht selber: Es sind noch vier Monate, dann kommt die Ernte? Siehe, ich sage euch: Hebt eure Augen auf und seht auf die Felder, denn sie sind reif zur Ernte." (Jo 4,35) (Brief 10, 1899)

Anhang A

Ellen G. White als Mäßigkeitsverfechterin

Beauftragt, über das Thema Mäßigkeit zu sprechen
Auch über das Thema Mäßigkeit sollte ich als vom Herrn beauftragte Botin sprechen. Ich wurde an viele Orte gerufen, um bei großer Zuhörerschaft über das Thema Mäßigkeit zu sprechen. Viele Jahre lang war ich als Referentin für Mäßigkeitsfragen bekannt. (Manuskript 140, 1905)

Ich freue mich darüber, daß ich vor großen Versammlungen in vielen Ländern über dieses Thema sprechen durfte. Oft habe ich auf unseren Zeltversammlungen zu großen Konferenzgemeinden darüber gesprochen. (Brief 78, 1911)

Die Art des Vortrags
Wir verließen den ausgetretenen Pfad der herkömmlichen Art der Verkündigung und zeigten auf, daß sich der Ursprung der herrschenden Unmäßigkeit bis in die Heime, an den Familientisch zurückverfolgen läßt und bereits mit der Nachgiebigkeit gegenüber ungesunder Eßlust bei Kindern beginnt. Stimulierende Nahrung weckt den Wunsch nach noch stärkeren Reizen.

Ein Junge, dessen Geschmack auf diese Weise verdorben wurde, und dem man keinerlei Selbstbeherrschung beigebracht hat, kann in späteren Jahren zum Trinker oder zum Sklaven des Tabaks werden. So haben wir das Thema auf diese breite Basis gestellt und damit die Eltern auf ihre Pflicht hingewiesen, ihren Kindern richtige Vorstellungen vom Leben und der damit verbundenen Verantwortlichkeit anzuerziehen, um ihnen so die Grundlage für einen aufrechten christlichen Charakter mitzugeben. Wenn das große Werk der Lebensreform dauerhaften Erfolg haben soll, muß in den Familien damit begonnen werden. („Review and Herald", 23. August 1877)

Eine große Veranstaltung zum Thema Mäßigkeit in Kokomo, Indiana

Der Herausgeber des „Kokomo Dispatch" verbrachte den Sabbat bei uns und sprach uns am Ende auf den für Sonntagnachmittag vorgesehenen Vortrag über christliche Mäßigkeit an ... Drei Ausflugszüge spuckten am Sonntag ihre lebendige Fracht auf den Lagerplatz aus. Die Leute hier begeistern sich sehr für die Frage der Mäßigkeit.

Um 14.30 Uhr sprachen wir zu fast 8.000 Menschen über dieses Thema und beleuchteten es vom sittlichen und vom christlichen Standpunkt aus. Wir wurden mit bemerkenswerter Klarheit und Freimütigkeit gesegnet, und die große Versammlung hörte sehr aufmerksam zu. („Review and Herald", 23. August 1877)

Das Thema Mäßigkeit in Salem, Oregon

Am Sonntag, den 23. Juni 1873, sprach ich in der Methodistenkirche von Salem, Oregon über das Thema Mäßigkeit. Der Vortrag war ungewöhnlich gut besucht, und ich konnte frei über mein Lieblingsthema sprechen. Man bat mich, am Sabbat nach der Zeltversammlung am gleichen Ort noch einmal über dieses Thema zu sprechen, doch ich konnte nicht, weil ich heiser war.

Am folgenden Dienstag abend sprach ich dann aber in dieser Kirche. Ich bekam viele Einladungen, in verschiedenen Großstädten und Orten in Oregon über das Thema Mäßigkeit zu sprechen, doch mein Gesundheitszustand ließ es nicht zu, alle diese Bitten zu erfüllen.

Anfang August 1878 machten wir in Boulder City, Colorado, Zwischenstation und besichtigten voll Freude unser Versammlungszelt, in dem Br. Cornell eine Vortragsreihe hielt ...

Das Zelt war für diese Vorträge über Mäßigkeit extra gemietet worden, und auf besondere Einladung hin sprach ich in diesem Zelt, das mit aufmerksamen Zuhörern gefüllt war. Obwohl ich von

der Reise müde war, half mir der Herr, den Leuten mit Erfolg aufzuzeigen, wie nötig es ist, in allen Dingen konsequente Mäßigkeit zu
praktizieren. („Testimonies", Bd. 4, S. 290-297)

Die Ewigkeit wird einmal zeigen, was von diesem Zweig des
Predigtamts vollbracht wurde – wie viele Seelen, die von Zweifel
krank und durch Weltlichkeit und Hetze müde, dadurch zu dem
großen Arzt gebracht worden sind, der sich danach sehnt, alle zu
retten, die zu ihm kommen. Christus ist ein von den Toten aufer-
standener Heiland, der uns das Heil anbietet. (Schatzkammer der
Zeugnisse", Bd. 2, S. 359)

Gemeinsam mit anderen den Mitmenschen helfen

Am Abend, nach Sabbatschluß, sprach ich in Washingtonian Hall.[1]
Am Sonntag nachmittag sprach ich im selben Saal über das Thema
Mäßigkeit zu einer guten Zuhörerschaft, die sehr interessiert war.
Ich konnte mit Freimut und Vollmacht Jesus darstellen, der die
Schwächen der Menschheit auf sich nahm, allen Kummer und alle
Sorgen trug und um unseretwillen siegte ...
Am Ende der Versammlung wurde ich freundlicherweise dem
Präsidenten des Washingtonian-Heimes vorgestellt. Er dankte mir
im Namen der Familie und seiner Freunde für meine Ausführun-
gen. Er lud mich herzlich ein, ihn zu besuchen, wenn ich wieder
durch Chicago käme.
Ich versicherte ihm, daß ich dieser Einladung gerne folgen wür-
de. Ich war dankbar für die Gelegenheit, vor den Bewohnern dieses
Heimes das Thema Enthaltsamkeit vom christlichen Standpunkt aus
darzulegen. Die Alkoholiker bekommen dort Hilfestellung, um die
Sucht zu überwinden, die so viele von ihnen in fast hoffnungsloser
Sklaverei hält.
Man informierte mich darüber, daß sich unter den Leuten, die
hier um Hilfe bitten, auch Rechtsanwälte, Ärzte und sogar Geistliche befinden. („Review and Herald", 10. Februar 1885)

---

[1] Dieses Wohnheim führten die Damen des Martha Washington Home's in Chicago, eine Gesellschaft, die sich der Rehabilitation alkoholabhängiger Frauen
widmete.

Ermutigende Reaktionen

Ich spreche sehr entschieden über das Thema Mäßigkeit, und das führt bei vielen zur Einsicht. Oft wird mir hinterher gesagt: „Ich habe seit dem Vortrag über Mäßigkeit, den Sie damals gehalten haben, weder Tabak noch Wein noch andere Genußgifte angerührt." Manche meinen sogar: „Ich muß mir vernünftige Argumente zurechtlegen, damit ich aktiv mitarbeiten kann, denn ich möchte auch andere an dem Guten teilhaben lassen, das ich empfangen habe.

Diese Umgestaltung meines Lebens hat für mich und meine Bekannten große Konsequenzen. Ich will das bessere Teil erwählen, ich möchte mit Christus zusammenarbeiten und feste Prinzipien und Ziele haben, damit ich auch einmal als Überwinder die Krone des Lebens gewinne." (Brief 96, 1899)

In unseren öffentlichen Versammlungen in Australien haben wir uns besondere Mühe gegeben, die Grundprinzipien der Mäßigkeit deutlich darzulegen. Meist habe ich an den Sonntagen über Gesundheit und Mäßigkeit gesprochen.

Während einiger Zeltversammlungen wurde täglich über dieses Thema informiert. An einigen Orten wuchs das Interesse an unserer Einstellung zu Aufputschmitteln und Drogen und führte alle, die an dem Thema Mäßigkeit interessiert waren, in unsere Vorträge, wobei sie auch gleich mehr über unsere verschiedenen Glaubenslehren erfuhren. (Manuskript 79, 1907)

Kontakte mit den Mitarbeiterinnen der WCTU in Melbourne

Dr. M. G. Kellogg kam in mein Zelt und wollte wissen, ob ich daran interessiert wäre, mit der Präsidentin und der Sekretärin der WCTU zu sprechen. Wir luden sie in unser Zelt ein und hatten eine angenehme Begegnung.

Die Präsidentin lebt streng vegetarisch und ißt schon seit vier Jahren kein Fleisch mehr. Sie nimmt eine sehr klare Haltung ein, die sie durch ihre enthaltsamen Ernährungsgewohnheiten rechtfertigt. Die Sekretärin ist eine junge Frau und beide machen einen sehr intelligenten Eindruck und sind sehr interessiert an allem, was sie gehört haben. Sie haben mich darum gebeten, in dem schönen

Saal zu sprechen, in dem sie ihre Versammlungen abhalten, und sie baten Br. Starr, für ihre Gesundheitszeitschrift zu schreiben.

Die Präsidentin ist ernsthaft daran interessiert, auf dem Gebiet der Lebensreform mit uns zusammenzuarbeiten. „Sie können sicher sein", sagten die beiden, „daß wir jede Tür, die sich uns öffnet, nutzen, damit auch andere von unserer Erkenntnis profitieren."

Sie schienen sehr froh darüber zu sein, daß sie selbst sehen, hören und sich davon überzeugen konnten wie die Frucht des Geistes von den Menschen Besitz ergreift. Ich gab jeder von beiden ein Exemplar der Zeitschrift „Christian Temperance", die eine erhielt außerdem das Buch „Der große Kampf", die andere das Buch „Patriarchen und Propheten". (Manuskript 2, 1894)

Gesundheitserziehung als Nacharbeit

Hauptmann Press und seine Frau, die Präsidentin der WCTU von Victoria, waren anwesend. Frau Press besuchte mich in meinem Zelt und bat mich dringend, vor den Mitgliedern ihrer Gesellschaft zu sprechen. Nach dem Vortrag am Sonntag kam sie zu mir und ergriff meine Hand. „Ich danke Ihnen für diese Ansprache. Ich habe viel Neues gehört, das mein Denken nachhaltig verändert und das ich bestimmt nicht mehr vergessen werde."

Ich wurde ihrem Gatten vorgestellt, einem sehr gut aussehenden Mann. Er ist Pilot und bekleidet eine sehr wichtige Position. Geschwister Starr aßen gemeinsam mit ihnen zu Mittag und wurden so näher mit ihnen bekannt. Im Auftrag der WCTU bat Frau Press sehr eindringlich um Anleitung auf dem Gebiet des Vollwertkochens. Wir organisierten einen Kochkurs, der nun in Melbourne im Nebenraum des WCTU-Saales abgehalten wird.

Am nächsten Donnerstag beginnt ein Kochkurs, der einmal pro Woche stattfindet, und das viermal hintereinander. Dabei werden jedesmal acht verschiedene Gerichte gekocht. Das Thema weckte große Begeisterung. Frau Press ist Vegetarierin und ißt bereits seit vier Jahren kein Fleisch mehr.

Unsere Versammlungen in Williamstown wurden auch von Angehörigen der Oberschicht besucht. Herr Press und seine Frau nahmen an einigen Veranstaltungen auf dem Lagerplatz teil, und sie sagen, daß die Bibel jetzt ein völlig neues Buch für sie ist, angefüllt mit kostbaren Wahrheiten, die eine Freude für die Seele sind. (Manuskript 6, 1894)

Die Kontakte pflegen

Frau Press, die Präsidentin des WCTU in Victoria, und Frau Kirk, die Sekretärin, ihre Schwester, zwei ältere Damen sowie die Nichte von Frau Press haben mit uns zu Mittag gegessen. Wir lernten Frau Press und Frau Kirk in Melbourne kennen. Sie hatten gerade an einem Kongreß über Mäßigkeit in Sydney teilgenommen.

Wir hatten ein angenehmes Gespräch. Jetzt sind sie mit unserer Kutsche zu einer Besichtigungsfahrt über Land unterwegs, während ich meine Schreibarbeit nachhole. Ich hoffe, daß diese Schwestern zur Erkenntnis der Wahrheit geführt werden. Es liegt uns daran, daß sich auch gebildete Menschen bekehren und für die Wahrheit eintreten. (Manuskript 30, 1893)

Eine Freiluftversammlung in Neuseeland

Einige der Zuhörer konnten wir sehr für die Angelegenheit begeistern. Der Bürgermeister, der Polizist und einige andere sagten, dies sei der beste Vortrag über eine abstinente Lebensweise in Verbindung mit dem Evangelium gewesen, den sie je gehört hätten. Wir verbuchten dies als Erfolg und entschieden, am nächsten Sonntag nachmittag eine ähnliche Versammlung abzuhalten.

Obwohl der Himmel bewölkt war und Regenfälle drohten, ging es gut, und ich hatte noch mehr Zuhörer als am Sonntag zuvor. Eine große Anzahl junger Männer hörte wie gebannt zu. Sie waren sehr ernst und es herrschte Grabesstille. Das war schon etwas Besonderes. Vorher hatten ein zweitägiges Pferderennen und eine Landwirtschaftsausstellung stattgefunden.

Das waren für die Leute aufregende Ereignisse und ich befürchtete, daß ich nicht viel Gehör finden würde. Diese Landwirtschaftsausstellung hatte viel Vorbereitungsarbeit gekostet und war wochenlang das wichtigste Gesprächsthema gewesen, aber dadurch hatte ich die Gelegenheit, zu Menschen zu sprechen, die ich ohne diesen besonderen Anlaß nie erreicht hätte.

Ein Jugendlicher, vielleicht 17 Jahre alt, weinte wie ein Kind, als ich einen Artikel über einen Siebzehnjährigen vorlas, der in einen Saloon gelockt wurde und dort sein erstes Glas Schnaps trank, was sich bei ihm so auswirkte, wie es sich eigentlich immer auswirkt.

Er wußte nicht mehr, was er tat, und konnte sich hinterher an nichts mehr erinnern Es war im Saloon zu einem Streit gekommen, und in der Hand des Jugendlichen fand man ein Messer, mit dem ein Mensch getötet worden war. Er wurde des Mordes angeklagt und zu fünf Jahren Haft verurteilt. Das war ein bewegender Artikel, der Alte wie Junge zu Tränen rührte. (Brief 68, 1893)

Aufmerksamkeit durch die ungewöhnliche Darbietung

Mein Thema war die Mäßigkeit aus christlicher Sicht, der Sündenfall Adams, die Verheißung in Eden, das Kommen Christi in unsere Welt, seine Taufe, seine Versuchung in der Wüste und sein Sieg. Und ich wies darauf hin, daß er all dies tat, um den Menschen um seiner selbst willen eine Möglichkeit zu geben, die Sünde zu überwinden und durch die Verdienste Christi wiederhergestellt zu werden.

Christus kam und brachte den Menschen die seelisch-moralische Kraft, mit der sie den Versuchungen auf dem Gebiet der Eßlust und der Triebhaftigkeit widerstehen und die Ketten von Gewohnheit und Abhängigkeit zerreißen können. Durch ihn erhalten sie wieder Charakterstärke, und in den Berichtsbüchern des Himmels wird vermerkt, daß sie Menschen sind, an denen Gott Wohlgefallen haben kann.

Das war so anders als das, was sie bisher über das Thema Mäßigkeit gehört hatten, daß sie wie gebannt zuhörten. (Manuskript 55, 1893)

Wirksamer Gebrauch von Bibel und Gesang

Ich sprach am Nachmittag über das Thema Mäßigkeit und verwandte das 1. Kapitel des Buches Daniel als Einstiegstext. Alle hörten aufmerksam zu und schienen davon überrascht, daß dieses Thema auf der Basis der Bibel aufgegriffen wurde. Nachdem ich über die Integrität und Konsequenz der hebräischen Geiseln gesprochen hatte, bat ich den Chor um das Lied: „O, so mach's wie Daniel, stehe fest beim Herrn. Wag' es mit getrostem Mut; zeuge für ihn gern."

Die fröhlichen Klänge des Liedes, gesungen von den Sängern am Podium, steckten alle an, und wir sangen den Refrain gemeinsam. Danach sprach ich weiter, und ich wußte schon vor dem Ende, daß viele der Anwesenden die Bedeutung der christlichen Mäßigkeit nun besser verstanden. Der Herr gab mir Freimut und seinen Segen, und viele wurden tief beeindruckt. (Brief 42, 1900)

Eine Vortrag bei der WCTU (Womens Christian Temperance Union)

Während einer Vortragsserie, die ich Ende 1899 in Maitland, New South Wales, gehalten hatte, wurde ich von der Präsidentin der Maitländer WCTU-Zweigstelle gebeten, an einem Abend zu den Frauen zu sprechen. Sie sagte, daß sich alle freuen würden, wenn ich einen Vortrag halten könnte, selbst wenn er nur zehn Minuten dauern würde.

Ich fragte sie, ob ich auch länger sprechen könne, denn manchmal käme der Geist Gottes über mich, und dann hätte ich mehr zu sagen, als sich in zehn Minuten sagen läßt. „Wissen Sie", antwortete sie mir, „Ihre Leute sagten, Sie würden abends nicht sprechen. Ich bat um zehn Minuten, weil ich dachte, daß ich Sie sonst überhaupt nicht bekommen könnte. Je länger Sie zu uns sprechen können, um so dankbarer werden wir sein."

Ich fragte Frau Winter, die Präsidentin, ob es bei ihnen üblich sei, zu Beginn der Versammlung einige Bibeltexte vorzulesen. Sie bejahte. Dann fragte ich, ob ich auch beten dürfe, was mir gerne erlaubt wurde. Ich konnte eine Stunde lang völlig frei zu ihnen sprechen.

Einige der Frauen, die an diesem Abend anwesend waren, besuchten später unsere Zeltversammlungen. (Manuskript 79, 1907)

Typische Ansprachen Ellen G. Whites über das Thema Mäßigkeit

In Christiana, Norwegen – 1886

Am Sonntag sprach ich über das Thema Mäßigkeit, weil mich der Präsident des Abstinenzvereins darum gebeten hatte. Die Veranstaltung wurde in der Militärsporthalle abgehalten, dem größten Saal der Stadt. Sie hatten die amerikanische Flagge als Baldachin über dem Sprechpult angebracht, und ich freute mich sehr über diese nette Geste. Ungefähr 1.600 Leute waren zusammengekommen, darunter auch der Bischof der Staatskirche sowie etliche Geistliche. Ein großer Teil der Zuhörer gehörte der besseren Gesellschaft an.

Der Einstieg

Ich ging vom religiösen Standpunkt an das Thema heran und zeigte auf, daß die Bibel angefüllt ist mit historischen Zeugnissen hinsichtlich der Mäßigkeit und daß Christus von Anfang an mit dem Werk der Lebensreform verbunden war. Schließlich haben unsere Ureltern gesündigt, weil sie ihre Eßlust nicht bezähmen konnten. Christus aber machte das Versagen der Menschen wieder gut.

Obwohl er in der Wüste heftig versucht wurde, bestand er die Prüfung, in der der Mensch versagt hatte. Während er schlimme Hungerqualen litt und vom Fasten schwach und ausgezehrt war, griff ihn Satan mit verschiedenen Versuchungen an. Er wollte die Schwäche des Gottessohnes ausnutzen, ihn so besiegen und dadurch den Erlösungsplan vereiteln. Christus aber blieb standhaft. Er überwand, um die Menschheit aus der Entwürdigung der Sünde zu erlösen. Er zeigte, daß es uns durch seine Kraft ebenfalls möglich ist, zu überwinden. Jesus hat Mitgefühl mit der Schwachheit der Menschen. Er kam auf diese Erde und brachte uns die seelisch-moralische Kraft, die es uns möglich macht, zu siegen, wie stark die Leidenschaft oder die Genußsucht auch sein mag.

Wir können siegen, weil wir die Kraft Gottes zur Verfügung haben, die sich mit unseren schwachen Bemühungen vereint. Wer zu Christus flieht, wird am Tag der Versuchung eine Zuflucht haben.

Die Warnung der biblischen Geschichte

Ich zeigte, wie wichtig Selbstbeherrschung in den Lebensgewohnheiten ist, indem ich Warnungen und Beispiele aus der biblischen Geschichte anführte. Nadab und Abihu waren Männer in heiliger Stellung; weil sie Wein tranken, waren sie nicht mehr klar im Kopf und konnten nicht mehr zwischen heiligen und gewöhnlichen Dingen unterscheiden. Indem sie „fremdes Feuer" darbrachten, mißachteten sie Gottes Befehl und wurden deshalb gerichtet.

Durch Mose verbot der Herr allen, die im Priesterdienst standen, ausdrücklich den Konsum von Wein und starkem Getränk, damit sie zwischen heilig und profan unterscheiden konnten und fähig waren, Gottes Gebote in der rechten Weise zu lehren. Alkohol schwächt den Körper, schädigt den Verstand, beeinträchtigt die seelische Kraft und stumpft das Gewissen ab.

Alle Personen in verantwortungsvollen Positionen mußten konsequent enthaltsam und selbstbeherrscht leben, damit sie einen klaren Verstand hatten, um zwischen Recht und Unrecht zu unterscheiden, aber auch feste Grundsätze und Weisheit, um gerecht zu urteilen und barmherzig zu handeln.

Dieses konkrete und ernste Gebot sollte von einer Generation zur anderen weitergegeben werden bis zum Ende der Zeit. In unseren Gerichtshöfen und Parlamenten, aber auch in unseren Schulen und Kirchen brauchen wir grundsatztreue Männer, die sich beherrschen können und ein klares Urteilsvermögen sowie gesunden Menschenverstand besitzen. Wie kann ein Richter gerecht urteilen, wenn er keinen klaren Kopf und selbst keine festen Grundsätze hat?

Er disqualifiziert sich selbst, da er zu keiner vernünftigen Beweisführung und gerichtlichen Untersuchung mehr fähig ist. Er besitzt nicht mehr die sittliche Kraft, jederzeit unparteiisch und unbestechlich zu sein. So kann es passieren, daß ein Mensch unschuldig hingerichtet oder seiner Freiheit beraubt wird, so daß schließlich sein guter Ruf und sogar sein Leben ruiniert sind.

Gott gestattet nicht, daß Menschen, denen er die Verantwortung als Lehrer oder Führer eines Volkes anvertraut hat, sich auf diese Weise hinsichtlich ihrer wichtigen Pflichten disqualifizieren.

Anweisung an Manoah und Zacharias

Aus den Anweisungen, die Gott der Frau des Manoah und Zacharias, dem Vater des Täufers Johannes, gab, können Eltern lernen.

Der Engel des Herrn brachte die gute Nachricht, daß dem Manoah ein Sohn geboren werden sollte, der Israel befreien würde. Und als Antwort auf die besorgte Frage: „Wie sollen wir das Kind erziehen, wie sollen wir mit ihm umgehen?" gab der Engel der Mutter besondere Anweisungen: „Sie soll nicht essen, was vom Weinstock kommt, und soll keinen Wein oder starkes Getränk trinken und nichts Unreines essen; alles, was ich ihr geboten habe, soll sie halten." (Ri 13,14)

Durch die Gewohnheiten seiner Mutter kann ein Kind positiv oder negativ beeinflußt werden. Sie muß sich von Grundsätzen leiten lassen sowie maßvoll leben und auch verzichten können, wenn ihr das Wohlergehen ihres Kindes am Herzen liegt.

Väter sind gleichermaßen in diese Verantwortung einbezogen. Beide Eltern vererben ihren Kindern ihre geistigen und seelischen Eigenschaften, ihre körperliche Veranlagung, ihren Gesundheitszustand und ihre Neigungen. Als Ergebnis der elterlichen Unmäßigkeit mangelt es den Kindern oft an körperlicher Stärke sowie an geistiger und seelischer Kraft.

Alkoholiker und Raucher vererben das Verlangen nach ihren Suchtmitteln, ihr ungesundes Blut und ihre reizbaren Nerven als trauriges Vermächtnis an ihre Kinder. Und da die Kinder noch weniger Widerstandskraft gegen Versuchungen besitzen als die Eltern, fällt jede Generation tiefer als die vorherige.

Die Frage jedes Vaters, jeder Mutter sollte sein: „Wie sollen wir mit dem Kind, das uns geboren wird, umgehen?" Viele neigen dazu, leichtfertig mit dieser Frage umzugehen. Aber die Tatsache, daß ein Engel vom Himmel zu diesen hebräischen Eltern gesandt wurde und ihm zweimal dieselbe Anweisung gab, und zwar ausdrücklich und ernst, zeigt, daß Gott diese Frage als sehr wichtig ansieht.

Als der Engel Gabriel dem Zacharias erschien, um ihm die Geburt Johannes des Täufers vorherzusagen, lautete seine Botschaft: „Denn er wird groß sein vor dem Herrn; Wein und starkes Getränk wird er nicht trinken und wird schon von Mutterleib an erfüllt werden mit dem heiligen Geist." (Lk 1,15)

Gott hatte dieses verheißene Kind für eine große Aufgabe auserwählt, eine Aufgabe, die eigenständiges Denken und mutiges Handeln erforderte. Es mußte körperlich gesund sein und geistige sowie seelische Stärke besitzen, und um dies zu gewährleisten, sollten ihm von Anfang an gute Gewohnheiten anerzogen werden.

Die ersten Schritte zur Unmäßigkeit werden oft schon in der Kindheit und in der frühen Jugend getan. Deshalb ist es wichtig, die Eltern über ihre diesbezügliche Verantwortung aufzuklären. Wer Wein und Bier auf den Tisch stellt, kultiviert in den Kindern das Bedürfnis nach starken Getränken. Wir drängen darauf, daß die Grundsätze der Mäßigkeit in alle Bereiche des Familienlebens hineingetragen werden, damit die Eltern durch ihr Vorbild ihre Kinder Selbstbeherrschung und Verzichtsbereitschaft lehren und nachdrücklich anerziehen, und dies, soweit möglich, schon von Geburt an.

Die Jugend ist die zukünftige Gesellschaft

Die Jugend von heute ist die Gesellschaft der Zukunft. Aus ihr gehen die zukünftigen Lehrer, Gesetzgeber und Richter, die Führer und Politiker hervor, die den Charakter und das Schicksal eines Volkes bestimmen.

Wie verantwortungsvoll ist unter solchen Gesichtspunkten die Aufgabe von Eltern und Erziehern, die Lebensgewohnheiten der Kinder in rechte Bahnen zu lenken! Dadurch wird das Leben künftiger Generationen beeinflußt. Menschenseelen zu formen ist die verantwortungsvollste Aufgabe, die Menschen übertragen werden kann. Die Zeit der Eltern ist viel zu kostbar, um sie für die Befriedigung der Genußsucht oder den Erwerb von Reichtum modischer Kleidung zu vergeuden. Gott hat ihnen wertvolle junge Menschen anvertraut, nicht nur, damit sie sie dazu erziehen, in diesem Leben einen sinnvollen Platz auszufüllen, sondern damit sie auch für den Himmel zubereitet werden. Wir dürfen das zukünftige Leben nie aus den Augen verlieren und sollten so handeln, daß wir an den Toren des Paradieses einmal sagen können: „Hier bin ich, Herr, und hier sind die Kinder, die du mir anvertraut hast."

Aber die Jugendlichen müssen bezüglich der Mäßigkeit auch selbst Entscheidungen treffen, die ihnen niemand abnehmen kann. Obwohl die Eltern für die Erziehung, die Ausbildung und die Prägung des Charakters ihrer Söhne und Töchter verantwortlich sind, ist es dennoch wahr, daß unsere Stellung und unsere Brauchbarkeit in dieser Welt zum großen Teil von unserer eigenen Handlungsweise abhängen.

Daniel ist ein gutes Beispiel

Nirgendwo finden wir eine derart ausführliche und beeindruckende Illustration echter Mäßigkeit und der daraus folgenden Vorteile wie in der Geschichte vom jungen Daniel und seinen Gefährten am Hof von Babylon. Als sie ausgewählt wurden, um in den Wissenschaften und der Sprache der Chaldäer unterrichtet zu werden und am Hof des Königs zu dienen, war auch vorgesehen, daß sie mit Nahrung und Wein vom königlichen Hof versorgt würden. „Aber Daniel nahm sich in seinem Herzen vor, daß er sich mit des Königs Speise und mit seinem Wein nicht unrein machen wollte." (Da 1,8)

Diese jungen Männer wollten nicht nur auf den Wein des Königs verzichten, sondern auch auf die Leckereien der Königstafel. Sie gehorchten den Geboten Gottes, und zwar sowohl den Naturgesetzen als auch dem Sittengesetz. Ihre Entschlossenheit, ihr Fleiß und ihre Standhaftigkeit, aber nicht zuletzt auch ihre konsequenten Eßgewohnheiten erwiesen sich in der Folgezeit als der richtig Kurs.

Gott schätzt jederzeit das Rechte. Aus den Ländern, die er unterwarf, holte der große Eroberer die vielversprechendsten jungen Menschen an seinen Hof in Babylon, aber unter ihnen allen waren die hebräischen Gefangenen ohne Konkurrenz. Ihre aufrechte Haltung, ihr fester, geschmeidiger Gang, ihre reinen, schönen Gesichter, die erkennen ließen, daß ihr Blut nicht verunreinigt war, ihr klarer Verstand und ihr frischer Atem zeugten von ihren guten Gewohnheiten und einem natürlichen Adel, mit dem man belohnt wird, wenn man den Gesetzen Gottes gehorcht.

Und als ihre Fähigkeiten und Leistungen vom König am Ende der dreijährigen Ausbildungszeit geprüft wurden, fand sich keiner, der so war wie Daniel, Hanania, Misael und Asaria. Ihre schnelle Auffassungsgabe, ihre gewählte und exakte Ausdrucksweise sowie ihr gründliches und umfassendes Wissen waren Anzeichen einer beispiellosen Geistesstärke.

Die Geschichte von Daniel und seinen Freunden wurde im inspirierten Wort Gottes festgehalten, damit die Jugend aller Zeiten daraus lernen kann. Wer seine Kräfte ungeteilt für den Dienst Gottes bewahren möchte, muß konsequent maßvoll und selbstbeherrscht mit Gottes guten Gaben umgehen und gegen alle schädlichen und erniedrigenden Schwächen ankämpfen. Was Daniel und seine Freunde damals geschafft haben, ist auch heute möglich.

Blieben diese treuen Hebräer inmitten starker Versuchungen standhaft? Legten sie ein heldenhaftes Zeugnis zugunsten echter Mäßigkeit ab? Die Jugend von heute kann ein ähnliches Zeugnis geben, sogar unter ungünstigen Umständen. Wie schön wäre es doch, wenn sie dem Beispiel dieser jungen Hebräer folgen würden, denn alle, die sich darum bemühen, stehen unter dem Segen Gottes.

Geld, das viel Gutes bewirken könnte

Es gibt noch einen anderen Aspekt der Mäßigkeitsfrage, der gründlich überdacht werden sollte. Der Konsum von unnatürlichen Aufputschmitteln ist nicht nur unnütz und gefährlich, sondern auch extravagant und verschwenderisch. Eine immense Summe wird auf diese Weise jedes Jahr zum Fenster hinausgeworfen.

Das Geld, das für Tabak ausgegeben wird, könnte sämtliche Missionsstationen der Welt finanzieren. Die Mittel, die für Alkohol mehr als verschwendet sind, könnten für die Ausbildung von Jugendlichen, die jetzt noch in ein Leben der Unwissenheit und des

Verbrechens abdriften, ausgegeben werden, und sie könnten Großes für Gott leisten. Tausende und Abertausende von Eltern, die ihren Verdienst zur Befriedigung ihrer eigenen egoistischen Wünsche ausgeben, rauben ihren Kindern Nahrung und Kleidung sowie die Vorteile einer guten Ausbildung, und unzählige sogenannte Christen ermutigen durch ihr negatives Beispiel zu einem solchen Verhalten. Wie werden sie einmal vor Gott Rechenschaft ablegen können für die Verschwendung seiner Gaben?

Geld ist eine der Gaben, die uns anvertraut wurden, um die Hungrigen zu speisen, die Nackten zu kleiden, den Problembeladenen zu helfen und den Armen das Evangelium zu bringen. Doch wie sehr werden diese Aufgaben vernachlässigt! Wenn der Meister kommt und mit seinen Knechten abrechnet, wird er dann nicht zu vielen sagen: „Was ihr nicht getan habt einem von diesen Geringsten, das habt ihr mir auch nicht getan" (Mt 25,45)?

Überall gibt es viel zu tun für Gott. Unsere Mittel, unsere Zeit, unsere Kraft und unser Einfluß sind gefragt. Wollen wir dieses Werk anpacken und so leben, daß Gott dadurch verherrlicht und unseren Mitmenschen geholfen wird? Wollen wir am Reich Gottes auf dieser Erde mitbauen?

Wir brauchen heute Männer wie Daniel, Männer, die über genügend Selbstbeherrschung und Mut zu einer gründlichen Veränderung ihres Lebensstils verfügen. Jeder Christ sollte sich mit seiner Haltung und seinem Einfluß eindeutig zur Lebensreform bekennen.

Die Prediger des Evangeliums müssen die Menschen darauf aufmerksam machen, und wir alle sollten daran denken, daß unser Glück in dieser und der kommenden Welt davon abhängt, inwieweit wir in rechter Weise zur Verbesserung dieser Welt beitragen. („Historical Sketches of SDA, Foreign Missions", S. 207-211)

Eine Rede zur Abstinenzfrage – 1891

Satan war der erste Rebell im Universum, und seit seinem Ausschluß aus dem Himmel ist er darum bemüht, jeden einzelnen Menschen zur Rebellion gegen Gott zu verführen, so wie er selbst rebelliert. Er schmiedete Pläne, um die Menschen zu zerstören, und das gelingt ihm, wenn er sie durch die hemmungslose Befriedigung der Eßlust dazu verführen kann, Gottes Gebote zu übertreten. Er verführte Adam und Eva, von der verbotenen Frucht zu essen, und verursachte so ihren Sündenfall und ihren Ausschluß aus dem Paradies.

Wie viele sagen: „Wenn ich an Adams Stelle gewesen wäre, hätte ich bei einer solch leichten Prüfung nicht versagt." Aber wer sich dessen rühmt, hat ja wunderbar die Möglichkeit, seine Entschlossenheit und Grundsatztreue unter Beweis zu stellen. Bist du allen Geboten Gottes gehorsam? Findet Gott in deinem Leben keine Sünde?

Wäre es doch bei diesem einen Sündenfall geblieben! Aber seit dem Verlust des Paradieses bis zum heutigen Tag folgt ein Sündenfall dem anderen. Satan beabsichtigt, die Menschen zu zerstören, indem er sie zur Untreue gegenüber Gottes Geboten verführt, und eine seiner erfolgreichsten Methoden ist die Versuchung der Genußsucht. Überall kann man Anzeichen für die Maßlosigkeit der Menschen sehen. In unseren Städten gibt es an jeder Ecke einen Saloon, und in den Gesichtern der Stammkunden sehen wir die schrecklichen Spuren der Zerstörung. Überall versucht Satan die Jugendlichen auf den Pfad des Verderbens zu locken.

Wenn es ihm erst einmal gelungen ist, ihre Füße dorthin zu lenken, hetzt er sie auf diesem Weg des Niedergangs von einer Zerstreuung zur nächsten, bis das Gewissen seiner Opfer abgestumpft ist und sie ihr feines Gespür für Recht und Unrecht sowie die Ehrfurcht vor Gott verlieren. Sie werden immer unbeherrschter, von Wein und Alkohol abhängig, süchtig nach Tabak und Opium, sinken Schritt für Schritt immer tiefer und werden schließlich zu Sklaven ihrer Genußsucht. Gute Ratschläge, die sie früher annahmen, verachten sie jetzt. Sie werden zu Aufschneidern und rühmen sich ihrer Freiheit, während sie in Wirklichkeit Sklaven des Verderbens geworden sind, denn was sie unter Freiheit verstehen, ist die Versklavung durch ihre Ichsucht, Triebhaftigkeit und Zügellosigkeit.

Der Kampf geht weiter

In dieser Welt spielt sich ein großer Kampf ab. Satan ist entschlossen, die Menschen zu seinen Untertanen zu machen, doch Christus bezahlte einen unendlich hohen Preis, um die Menschheit von diesem Feind zu befreien und das Ebenbild Gottes im Menschen wiederherzustellen. Gott entwarf den Erlösungsplan und zeigte damit, wie unendlich wertvoll ihm die Menschen sind, aber Satan versucht diesen Plan zu durchkreuzen, indem er die Menschen davon abhält, die Bedingungen zu erfüllen, unter denen ihnen die Erlösung angeboten wird.

Als Christus seinen Dienst begann, kniete er am Jordanufer nieder und schickte ein Gebet für die Menschheit zum Himmel. Er hatte sich von Johannes taufen lassen, der Himmel hatte sich geöffnet, der Geist Gottes war sichtbar in Gestalt einer Taube auf ihn herabgekommen, und eine Stimme hatte aus dem Himmel gesprochen: „Das ist mein geliebter Sohn, an dem ich Wohlgefallen habe."

Das Gebet Christi für eine verlorene Welt wurde erhört, und alle, die an ihn glauben, werden durch den geliebten Sohn angenommen. Die abgefallenen Menschen haben durch Christus wieder Zugang zum Vater und können die Gnade bekommen, die sie befähigt, durch die Verdienste des gekreuzigten und auferstandenen Erlösers zu überwinden.

Die Bedeutung des Sieges Christi

Nach seiner Taufe wurde Christus vom Geist in die Wüste geführt. Er war Mensch geworden und Satan prahlte, daß er ihn genauso überwinden würde, wie er starke Menschen in der Vergangenheit besiegt hatte. Satan greift ihn mit den Versuchungen an, die den Fall der Menschen verursacht hatten. In dieser Welt mußte der große Kampf zwischen Christus und Satan entschieden werden.

Wäre es dem Versucher gelungen, Christus in einem einzigen Punkt zu besiegen, wäre die Welt dem Untergang geweiht gewesen. Satan hatte die Macht, die Ferse des Gottessohnes zu verletzen, aber der Same des Weibes (1 Mo 3,15) sollte der Schlange den Kopf zertreten: Christus sollte den Fürsten der Finsternis schlagen.

Vierzig Tage fastete Christus in der Wüste. Wozu war das gut? Hatte der Sohn Gottes irgend etwas in seinem Charakter, das eine solch große Demütigung und solches Leid erforderlich machte? Nein, er war sündlos. Er erduldete diese Demütigung und Qual um der gefallenen Menschen willen, und bevor wir nicht die geistliche Bedeutung dieser langen Fastenzeit, die der Sohn Gottes auf sich nahm, begreifen, können wir auch nicht verstehen, welch eine schwerwiegende Sünde es ist, wenn wir unserer Genußsucht Raum geben. Ebenso wenig verstehen wir die Macht der Versklavung durch Eßlust und Triebhaftigkeit, wenn wir den Sinn der Auseinandersetzung zwischen Christus und Satan nicht begreifen.

Christus besiegte Satan und schuf damit für die Menschen die Grundlage, durch die Kraft seines Blutes den Mächten der Finsternis zu widerstehen und persönliche Siege zu erringen.

Nach dieser langen Fastenzeit war Christus dem Verhungern nahe, und in diesem Schwächezustand griff ihn Satan mit den heftigsten Versuchungen an. Der Teufel sagte zu ihm: „Wenn du Gottes Sohn bist, dann befiehl diesen Steinen, zu Brot zu werden." Satan gab sich als Bote Gottes aus und behauptete, Gott habe ja nun die Bereitschaft, Selbstbeherrschung und Verzichtsfähigkeit des Heilands gesehen und es sei nicht nötig, daß er diese Demütigung und dieses Leid noch weiter erdulde. Er könne jetzt von dem schrecklichen Kampf befreit werden, der ihm bevorstand.

Satan versuchte ihn davon zu überzeugen, daß Gott nur seine Treue prüfen wollte. Nun aber sei seine Loyalität bewiesen. Er habe jetzt die Freiheit, seine göttliche Kraft zu nutzen, um seine Bedürfnisse zu stillen. Doch Christus erkannte die Versuchung und erklärte: „Es steht geschrieben: ‚Der Mensch lebt nicht von Brot allein, sondern von einem jeden Wort, das aus dem Mund Gottes geht.'" (Mt 4,4)

Wenn ihr versucht werdet, eure Eßlust oder andere Triebe auf eine Art zu befriedigen, die nicht mit dem Gesetz Gottes übereinstimmt, dann denkt an das Beispiel Jesu, bleibt standhaft und siegt, so wie er siegte. Antwortet mit „So spricht der Herr" und beendet auf diese Weise den Streit mit dem Fürsten der Finsternis endgültig.

Wenn ihr mit der Versuchung diskutiert und eure eigenen Worte benutzt, wenn ihr euch selbstzufrieden und wichtig fühlt, dann werdet ihr besiegt. Die Waffen, die Christus verwendete, waren die Worte Gottes: „Es steht geschrieben." Und wenn ihr das Schwert des Geistes gebraucht, dann könnt auch ihr durch die Verdienste eures Erlösers aus diesem Kampf als Sieger hervorgehen.

Bei den Menschen hat Satan mehr Erfolg

Gottes Sohn ertrug die drei Hauptversuchungen, mit denen die Menschen von Satan bedrängt werden. Er weigerte sich, dem Feind auf den Gebieten Eßlust, Ehrgeiz und Liebe zur Welt nachzugeben. Doch wenn er das menschliche Herz angreift, hat Satan weitaus mehr Erfolg. Wenn er Menschen dazu verführen kann, seinen Versuchungen nachzugeben, geraten sie unter seine Kontrolle. Und mit keiner Art Versuchung hat er mehr Erfolg als durch jene, die auf die Triebe abzielen. Wenn er die Eßlust und die Triebe eines Menschen beherrscht, kann er ihn total beherrschen.

Es gibt nur zwei Mächte, die das Denken und die Seele der Menschen beherrschen können: die Macht Gottes und die Macht Satans. Christus ist der Schöpfer und Erlöser der Menschen; Satan ist ihr Feind und Zerstörer. Wenn sich ein Mensch Gott hingibt, kann er körperlich, seelisch und geistig über sich selbst hinauswachsen und Gott damit Ehre bereiten. Überläßt er sich jedoch der Herrschaft Satans, zieht er sich selbst in den Schmutz.

So mancher Mann verkauft seinen Verstand für ein Glas Schnaps und wird zum Schandfleck für seine Familie, seine Nachbarschaft und sein Land. Seine Kinder verstecken sich, wenn sie seine Schritte hören, und seine entmutigte Frau hat Angst, ihm zu begegnen, denn er begrüßt sie mit grausamen Schlägen. Er gibt sein Geld für Alkohol aus, während seine Frau und seine Kinder nicht einmal das Nötigste zum Leben haben.

Satan treibt sein Opfer der Triebhaftigkeit zu Gewalttaten. Der Schnapstrinker ist ein Mann der wilden und leicht erregbaren Leidenschaften. Kleinigkeiten werden zum Anlaß für Schlägereien, und wenn er unter dem Einfluß seiner Leidenschaft steht, wird der Säufer auch seinen besten Freund nicht schonen. Wie oft hören wir von Mord und Gewalttaten und müssen feststellen, daß der Alkoholismus die Hauptursache dafür ist.

Mäßiges Trinken

Manche bezeichnen sich als Verfechter der Mäßigkeit und trinken doch Wein und Most und behaupten, diese Aufputschmittel seien harmlos und sogar gesund. Dadurch geraten viele auf die schiefe

Bahn, denn auch Wein oder Apfelwein verursachen einen Rausch, genauso wie stärkere alkoholische Getränke, und können sogar eine schlimmere Art der Trunkenheit verursachen. Sie führen zu einer stärkeren Charakterveränderung, machen verstockt und verdorben und es ist noch schwieriger, davon wieder loszukommen.

Nur wenige Liter Cidre oder Wein können das Verlangen nach stärkeren Drinks wecken, und in vielen Fällen sind Trinker dadurch süchtig geworden.

Menschen, die das Bedürfnis nach Alkohol geerbt haben, dürfen auf keinen Fall Wein und vergorenen Most im Haus haben, denn Satan wird sie damit ständig in Versuchung führen. Wenn sie der Versuchung nachgeben, können sie nicht mehr aufhören. Sie werden süchtig, und die Vernunft hält nicht länger die Zügel in der Hand, sondern legt sie der Lust auf den Nacken.

Die Zügellosigkeit regiert, und Laster aller Art werden als Folge des Wein- und Mostgenusses verübt. Für einen Menschen, der diese Aufputschmittel liebt und sich an ihren Konsum gewöhnt hat, ist es unmöglich, in der Gnade zu wachsen. Er wird unsensibel, verroht, Triebhaftigkeit beherrscht seine Seele, und Tugend wird nicht mehr geschätzt.

Mäßiges Trinken ist die Schule, in der Trinkerkarrieren beginnen. Ganz unauffällig führt Satan aus der schützenden Umgebung einer abstinenten Lebensweise, und Wein und Cidre bestimmen ganz langsam den Geschmack, so daß der Weg zur Trunksucht fast unbemerkt betreten wird. Der Geschmack an Aufputschmitteln wird kultiviert, das Nervensystem gerät durcheinander. Satan hält das Gemüt in einer fieberhaften Unruhe, und das arme Opfer, das sich selbst völlig sicher wähnt, geht immer weiter, bis alle Schranken niedergebrochen sind und jeder Grundsatz geopfert ist.

Die besten Vorsätze können nicht mehr eingehalten werden und die Gedanken an Gott und die Ewigkeit sind zu schwach, um die Sucht noch mit Vernunft zu beherrschen. Manche sind niemals richtig betrunken, aber sie stehen ständig unter dem Einfluß milder Rauschmittel. Sie sind ständig fiebrig und seelisch labil. Zwar wissen sie noch, was sie tun, aber sie sind unausgeglichen und launisch, weil ihre Psyche gestört ist.

Auch Tabak

Auch Tabakkonsumenten schwächen ihre körperliche und geistige Kraft. Der Konsum von Tabak ist unnatürlich. Der Körper wehrt sich gegen diese Droge, und wenn der Raucher zum ersten Mal versucht, ihm diese Gewohnheit aufzuzwingen, entsteht ein harter Kampf. Der Magen und sogar der ganze Organismus revoltieren dagegen, doch der Übeltäter macht damit weiter, bis die Natur den Kampf aufgibt und der Mensch vom Tabak abhängig ist.

Würde das Heil für die Menschen nur schwer zu erlangen sein, würde man Gott als einen harten Herrn betrachten. In Wirklichkeit ist Satan dieser harte Herr, der von seinen Untertanen fordert, schwere Prüfungen zu bestehen. Sie müssen sich von Leidenschaften und Trieben versklaven lassen. Gott aber ist in seinen Forderungen konsequent und verlangt von seinen Kindern nur das, was für ihr gegenwärtiges und zukünftiges Glück nötig ist.

„Du sollst anbeten den Herrn, deinen Gott, und ihm allein dienen." (Mt 4,10) Dies ist ein Gebot Gottes, und doch machen viele, auch solche, die vorgeben, Diener Gottes zu sein, gleichzeitig den Tabak zu ihrem Götzen. Wenn die Leute eigentlich an der frischen Luft sein und mit reinem Atem Gott für seine Wohltaten danken könnten, verpesten sie statt dessen die Luft mit dem Gestank der Pfeife oder Zigarre. Sie müssen erst ihr Rauchritual durchführen, um ihre bedauernswerten Nerven für die Pflichten des Tages aufzuputschen, denn hätten sie ihr Rauchen nicht, dann wären sie reizbar und unfähig, ihre Gedanken zu ordnen.

Er hatte seinen Tabak nicht

An einem Beispiel möchte ich illustrieren, wie unfähig ein Raucher ist, seine Sinne zu beherrschen, wenn er sein Aufputschmittel nicht hat. Ein älterer Herr, der eine Zeitlang neben mir wohnte, war ein starker Raucher. Eines Morgens hatte er seine Zigarette noch nicht geraucht, als ich zu ihm kam, um ein Buch zu holen, das ich ihm ausgeborgt hatte. Anstatt mir das Buch zu geben, nach dem ich gefragt hatte, brachte er mir Zaumzeug für ein Pferd.

Ich versuchte ihm deutlich zu machen, was ich wollte, aber ich mußte ohne Buch nach Hause gehen. Am nächsten Tag ging ich wieder hinüber und bat um das Buch, und er händigte es mir ohne weiteres aus. Ich fragte ihn, warum er mir das Buch nicht schon am Tag zuvor gegeben hatte. Er sagte: „Ja, waren Sie denn gestern überhaupt hier? Ich kann mich nicht daran erinnern. Ach, jetzt weiß ich, was los war: Ich hatte meine Zigarette noch nicht geraucht!"

So wirkte der Entzug seiner Droge auf sein Gehirn. Sein Arzt sagte ihm, er müsse mit dem Rauchen aufhören, sonst bliebe er nicht mehr lange am Leben. Er gab es auf, aber er litt den Rest seines Lebens unter der ständigen Sehnsucht nach seinem gewohnten Reizmittel. Er mußte dauernd dagegen ankämpfen.

Als er 90 war, beobachtete man ihn eines Tages, wie er etwas suchte. Man fragte ihn, was er wollte. Da sagte er: „Ich suche meinen Tabak." Er litt ohne Tabak, und doch wäre es sein Tod gewesen, wenn er weiter geraucht hätte.

Ein Weg zur Befreiung

Gott erwartet, daß sich seine Kinder von solchen unnatürlichen und verheerenden Gewohnheiten freihalten. Wenn aber Menschen schon in diesen Ketten gebunden sind, gibt es dann für sie keine Befreiung? Doch, denn der Herr gab sein sündloses Leben und starb, damit die Menschen siegen können. Er kann alle auf wunderbare Weise erlösen, die durch ihn zu Gott kommen. Er kam auf diese Erde, damit göttliche Macht und menschliches Bemühen zusammenwirken können, und durch diese Zusammenarbeit mit Christus kann der Sklave frei und ein Kind Gottes und Miterbe Christi werden, wenn er sich für Gottes Seite entscheidet.

Das sittliche Empfinden durch Wein betäubt

Als damals im Volk Israel der Heiligtumsdienst eingerichtet wurde, ordnete der Herr an, daß zum Verbrennen von Weihrauch nur heiliges Feuer verwendet werden durfte. Dieses heilige Feuer hatte Gott selbst entzündet. Der duftende Rauch symbolisierte die Gebete des Volkes, die zu Gott aufstiegen. Nadab und Abihu dienten am Heiligtum als Priester; und obwohl es verboten war, gewöhnliches Feuer zu verwenden, wenn man vor Gott erschien, maßten sie sich an, ihren Weihrauch an ungeweihtem Feuer zu entzünden. Die Priester hatten sich dem Weingenuß ergeben.

Ihr sittliches Empfinden war dadurch betäubt, sie konnten ihre Handlungsweise nicht mehr richtig einschätzen und dachten deshalb auch nicht an die furchtbaren Folgen ihrer Sünde. Da fuhr ein Feuerstrahl aus dem Allerheiligsten und verzehrte sie.

Nach dem Tod von Nadab und Abihu sagte der Herr zu Aaron: „Wenn ein Priester, du selbst oder einer deiner Söhne, ins heilige Zelt geht, darf er vorher weder Wein noch Bier trinken, sonst muß er sterben. Diese Vorschrift gilt für alle Zukunft. Ihr müßt unterscheiden zwischen gewöhnlichen Orten und meinem Heiligtum, zwischen reinen Dingen und unreinen. Ihr müßt den Israeliten die Gesetze einprägen, die ich durch Mose verkündigt habe, und müßt sie ihnen erklären." (3 Mo 10,8-11 GN)

Die israelitischen Priester und Richter sollten Männer von konsequenter Selbstbeherrschung sein, damit sie den Kopf klar hatten, um zwischen Recht und Unrecht zu unterscheiden, nach festen Grundsätzen und mit Weisheit gerecht zu richten und barmherzig zu urteilen.

Wenn Menschen konsequent enthaltsam leben würden

Wieviel besser wäre es um unser Land bestellt, wenn diese Anordnungen befolgt würden und die Geistlichen und Juristen sich nach dem Wort Gottes richteten. Weiß nicht Gott, der den Menschen erschaffen hat, was für ihn am besten und für sein geistliches und ewiges Wohlergehen förderlich ist?

Gott möchte das Optimale für seine Geschöpfe. Würden die Menschen konsequent enthaltsam leben, gäbe es nicht einmal ein Zehntel der Todesfälle, die wir jetzt haben, und es gäbe auch weniger körperliche, seelische und geistige Krankheiten. Zu Lande und auf dem Wasser passierten viel weniger Unfälle. Aber weil der Mensch nur tun will, was ihm gefällt, anstatt sich Gottes Forderungen zu unterstellen, gibt es soviel Böses in der Welt.

Gott gibt uns Gebote, nach denen wir leben könnten, doch wie zur Zeit Noahs schmieden die Menschen heute in ihren Herzen ständig üble Pläne, leben nur so, wie es ihnen gefällt, und treiben sich dadurch schließlich selbst in den Ruin. Ginge es nach Gottes Willen, wären die Menschen frei von der Sklaverei der Genußsucht und könnten mit seiner Hilfe ein würdiges Leben führen.

Wie kann man Entscheidungen von Juristen, die von Tabak und Alkohol abhängig sind, trauen? Wenn sie einen wichtigen Fall entscheiden müssen, während sie gerade von ihrem gewohnten Rauschmittel betäubt sind, können sie ihren Verstand nicht optimal einsetzen. Sie sind außerstande, ein vernünftiges Urteil zu fällen. Welchen Wert hat ihre Entscheidung dann?

Männer in verantwortlichen Positionen müssen selbstbeherrscht und rechtschaffen sein. Vor allem jene, denen richterliche Funktionen anvertraut werden, müssen Menschen mit guten Gewohnheiten sein, damit sie gerecht urteilen können und nicht anfällig sind für Bestechung oder Vorurteile. Aber der Zustand unserer juristischen und politischen Angelegenheiten ist weit von dem entfernt, was möglich wäre, würde man den Geboten Gottes gehorchen.

Alkohol, Tabak und eine niedere Moral treiben die Menschen dazu, an ihren Mitmenschen treulos und ungerecht zu handeln.

Versuchung überall

Überall lauert die Versuchung, auf unsere jungen Menschen ebenso wie auf Erwachsene. In Amerika wie in Europa werden die Stätten des Lasters und der Zerstörung durch optische Reize und Musik attraktiv gestaltet, so daß unachtsame Füße in ihre Schlingen geraten. Man unternimmt alles mögliche, um Jugendliche in die Saloons zu locken. Was können wir zur Rettung unserer Jugend unternehmen? Christus hat ein unendlich großes Opfer gebracht.

Er wurde arm, damit wir durch seine Armut reich würden und ein Leben führen können, das Gottes Maßstab entspricht. Sollten wir nicht ebenso opferbereit sein, wenn es darum geht, Menschen, die um uns herum zugrunde gehen, zu retten? Auf welche Weise fördern wir das Anliegen der Lebensreform, um unsere Jugendlichen zu bewahren? Wer steht auf Christi Seite und arbeitet mit Gott?

Eltern, bringt ihr euren Kindern bei, wie man überwindet? Ihr Mütter, erfüllt ihr eure erzieherische Pflicht? Gewöhnt ihr eure Kinder schon von klein auf an gute Verhaltensweisen und Selbstbeherrschung? Wartet nicht, bis sie von ihren Leidenschaften überwältigt werden, sondern lehrt sie jetzt, daß Christus sie liebt und der Himmel einen Anspruch auf sie hat. Legt ihre Hände in die Hände Christi, solange sie jung sind, damit er sie leiten kann.

Christus siegte um unseretwillen

Als Christus in der Wüste versucht wurde, beschritt er den Boden, der Adam zum Verhängnis geworden war. Er begann sein Werk dort, wo der Niedergang begann, nämlich auf dem Gebiet der Eßlust, und überwand die Macht des Bösen um unseretwillen. Satan verließ das Schlachtfeld als besiegter Feind.

Dieser Auseinandersetzung kann sich niemand von uns entziehen, aber an der Seite des Herrn und erfüllt vom Vertrauen auf Christus gibt es keinen Grund, weshalb wir sie nicht gewinnen könnten. „Wer den Sieg erlangt, dem gebe ich das Recht, mit mir auf meinem Thron zu sitzen, so wie ich als Sieger nun mit meinem Vater auf seinem Thron sitze." (Offb 3,21 GN) („Signs of the Times", 22. und 29. Juni, 6. Juli 1891)

In Sydney, Australien – 1893

„Wenn der Menschensohn kommt, wird es sein wie in den Tagen Noahs. Die Menschen aßen und tranken und heirateten, bis zu dem Tag, an dem Noah in die Arche ging. Dann kam die Flut, und alle ertranken. Oder es wird sein wie in den Tagen Lots. Sie aßen und tranken, sie kauften und verkauften, pflanzten und bauten, bis zu dem Tag, als Lot die Stadt Sodom verließ. Da regnete es Feuer und Schwefel vom Himmel, und alle kamen um. Genauso wird es an dem Tag sein, an dem der Menschensohn erscheint." (Lk 17,36-30 GN)

Wir wissen, daß in unserer Welt die Maßlosigkeit herrscht. Wenn wir essen und trinken, um unseren Körper zu erhalten und für unser geistliches Wohlergehen zu sorgen, ist das keine Sünde. Wenn wir dabei aber die Ewigkeit aus den Augen verlieren und diese grundsätzlich notwendigen Dinge übertrieben wichtig nehmen, können sie zur Sünde werden. Wo wir uns auch hinwenden, überall herrschen Verbrechen und Bosheit. Ist es da nicht an der Zeit, daß wir beginnen, einmal persönlich nach den Ursachen zu forschen? ... Der Versucher ist überall um uns her, und wenn Gott sagt „ Du sollst nicht!", was bewirkt das? Oft hören wir auf den Versucher, anstatt Gott zu gehorchen. Und anstelle der angenehmen Dinge, die uns Satan vorgaukelt, handeln wir uns Leid und Kummer ein. Adam und Eva hatten alles, was sie brauchten, aber sie hörten auf den Versucher und waren Gott ungehorsam.

Als Gott in den Garten kam, um mit Adam darüber zu reden, schob der alle Schuld auf Eva. Gott sagte zur Schlange: „Und ich will Feindschaft setzen zwischen dir und dem Weibe und zwischen deinem Nachkommen und ihrem Nachkommen; der soll dir den Kopf zertreten, und du wirst ihn in die Ferse stechen." (1 Mo 3,15)

Der Feind kann dich nicht berühren, wenn du es nicht zuläßt. Diese Feindschaft hat Gott eingesetzt, und sie richtet sich gegen die Schlange. Die Engel Gottes verhalten sich nicht feindselig gegen böse Menschen, aber es herrscht Feindschaft zwischen denen, die dem Herrn dienen, und den Heeren der Finsternis.

Eine äußerst wichtige Frage

Die Frage der Lebensreform ist für jeden von uns ungeheuer wichtig. Sie hat große Auswirkungen ... Als Gott im Garten Eden zum ersten Mal die Gute Nachricht verkündigte, war das ein Hoffnungsschimmer, der die dunkle und unheilverkündende Zukunft erhellte. Das erste Menschenpaar in Eden sollte nicht dem hoffnungslosen Niedergang ausgeliefert werden.

Als Christus als Säugling in unsere Welt kam ... beschloß Satan mit seiner ganzen Anhängerschaft, daß Christus den Ratschluß des Himmels nicht ausführen sollte. Nachdem Christus getauft worden war, kniete er am Jordanufer nieder und sprach ein Gebet, wie es der Himmel nie zuvor gehört hatte.

Christus war Gott, aber er nahm unsere menschliche Natur auf sich. Die Herrlichkeit Gottes kam in Gestalt einer schimmernden Taube auf ihn herab, und aus der Unendlichkeit hörte man folgende Worte: „Dies ist mein geliebter Sohn, an dem ich Wohlgefallen habe." Christus umarmt die Menschen mit der menschlichen Seite seines Wesens, aber gleichzeitig greift er mit seinem göttlichen Arm nach dem Thron des ewigen Gottes.

Das Gebet Christi durchschnitt die Finsternis und kam vor Gott. Das bedeutet, daß die Tore nun geöffnet sind, daß dem Sohn Gottes die Herrlichkeit verliehen worden ist und daß jedem von uns der Himmel offen steht, wenn wir an ihn glauben. Unsere Bitten werden im Himmel ebenso gehört, wie Gott die Fürbitte unseres Bürgen und Stellvertreters, des Sohnes des ewigen Gottes, erhörte.

Christus wurde mit den drei häufigsten Versuchungen geprüft

Nachdem der Geist Gottes über ihn gekommen war, ging Christus in die Wüste und wurde dort vom Teufel versucht. Der Feind wollte den Sohn Gottes verführen. Christus mußte sich mit jenen drei Versuchungen auseinandersetzen, die den Menschen am häufigsten zum Verhängnis werden.

„Jesus aber, voll heiligen Geistes, kam zurück vom Jordan und wurde vom Geist in die Wüste geführt und vierzig Tage lang von dem Teufel versucht. Und er aß nichts in diesen Tagen, und als sie ein Ende hatten, hungerte ihn. Der Teufel aber sprach zu ihm: Bist du Gottes Sohn, so sprich zu diesem Stein, daß er Brot werde. Und Jesus antwortete ihm: Es steht geschrieben: ‚Der Mensch lebt nicht allein vom Brot, sondern von einem jeden Wort Gottes.‘“ (Lk 4,1-4)

Hier stand der Sohn des ewigen Gottes, und Satan kam als Engel des Lichts zu ihm und versuchte ihn auf dem Gebiet der Eßlust. Christus war hungrig und brauchte dringend etwas zu essen. Warum tat er dieses Wunder nicht? Es lag nicht im Plan Gottes, denn Christus sollte für sich selbst kein Wunder wirken. In welcher Lage befand er sich? Er beschritt den Boden, auf dem Adam damals gefallen war. Adam hatte alles, was er brauchte, aber Christus quälte der Hunger, und alles, was er sich wünschte, war etwas zu essen. Doch der Teufel scheiterte mit dieser Versuchung.

„Da führte ihn der Teufel mit sich in die heilige Stadt und stellte ihn auf die Zinne des Tempels und sprach zu ihm: Bist du Gottes Sohn, so wirf dich hinab; denn es steht geschrieben: ‚Er wird seinen Engeln deinetwegen Befehl geben; und sie werden dich auf den Händen tragen, damit du deinen Fuß nicht an einen Stein stößt.‘“

(Mt 4,5.6) Warum ließ er einen Teil aus, nämlich „auf allen deinen Wegen"? Wenn Christus auf den Wegen Gottes ging, konnte ihm nichts schaden. Jesus sagte über Satan: „Er fand kein Unrecht in mir." Diese Versuchung Satans war eine Herausforderung. Satan sagte: *„Wenn* du der Sohn Gottes bist ..."" Was hätte Christus gewinnen können, wenn er Satans Vorschlag gefolgt wäre? Gar nichts! Christus trat ihm wieder mit dem Hinweis entgegen: „Es steht geschrieben", und Satan erkannte, daß er so nichts erreichen konnte.

Dann versuchte er ihn auf einem anderen Gebiet. Er ließ alle Reiche der Welt in ihrer Pracht und Schönheit an Christus vorüberziehen und forderte ihn auf, sich vor ihm zu beugen. Satan hatte Macht über die Menschheit. „Darauf führte ihn der Teufel mit sich auf einen sehr hohen Berg und zeigte ihm alle Reiche der Welt und ihre Herrlichkeit und sprach zu ihm: Das alles will ich dir geben, wenn du niederfällst und mich anbetest." (Mt 4,8.9) Da wurde Christi göttliche Autorität erkennbar, und er antwortete: „Weg mit dir, Satan! denn es steht geschrieben: ‚Du sollst anbeten den Herrn, deinen Gott, und ihm allein dienen."" (Mt 4,10)

Satan verließ das Schlachtfeld als besiegter Feind. Unser Heiland hatte sich auf gefährlichem Boden befunden, aber er blieb Sieger. Danach fiel er kraftlos zur Erde. Da war kein Schoß, in den er sein Haupt betten konnte, und keine Hand strich ihm über die Stirn. Engel kamen und dienten ihm. Genau dieselbe Hilfe können auch wir in Anspruch nehmen. Christus erkannte, daß der Mensch nicht aus eigener Kraft siegen kann. Er kam, um den Menschen sittliche Kraft zu bringen. Das ist unsere einzige Hoffnung.

Sieg durch Christus

Wir erkennen, wie wichtig es ist, die Eßlust zu beherrschen. Christus überwand, und wir können den gleichen Sieg erringen wie er. Christus schritt über diesen Boden, und deshalb können auch wir siegen. Was hat er für die Menschheit bewirkt? Er hat sie sittlich und moralisch aufgewertet. Wir können diesen Kampf gewinnen, weil wir die nötigen Fähigkeiten dazu erhalten haben. Auch für die völlig hoffnungslosen Fälle gibt es in Christus Hoffnung. „Kann etwa ein Mohr seine Haut wandeln oder ein Panther seine Flecken?

So wenig könnt auch ihr Gutes tun, die ihr ans Böse gewohnt seid."
(Jer 13,23) „So kommt denn und laßt uns miteinander rechten,
spricht der Herr. Wenn eure Sünde auch blutrot ist, soll sie doch
schneeweiß werden, und wenn sie rot ist wie Scharlach, soll sie
doch wie Wolle werden." (Jes 1,18)

Das ist ein großzügiges Versprechen Gottes. Weshalb ist Christus
gekommen? Er wollte uns den Vater zeigen – seine Barmherzigkeit,
seine Liebe, sein Mitgefühl. Er kam, um uns ewiges Leben zu bringen und jede Fessel zu lösen. Als Gott uns seinen Sohn gab,
schenkte er uns den ganzen Himmel. Mehr konnte er nicht geben.

Der Wert einer Seele

„Der Geist des Herrn hat von mir Besitz ergriffen. Denn der Herr
hat mich erwählt, um den Armen gute Nachricht zu bringen, den
Verzweifelten neuen Mut zu machen, den Gefangenen zu verkünden: Ihr seid frei. Eure Fesseln werden gelöst." (Jes 61,1 GN)

Er ist der einzige, der die Macht hatte, das zu tun. Dies ist der
unendlich hohe Preis, mit dem in Sünde verlorene Menschen freigekauft wurden. Der Mensch muß wertvoll sein, denn Christus gab
sich für ihn hin. Daß Christus die menschliche Natur auf sich nahm,
zeigt, wie wertvoll ihm jeder einzelne Mensch ist.

„Wißt ihr denn nicht, daß euer Körper der Tempel des heiligen
Geistes ist? Gott hat euch seinen Geist gegeben, der jetzt in euch
wohnt. Darum gehört ihr nicht mehr euch selbst. Gott hat euch als
sein Eigentum erworben. Macht ihm also Ehre durch die Art, wie
ihr mit eurem Körper umgeht." (1 Ko 6,19.20 GN)

Das ist der Wert, den Gott einem Menschen beimißt, und an
anderer Stelle sagt er, „daß ein Mann kostbarer sein soll als feinstes
Gold und ein Mensch wertvoller als Goldstücke aus Ofir." (Jes
13,12) Aber Gott tut nichts ohne die Mitarbeit des Menschen.

Nicht mehr klar durch Unmäßigkeit

„Und Aarons Söhne Nadab und Abihu nahmen ein jeder seine
Pfanne und taten Feuer hinein und legten Räucherwerk darauf und
brachten so ein fremdes Feuer vor den Herrn, das er ihnen nicht
geboten hatte. Da fuhr ein Feuer aus von dem Herrn und verzehrte

sie, daß sie starben vor dem Herrn. Da sprach Mose zu Aaron: Das ist's, was der Herr gesagt hat: Ich erzeige mich heilig an denen, die mir nahe sind, und vor allem Volk erweise ich mich herrlich. Und Aaron schwieg. ... Du und deine Söhne, ihr sollt weder Wein noch starke Getränke trinken, wenn ihr in die Stiftshütte geht, damit ihr nicht sterbt. Das sei eine ewige Ordnung für alle eure Nachkommen. Ihr sollt unterscheiden, was heilig und unheilig, was unrein und rein ist." (3 Mo 10,1-3.9.10)

Nadab und Abihu konnten nicht mehr klar denken, weil sie Alkohol getrunken hatten. Sie nahmen nicht von dem Feuer, das Gott dafür vorgeschrieben hatte, sondern gewöhnliches Feuer, und Gott vernichtete sie. Hätten sie keinen Wein getrunken, hätten sie den Unterschied zwischen dem Heiligen und dem Gewöhnlichen erkannt. Doch so verstießen sie gegen Gottes ausdrückliche Anweisungen.

Eine Ursache für Unfälle

Wir lesen von Schiffskatastrophen und Eisenbahnunglücken, und wie kommt es dazu? In vielen Fällen ist jemand betrunken und hat keinen klaren Kopf. Diese Menschen vergessen die Verantwortung, die auf ihnen ruht. Schon viele Menschen verloren ihr Leben, weil jemand betrunken war. Diese Toten werden den Menschen angelastet werden, die andere zum Alkohol verführten.

In früheren Zeiten mußte man den Schaden ersetzen, wenn man ein bösartiges Tier hielt. In 2. Mose 21,28.29 heißt es: „Wenn ein Rind einen Mann oder eine Frau stößt, so daß sie sterben, muß das Rind gesteinigt werden, sein Besitzer aber bleibt straffrei. Das Fleisch des Tieres darf nicht gegessen werden. War jedoch das Rind schon längere Zeit stößig, und sein Besitzer hat es nicht eingesperrt, obwohl man ihn darauf aufmerksam gemacht hat, so muß nicht nur das Rind gesteinigt werden, sondern auch sein Besitzer getötet werden." (GN)

Dieses Prinzip ließe sich auf die Menschen anwenden, die das tödliche Gift brauen. Hier haben wir ein Gesetz, mit dem der Gott des Himmels den Umgang mit bösartigen Tieren regelt. Christus möchte retten, Satan will vernichten. Ich frage euch, die ihr vernünftig über diese Dinge nachdenken könnt: Wenn ein betrunkener Mann seiner Vernunft beraubt wurde, so kommt Satan und nimmt von ihm Besitz, indem er ihm seinen Geist einflößt. Das Nächste, was er nun im Sinn hat, ist, jemanden, den er normalerweise liebt, zu verletzen oder zu schlagen, und die Menschen dulden, daß diese verfluchte Sache immer weiter geht. Erniedrigen sie sich dann nicht zu weniger als Tiere? Was hat sich der Trinker eingehandelt? Nichts als Wahnsinn! Und unsere Gesetzgebung ist so gestaltet, daß ihm die Versuchung ständig vor Augen geführt wird.

Der Alkoholhändler muß sich einmal für alle Sünden des Trinkers verantworten, und auch der Trinker muß für seine Taten geradestehen. Ihre einzige Hoffnung besteht darin, daß sie sich dem gekreuzigten und auferstandenen Erlöser hingeben.

„Denn also hat Gott die Welt geliebt, daß er seinen eingeborenen Sohn gab, damit alle, die an ihn glauben, nicht verloren werden, sondern das ewige Leben haben." (Jo 3,16) Was sagt Christus? „Ihr seid Gottes Mitarbeiter." Christus kam, um dem Menschen die sittliche Kraft zurückzugeben. Aber wir müssen zusehen, wie Menschen durch ihre Leidenschaften zugrundegerichtet werden. Und unsere Jugendlichen sind ständig der Versuchung ausgesetzt ...

Die Leute in den gesetzgebenden Ausschüssen sollten weder Wein noch starkes Getränk zu sich nehmen. Sie brauchen einen klaren Kopf, damit sie klar denken und vernünftig entscheiden können. Das Schicksal von Menschen liegt in ihrer Hand. Oft hängt es von ihrer Entscheidung ab, ob ein Mensch zum Tode verurteilt wird oder ob man ihn anderweitig bestraft.

Wir haben erfahren, daß in einem Gerichtssaal ein Umtrunk stattfand. Haben die Betroffenen daraufhin einen klaren Kopf gehabt? Konnten sie die Ehre Gottes im Auge behalten? Die menschliche Natur ist heute von Grund auf verdorben, aber Christus kam, um sie emporzubringen. Unser Motto sollte lauten: „Nicht berühren, nicht davon kosten." Ihr solltet im Essen maßvoll sein, aber auf Alkohol solltet ihr total verzichten. Berührt ihn überhaupt nicht! Maßvolles Trinken gibt es nicht! Satan würde die Menschheit gerne vernichten, doch Christus kam, um den Menschen zu erlösen und aufzuwerten. Deshalb nahm er die menschliche Natur auf sich.

Beginnt bei den Kindern

Ihr Eltern, ihr müßt die Aufgabe, die Gott euch aufgetragen hat, wahrnehmen. Bringt euren Kindern Gehorsam bei! Viele haben allen Respekt vor Vater und Mutter verloren. Sie werden vor ihrem himmlischen Vater genau so viel – oder wenig – Respekt haben wie vor den eigenen Eltern. Unterweist eure Kinder.

Beginnt mit ihrer Erziehung, wenn sie klein sind und ihr sie noch in euren Armen halten könnt. Engel werden euch umgeben, wenn ihr euch darum bemüht. Als die erschöpften Mütter zur Zeit Jesu nicht mehr weiterwußten, brachten sie ihre Kinder zu ihm. Und als eine Mutter zu einer anderen sagte: „Ich möchte, daß Jesus meine Kinder segnet", da schlossen sich andere an, und so wurden es immer mehr, bis schließlich eine ganze Anzahl zu Jesus kam.

Er hörte sie schon von weitem kommen. Er wußte, daß sie auf dem Weg zu ihm waren. Jesus Christus hatte Verständnis für diese Mütter. Als sie ihre Kleinen zu ihm brachten, sagte er: „Lasset die Kinder und wehret ihnen nicht, zu mir kommen; denn solchen gehört das Himmelreich." (Mt 19,14) Ihr Eltern, die Tore des Himmels lassen sich leicht öffnen. Nehmt diese Möglichkeit in Anspruch!

Ein Erziehungsmittel ist der Ton, in dem wir mit unseren Kindern reden. Niemand weiß, wie viel Mühe die kleinen Hände verursachen, aber ihr Mütter, einer weiß es doch – der Gott des Himmels. An jedem Tag, an dem ihr eure Pflichten erfüllt, steht neben eurem Namen der Satz: „Sieger durch Jesus Christus."

Welche Schutzmauern baut ihr um die Seelen eurer Kinder? Bedroht sie auf keinen Fall mit dem Zorn Gottes, wenn sie Fehler machen, sondern bringt sie im Gebet zu Christus! Gestaltet euer Familienleben so attraktiv wie möglich! Zieht die schweren Vorhänge beiseite, und laßt den Arzt des Himmels, das Sonnenlicht, in eure Wohnungen.

Wenn ihr ein friedliches und ruhiges Familienleben haben wollt, wenn ihr möchtet, daß eure Kinder einen angenehmen Charakter entwickeln, müßt ihr euer Heim und euer Familienleben so attraktiv gestalten, daß sie gar kein Interesse daran haben, in einen Saloon zu gehen. Zeigt ihnen die Blumen und die Blätter der Bäume. Erzählt ihnen, daß Gott jeden einzelnen Grashalm erschaffen hat und

316

jeder Blume ihre wunderbare Farbe gibt. Sagt ihnen, daß in all dem die Liebe Gottes zum Ausdruck kommt und daß dadurch seine Stimme zu euch spricht: „Ich habe euch lieb!"

Familienleben wie bei Abraham

Möchtet ihr ein Familienleben haben wie Abraham? Er bestimmte, wie sein Haushalt geführt werden sollte. Er lehrte alle seine Angehörigen, den Geboten Gottes zu gehorchen. Das müßt ihr Mütter auch euren Kindern geduldig beibringen. Ihr könnt es euch nicht leisten, eure Zeit mit Dingen zu verschwenden, die gerade Mode sind. Lehrt eure Kinder, daß sie Christus gehören. Heute müssen wir ihre Charaktere bilden. Ihr jungen Männer, ihr jungen Frauen, heute bestimmt ihr über euer zukünftiges Los. Nehmt Christus in euch auf! Er wird euch vor Versuchung bewahren.

Viele untergraben ihre körperliche Verfassung durch Tabakgenuß. Er dringt in die Körperflüssigkeit und in das Gewebe des Körpers ein. Wir haben erlebt, wie Tabaksüchtige von ihrer schlimmen Gewohnheit geheilt wurden. Mein Mann und ich haben in Amerika ein Gesundheitszentrum gegründet. Das Pflegepersonal erzählte alarmierende Dinge über ihre Patienten. Im Badewasser und auf den Behandlungslaken fand man schreckliche Rückstände. Aber diesen Menschen konnte geholfen werden. Wir haben oft erlebt, wie Leute, die meinten, daß sie nie vom Tabak loskämen, schließlich doch befreit wurden.

Mit Gott in der Mehrheit

Kein Trinker kann ins Buch des Lebens eingeschrieben werden. Widerstehe der Versuchung wie ein Mann! Im Namen Jesu Christi von Nazareth kannst du die Kraft Gottes für dich beanspruchen. Christus wird sich für jeden einzelnen einsetzen. Die Sucht nach Tabak ist unnatürlich. Trotzdem kannst du davon loskommen.

Der Fluch Gottes liegt auf jedem, der seinen Nächsten zum Alkoholgenuß verführt. Du sagst, wir sind in der Minderheit. Ist Gott nicht die Mehrheit? Wenn wir auf der Seite des Schpfers stehen, sind wir dann nicht auf der Seite der Mehrheit? Wir haben Engel an unserer Seite, die außerordentlich stark sind.

Weg mit den Modetorheiten dieses degenerierten Zeitalters! Schwestern und Mütter, ihr mißhandelt euren Körper, den euch Gott gegeben hat. Wozu schnürt ihr euch die Taille so eng, daß eure Lungen, eure Leber und die anderen lebenswichtigen Organe zu wenig Raum bekommen? ...

Von Manoahs Frau verlangte der Herr, nach strikten Enthaltsamkeitsregeln zu leben: „Sie soll nicht essen, was vom Weinstock kommt, und soll keinen Wein oder starkes Getränk trinken und nichts Unreines essen; alles, was ich ihr geboten habe, soll sie hüten." (Ri 13,14) Der Engel, der dem Zacharias erschien, sagte: „Fürchte dich nicht, Zacharias, denn dein Gebet ist erhört, und deine Frau Elisabeth wird dir einen Sohn gebären, und du sollst ihm den Namen Johannes geben. Und du wirst Freude und Wonne haben, und viele werden sich über seine Geburt freuen. Denn er wird groß sein vor dem Herrn; Wein und starkes Getränk wird er nicht trinken und wird schon von Mutterleib an erfüllt werden mit dem heiligen Geist." (Lk 1,13-15) Diese Anweisungen beziehen sich auf die Zeit vor und nach der Geburt eines Kindes.

Ihr Mütter solltet diese Ratschläge beachten. Die Neigungen der Mütter werden auf die Kinder übertragen. Viele von euch befriedigen nur ihre Genußsucht und legen damit die Grundlage für Unfrieden in eurem Familienleben. Dabei könnten viele Menschen einen ebenso erfreulichen Lebenslauf haben wie damals Daniel. Satan spielt seine Karten aus, weil er eure Seelen haben möchte. Wir aber wollen uns von den Verdorbenheiten der heutigen Welt rein und frei erhalten. Christus überwand um unseretwillen. Wir dürfen im Namen Jesu Christi von Nazareth ebenfalls überwinden.

Wenn die Erlösten durch die Tore in die heilige Stadt eintreten, wird Jesus Christus sie alle willkommen heißen. Sie werden goldene Harfen haben und zur Ehre Jesu Christi singen, und sie werden Kleider tragen, die auf dem Webstuhl des Himmels gewebt wurden und nicht einen einzigen „menschlichen" Faden in sich haben.

Wir wünschen uns das ewige Leben, und Jesus Christus wird es uns schenken, wenn wir mit ihm zusammenarbeiten. (Manuskript 27, 1893)

Wie sich die Beachtung einiger der in diesem Buch erwähnten Grundsätze
in der Praxis auswirkt, wird im folgenden Video anschaulich gezeigt

Gesundheit
ist kein Zufall

Eine Studie über den Erfolg gesunder Ernährung
am Beispiel der Siebenten–Tags–Adventisten

Unzählbare Publikationen machen in den letzten Jahren einer breiten Bevölkerungsschicht bewußt, daß Gesundheit kein Zufall ist –
wir können etwas dazu beitragen. Erfahrungen von Einzelpersonen
sind dabei natürlich interessant, aber bedeutsamer sind Studien an
größeren Bevölkerungsgruppen.
Große Aufmerksamkeit hat eine Studie der Loma Linda University,
USA, über die Lebensweise von Adventisten erzielt. Schon bald
nach ihrer offiziellen Gründung im Jahre 1863 hat sich diese prote-
stantische Glaubensgemeinschaft auf biblischer Grundlage mit dem
Thema Gesundheit beschäftigt und ein Programm entwickelt, das
bis heute nichts an Aktualität verloren hat.
Wie sieht dieses Gesundheitsprogramm aus? Welche Auswirkungen
konnte man mit wissenschaftlichen Methoden beobachten?
Die Studie kommt zu dem Schluß: Wir können tatsächlich etwas
zur Erhaltung oder Förderung unserer Gesundheit beitragen.

Vertrieb:

STIMME DER HOFFNUNG
Am Elfengrund 66, D–64297 Darmstadt
Tel. 06151/95 44 33